항공객실 의무론

Aero Medical Service

항공객실 의무론

Aero Medical Service

이지민 · 이지영 지음

CENGAGE

저자 소개

이지민
인하대학교 대학원 경영학과 졸업(경영학 박사)
대한항공 객실승무부 객실사무장
대한항공 객실훈련원 강사
인하공업전문대학 항공운항과 겸임교수
장안대학교 항공운항과 교수
백석예술대학교 항공서비스과 교수
현) 신구대학교 항공서비스과 교수

이지영
서울대학교 대학원 간호학과 졸업(간호학 박사)
서울대학교 간호과학연구소 연구원
국군병원 내과.외과 간호장교
주한 미군 121병원 중환자실 간호장교
UN PKO 서부사하라 의료지원단 간호팀장
국군간호사관학교 간호학과 교수
현) 중부대학교 간호학과 교수

항공객실의무론 Aero Medical Service

초판 1쇄 발행 | 2017년 12월 14일
초판 2쇄 발행 | 2020년 2월 21일

지은이 | 이지민, 이지영
발행인 | 송성헌
발행처 | 센게이지러닝코리아㈜
등록번호 | 제313-2007-000074호(2007.3.19.)
주 소 | 서울시 마포구 상암산로 76 YTN 뉴스퀘어 14층
전 화 | 02) 330-7000
이메일 | asia.infokorea@cengage.com
홈페이지 | www.cengage.co.kr

ISBN-13: 978-89-6218-427-3

정가 22,000원

머리말

21세기를 살고 있는 우리에게 국가 간 경제, 문화, 사회, 정치, 모든 영역의 상호교류는 필수요건이 되었고, 이를 위해서 지구촌을 왕래하는 것은 일상화되었으며, 더불어 항공 수요의 증가, 항공 네트워크의 규모 확대로 인한 항공 산업의 발전은 자명한 현실이 되었다.

최근 항공업계의 주요 이슈는 4차 산업시대와 항공우주산업의 발전 전략 모색, 빅데이터와 인공지능 및 가상현실 시스템을 활용한 항공서비스 콘텐츠 개발 관련 연구, 고령 및 상용 고객의 증가와 고객 요구의 다양화, 최첨단 항공기종 개발과 항공안전의 강화, 저비용 항공사들의 잇단 출현으로 정리할 수 있다. 특히 생물학, 물리학, 디지털 분야의 상호교류와 함께 도래하는 4차 산업혁명은 급속한 변화의 시대에 고객과의 접점에서 인적 서비스를 담당하는 서비스 제공자에게 융합과 서비스 혁명의 가치에 대한 고찰이라는 막중한 과제를 부여하고 있다.

이 책은 현직에 계신 항공 객실승무원 중 항공객실의무 분야의 수행 직무 능력에 대한 보다 체계적인 접근을 원하시는 분들과 항공 서비스 전문 지식을 익히는 항공 서비스 관련 학과를 전공하는 학생들에게 도움이 되고자 저자들의 항공사와 의료기관 실무 경험과 강의교육 내용들을 국가직무능력표준(National Competency Standards: NCS)을 기반으로 재구성하는 연구의 일환으로 집필하게 되었다. 항공객실의무의 기본적인 이해를 바탕으로 객실승무원의 의료 지원 서비스 직무를 파악하고 이를 실질적으로 수행이 가능하도록 하는 데 중점을 두었으며, 이를 위해 국가직무능력표준(NCS) 활용 패키지의 해당 능력 단위 부분과 국내 및 외국 항공사의 구체적인 사례를 제시하였다.

그 내용을 살펴보면, Part 1에서는 항공객실의무의 이해, 항공 객실승무원의 건강관리, 항공 의료지원 서비스의 이해에 대한 내용들을 담았으며, Part 2에는 항공

객실승무원이 수행해야 할 응급 환자 대처에 관한 구체적인 내용을 발생 상황 파악·보고하기, 초기 대응하기, 후속 관리하기, 대처 상황 기록하기의 능력 단위 요소들로 재구성하여 제시하였다.

국가직무능력표준(NCS)은 산업현장에서 직무를 수행하기 위해 요구되는 지식 · 기술 · 소양 등의 내용을 국가가 산업부문 · 수준별로 체계화하고 이를 국가적 차원에서 표준화한 것이다. 최근 대학에서는 이를 기반으로 교육과정을 개편 · 운영하고 있고, 정부에서는 채용 정책에 적용하여 추진하고 있다. 이 교재가 독자들에게 도움이 되어 항공 산업계를 빛낼 서비스 전문가가 많이 배출되기를 바라는 저자들의 간절하고 소중한 마음을 담는다.

이 책의 출간이 있기까지 많은 분들의 도움을 받았다. 먼저 성의를 다해 협조해 주신 센게이지러닝 김미선 부장님, 김민정 선생님, 그리고 편집부 선생님들, 사진 자료 수집과 내용 감수에 도움주신 대한항공과 티웨이 항공 관계자분들, 교정 작업을 도운 제자 예진, 용경, 희연, 채림에게 이 지면을 빌려 감사의 마음을 전한다.

2017년 12월

저자 이지민 · 이지영

NCS 들어가기

1. 국가직무능력표준: 개념

국가직무능력표준(NCS, national competency standards)은 산업현장에서 직무를 수행하기 위해 요구되는 지식·기술·소양 등의 내용을 국가가 산업부문별·수준별로 체계화한 것으로, 국가적 차원에서 표준화한 것을 의미한다.

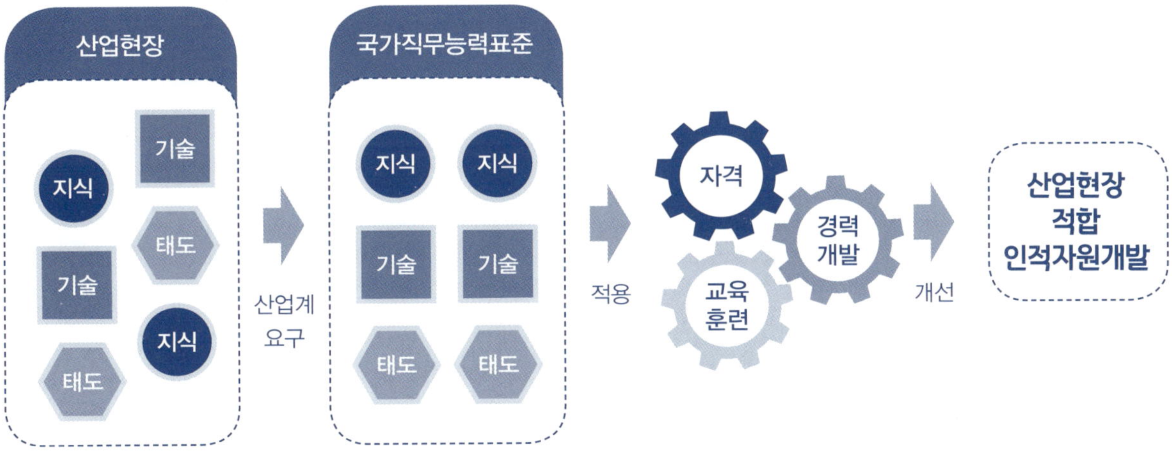

[국가직무능력표준 개념도]

2. 국가직무능력표준: 구성

- 직무는 국가직무능력표준 분류체계의 세분류를 의미하고, 원칙상 세분류 단위에서 표준이 개발된다.
- 능력단위는 국가직무능력표준 분류체계상 세분류의 하위단위로서 국가직무능력표준의 기본 구성요소에 해당한다.

[국가직무능력표준 구성]

※ 능력단위는 능력단위분류번호, 능력단위정의, 능력단위요소(수행준거, 지식 · 기술 · 태도), 적용범위 및 작업 상황, 평가지침, 직업기초능력으로 구성

구성 항목	내용
능력단위 분류번호(competency unit code)	• 능력단위를 구분하기 위하여 부여되는 일련번호로서 12자리로 표현
능력단위 명칭(competency unit title)	• 능력단위의 명칭을 기입한 것
능력단위 정의(competency unit description)	• 능력단위의 목적, 업무수행 및 활용범위를 개략적으로 기술
능력단위요소(competency unit element)	• 능력단위를 구성하는 중요한 핵심 하위능력을 기술
수행준거(performance criteria)	• 능력단위요소별로 성취여부를 판단하기 위하여 개인이 도달해야 하는 수행의 기준을 제시
지식 · 기술 · 태도(KSA)	• 능력단위요소를 수행하는 데 필요한 지식 · 기술 · 태도
적용범위 및 작업상황(range of variable)	• 능력단위를 수행하는 데 있어 관련되는 범위와 물리적 혹은 환경적 조건 • 능력단위를 수행하는 데 있어 관련되는 자료, 서류, 장비, 도구, 재료
평가지침(guide of assessment)	• 능력단위의 성취여부를 평가하는 방법과 평가 시 고려되어야 할 사항
직업기초능력(key competency)	• 능력단위별로 업무 수행을 위해 기본적으로 갖추어야할 직업능력

3. 국가직무능력표준: 수준체계

<table>
<tr><th>수준</th><th>직무 수준 정의</th></tr>
<tr><td rowspan="4">8수준</td><td>해당분야에 대한 최고도의 이론 및 지식을 활용하여 새로운 이론을 창조할 수 있고, 최고도의 숙련으로 광범위한 기술적 작업을 수행할 수 있으며 조직 및 업무 전반에 대한 권한과 책임이 부여된 수준</td></tr>
<tr><td>[지식기술]
• 해당분야에 대한 최고도의 이론 및 지식을 활용하여 새로운 이론을 창조할 수 있는 수준
• 최고도의 숙련으로 광범위한 기술적 작업을 수행할 수 있는 수준</td></tr>
<tr><td>[역량]
• 조직 및 업무 전반에 대한 권한과 책임이 부여된 수준</td></tr>
<tr><td>[경력]
• 수준7에서 2~4년 정도의 계속 업무 후 도달 가능한 수준</td></tr>
<tr><td rowspan="4">7수준</td><td>해당분야의 전문화된 이론 및 지식을 활용하여, 고도의 숙련으로 광범위한 작업을 수행할 수 있으며 타인의 결과에 대하여 의무와 책임이 필요한 수준</td></tr>
<tr><td>[지식기술]
• 해당분야의 전문화된 이론 및 지식을 활용할 수 있으며, 근접분야의 이론 및 지식을 사용할 수 있는 수준
• 고도의 숙련으로 광범위한 작업을 수행하는 수준</td></tr>
<tr><td>[역량]
• 타인의 결과에 대하여 의무와 책임이 필요한 수준</td></tr>
<tr><td>[경력]
• 수준6에서 2~4년 정도의 계속 업무 후 도달 가능한 수준</td></tr>
<tr><td rowspan="4">6수준</td><td>독립적인 권한 내에서 해당분야의 이론 및 지식을 자유롭게 활용하고, 일반적인 숙련으로 다양한 과업을 수행하고, 타인에게 해당분야의 지식 및 노하우를 전달할 수 있는 수준</td></tr>
<tr><td>[지식기술]
• 해당분야의 이론 및 지식을 자유롭게 활용할 수 있는 수준
• 일반적인 숙련으로 다양한 과업을 수행할 수 있는 수준</td></tr>
<tr><td>[역량]
• 타인에게 해당분야의 지식 및 노하우를 전달할 수 있는 수준
• 독립적인 권한 내에서 과업을 수행할 수 있는 수준</td></tr>
<tr><td>[경력]
• 수준5에서 1~3년 정도의 계속 업무 후 도달 가능한 수준</td></tr>
<tr><td rowspan="4">5수준</td><td>포괄적인 권한 내에서 해당분야의 이론 및 지식을 사용하여 매우 복잡하고 비일상적인 과업을 수행하고, 타인에게 해당분야의 지식을 전달할 수 있는 수준</td></tr>
<tr><td>[지식기술]
• 해당분야의 이론 및 지식을 사용할 수 있는 수준
• 매우 복잡하고 비일상적인 과업을 수행할 수 있는 수준</td></tr>
<tr><td>[역량]
• 타인에게 해당분야의 지식을 전달할 수 있는 수준
• 포괄적인 권한 내에서 과업을 수행할 수 있는 수준</td></tr>
<tr><td>[경력]
• 수준4에서 1~3년 정도의 계속 업무 후 도달 가능한 수준</td></tr>
</table>

수준	직무 수준 정의
4수준	일반적인 권한 내에서 해당분야의 이론 및 지식을 제한적으로 사용하여 복잡하고 다양한 과업을 수행하는 수준
	[지식기술] • 해당분야의 이론 및 지식을 제한적으로 사용할 수 있는 수준 • 복잡하고 다양한 과업을 수행할 수 있는 수준
	[역량] • 일반적인 권한 내에서 과업을 수행할 수 있는 수준
	[경력] • 수준3에서 1~4년 정도의 계속 업무 후 도달 가능한 수준
3수준	제한된 권한 내에서 해당분야의 기초이론 및 일반지식을 사용하여 다소 복잡한 과업을 수행하는 수준
	[지식기술] • 해당분야의 기초이론 및 일반지식을 사용할 수 있는 수준 • 다소 복잡한 과업을 수행하는 수준
	[역량] • 제한된 권한 내에서 과업을 수행하는 수준
	[경력] • 수준2에서 1~3년 정도의 계속 업무 후 도달 가능한 수준
2수준	일반적인 지시 및 감독 하에 해당분야의 일반 지식을 사용하여 절차화되고 일상적인 과업을 수행하는 수준
	[지식기술] • 해당분야의 일반 지식을 사용할 수 있는 수준 • 절차화되고 일상적인 과업을 수행하는 수준
	[역량] • 일반적인 지시 및 감독 하에 과업을 수행하는 수준
	[경력] • 수준1에서 6~12개월 정도의 계속 업무 후 도달 가능한 수준
1수준	구체적인 지시 및 철저한 감독 하에 문자이해, 계산능력 등 기초적인 일반지식을 사용하여 단순하고 반복적인 과업을 수행하는 수준
	[지식기술] • 문자이해, 계산능력 등 기초적인 일반 지식을 사용할 수 있는 수준 • 단순하고 반복적인 과업을 수행하는 수준
	[역량] • 구체적인 지시 및 철저한 감독 하에 과업을 수행하는 수준

〈인용 출처: NCS 홈페이지 http://www.ncs.go.kr〉

AERO MEDICAL SERVICE

NCS 항공객실서비스직무 살펴보기

1. NCS 항공객실서비스직무: 정의

항공객실서비스란 객실 안전관리, 승객 탑승 전 준비, 승객 탑승 서비스, 이륙 전 서비스, 비행 중 서비스, 착륙 전 서비스, 착륙 후 서비스, 승객 하기 후 관리, 응급환자 대처, 객실 승무를 관리하는 일이다.

2. NCS 항공객실서비스직무: 분류체계

대분류	중분류	소분류	세분류
12. 이용 · 숙박 · 여행 · 오락 · 스포츠	03. 관광 · 레저	01. 여행서비스	01. 여행상품개발 02. 여행상품상담 03. 국내여행안내 04. 해외여행안내 **05. 항공객실서비스**

3. NCS 항공객실서비스직무: 훈련이수 체계도

수준		여행상품개발	여행상품상담	항공객실서비스	국내여행안내	해외여행안내
6수준	특급	• 여행상품 시장조사				
		• 여행상품 마케팅 계획				
		• 여행상품 자원 · 예산 확보				
5수준	고급	• 여행상품성 검토	• 상담교육			
		• 여행상품 출시				
		• 여행상품 관리				
		• 여행상품 교육훈련				
4수준	중급	• 여행상품 원가 분석	• 상품 설명	• 객실승무관리		
			• 여행요금 상담			
		• 여행상품 샘플 구성	• 예약수배 업무			
			• 예약상품 계약			
		• 여행상품 샘플 투어				
3수준	초급		• 고객응대	• 기내안전관리	• 국내여행안내 행사지시서 확인	• 해외여행안내 행사확정서 확인
			• 상품 추천	• 승객 탑승 전 준비		
			• 상담자료 작성	• 승객 탑승 및 이륙 전 서비스	• 국내여행안내 행사준비	• 해외여행안내 사전정보 확인
			• 상담고객관리		• 영접(meeting)	• 출국장(meeting)
			• 여행고객 관리	• 비행 중 서비스	• 차량탑승 후 오리엔테이션	• 출국 수속
				• 착륙 전 서비스		
				• 착륙 후 서비스	• 관광자원 해설	• 기내 업무
				• 승객 하기 후 관리	• 국내여행안내 행사진행	• 입국 업무
				• 응급환자 대처	• 국내여행안내 시 위기관리	• 해외여행 행사관리
				• 항공서비스 업무 기본		
				• 항공기내방송 업무	• 국내여행 고객만족 관리	• 해외여행 시 위기관리
				• 고객만족 서비스	• 환송(sending)	• 해외여행 고객만족관리
				• 항공서비스 매너	• 국내여행안내 정산보고	• 해외여행 정산보고
–		직업기초능력				
수준 / 직종		여행상품개발	여행상품상담	항공객실서비스	국내여행안내	해외여행안내

※ 해당직종(음영)의 훈련과정을 편성하는 경우 훈련과정별 목표에 부합한 수준으로 해당 직종에서 제시한 능력단위를 기준으로 과정/과목을 편성하고, 이외 직종의 능력단위를 훈련과정에 추가 편성하려는 경우 유사 직종의 동일 수준의 능력단위를 추가할 수 있음.

4. NCS 항공객실서비스직무: 능력단위 및 능력단위 요소

능력단위(수준)	능력단위 요소	능력단위 요소 코드	수준
1203010501_15v2 기내안전관리(3)	1. 승객 탑승 전 안전 · 보안 점검하기	1203010501_15v2.1	3
	2. 항공기 이 · 착륙 전 안전 · 보안 관리하기	1203010501_15v2.2	3
	3. 비행 중 안전 · 보안 관리하기	1203010501_15v2.3	3
	4. 착륙 후 안전 · 보안 점검 · 관리하기	1203010501_15v2.4	3
	5. 비상사태 발생 시 대응하기	1203010501_15v2.5	3
	6. 상황별 안전안내 방송하기	1203010501_15v2.6	3
1203010502_13v1 승객탑승 전 준비(3)	1. 기내서비스용품 점검하기	1203010502_13v1.1	3
	2. 서비스 설비 및 기물 점검하기	1203010502_13v1.2	3
	3. 특별 서비스 요청사항 점검하기	1203010502_13v1.3	3
1203010503_16v2 승객탑승 및 이륙전 서비스(3)	1. 탑승위치 대기하기	1203010503_16v2.1	3
	2. 탑승권 재확인하기	1203010503_16v2.2	3
	3. 좌석 안내하기	1203010503_16v2.3	3
	4. 수하물 정리 지원하기	1203010503_16v2.4	3
	5. 특수고객지원하기	1203010503_16v2.5	3
1203010504_13v1 비행중 서비스(3)	1. 기내음료 제공하기	1203010504_13v1.1	3
	2. 기내식 제공하기	1203010504_13v1.2	3
	3. 기내 오락물 제공하기	1203010504_13v1.3	3
	4. 면세품 판매하기	1203010504_13v1.4	3
	5. 객실 상태 점검하기	1203010504_13v1.5	3
1203010505_16v2 착륙전 서비스(3)	1. 입국서류 배포 및 작성 지원하기	1203010505_16v2.1	3
	2. 기내 용품 회수하기	1203010505_16v2.2	3
	3. 기내 서비스용품 및 면세품 재고 확인하기	1203010505_16v2.3	3
1203010506_16v2 착륙후 서비스(3)	1. 승객하기 지원하기	1203010506_16v2.1	3
	2. 특수고객 지원하기	1203010506_16v2.2	3
1203010507_13v1 승객하기 후 관리(3)	1. 유실물 점검하기	1203010507_13v1.1	3
	2. 잔류승객 점검하기	1203010507_13v1.2	3
	3. 기내설비 점검하기	1203010507_13v1.3	3
	4. 기내용품 인수 · 인계하기	1203010507_13v1.4	3
1203010508_13v1 응급환자 대처(3)	1. 응급환자 발생상황 파악 · 보고하기	1203010508_13v1.1	3
	2. 응급환자 초기 대응하기	1203010508_13v1.2	3
	3. 응급환자 후속 관리하기	1203010508_13v1.3	3
	4. 환자대처상황 기록하기	1203010508_13v1.4	3

능력단위(수준)	능력단위 요소	능력단위 요소 코드	수준
1203010509_16v2 객실승무 관리(4)	1. 객실승무원별 근무 배정하기	1203010509_16v2.1	3
	2. 운항 · 객실간 정보 공유하기	1203010509_16v2.2	4
	3. 불만승객 관리하기	1203010509_16v2.3	4
	4. 출 · 도착 서류 작성 · 관리하기	1203010509_16v2.4	4
	5. 객실서비스 관리하기	1203010509_16v2.5	4
1203010510_16v 기내음료 서비스	1. 기내음료 파악하기	1203010510_16v1.1	2
	2. 기내음료 제공하기	1203010510_16v1.2	2
1203010511_16v1 항공서비스 업무 기본	1. 항공서비스 관련 서류 확인하기	1203010511_16v1.1	2
	2. 항공여객정보 확인하기	1203010511_16v1.2	2
1203010512_16v1 항공 기내방송 업무	1. 항공기내 방송 준비하기	1203010512_16v1.1	3
	2. 정상적 상황 방송하기	1203010512_16v1.2	3
	3. 비정상 상황 방송하기	1203010512_16v1.3	3
1203010513_16v1 고객만족 서비스	1. 비상 상황 방송하기	1203010513_16v1.1	3
	2. 서비스 마인드 함양하기	1203010513_16v1.2	3
	3. 이미지 메이킹하기	1203010513_16v1.3	3
1203010514_16v1 항공서비스 매너	1. 불만고객 대처하기	1203010514_16v1.1	2
	2. 기본 매너 갖추기	1203010514_16v1.2	2

〈인용 출처: NCS 홈페이지_항공객실서비스 http://www.ncs.go.kr〉

AERO MEDICAL SERVICE

차례

CHAPTER 08 환자 대처 상황 기록하기 211

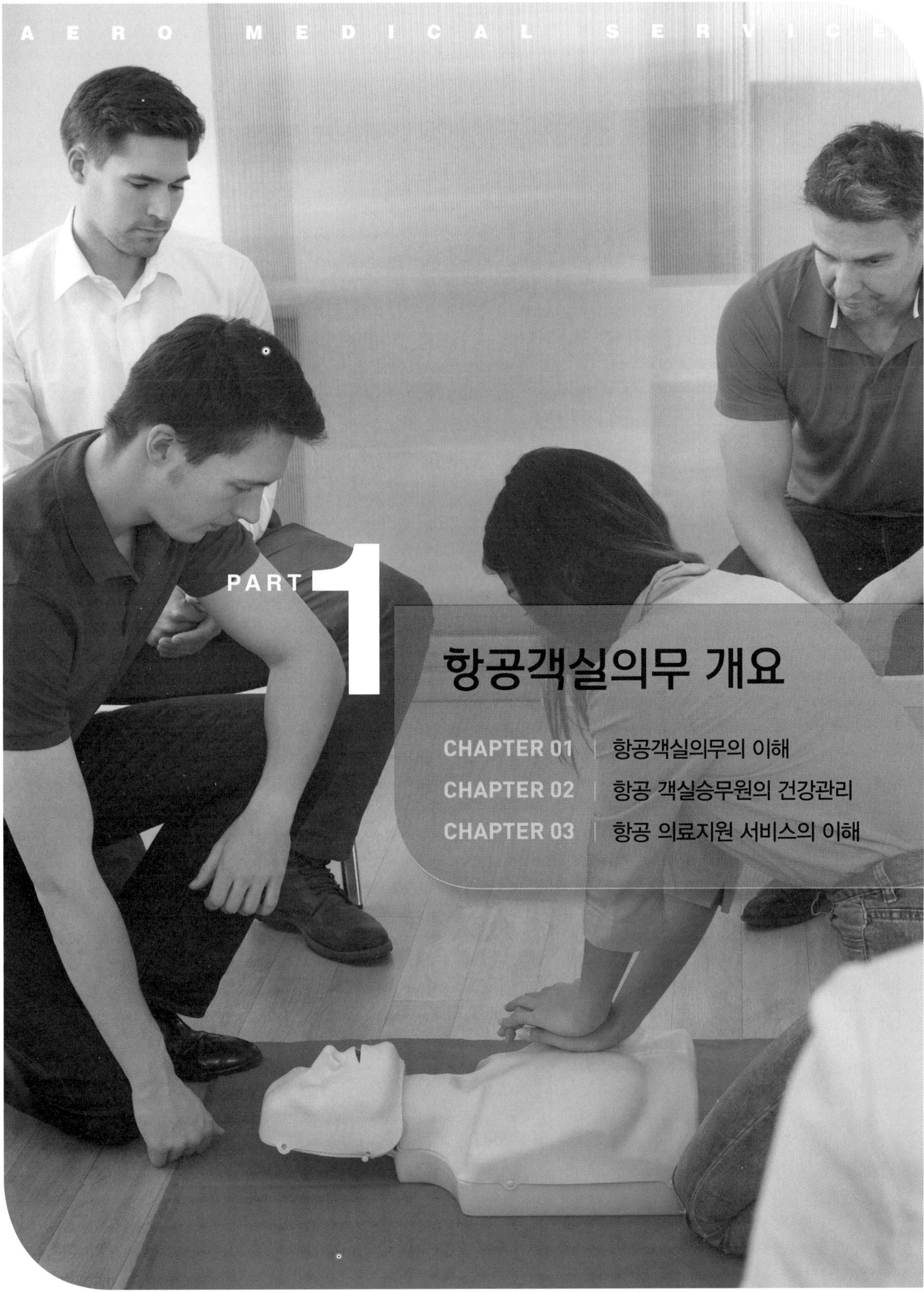

PART 1 항공객실의무 개요

CHAPTER

01 항공객실의무의 이해

1. 항공객실의무의 역사와 개념

1) 최초의 민간 항공객실의무 실무진

그림 1.1 | 1930년 미국의 보잉 에어트랜스포트는 간호사 자격증을 소지한 이들을 최초의 객실 여승무원으로 채용했다.
출처: Smithsonian National Air and Space Museum (NASM 00131171)

1903년 라이트 형제가 최초의 비행에 성공한 지 1세기가 조금 지난 오늘날 항공 여행은 우리 일상의 일부분이 되었다. 실제로 1950년대 연간 3000만 명 수준이었던 세계 항공 여행객이 2016년 기준으로 우리나라 국제 항공 여객 수가 7000만 명을 돌파하며, 해마다 그 수는 점점 늘어나고 있다. 최근 의료관광이 발전함에 따라 의료관광객 역시 증가하는 추세이다. 더불어 항공기를 이용한 환자 후송 및 비행 중 발생하는 응급환자에 대한 처치 역시 현대 응급의료 체계에 있어 필수적이며 보편화되고 있다.

항공의무의 역사는 항공 산업

의 태동 및 발달과 그 맥을 같이한다. 초기 상업 항공사에서는 승객들에게 심리적인 안정감 제공 및 비행 중 환자 발생에 대비하여 간호사 자격증을 소지한 객실승무원이 요구되었으며, 1930년 유나이티드 항공의 전신인 보잉 에어트랜스포트(Boeing Air Transport)에서는 최초의 여성 객실승무원으로 앨런 처치(Ellen Church)를 포함한 8명의 간호사를 채용하였다. 이들이 민간 항공사의 첫 항공의무 실무진이라 할 수 있다.

2) 우리나라의 초기 민간 항공의무 관련 부서

우리나라 민간 항공의 역사는 1969년 대한항공공사의 민영화 이후부터 본격적으로 시작되었다. 하지만 국내 최초의 항공회사는 1948년 설립된 대한국민 항공사이다. 대한국민 항공사는 정기 국제노선을 취항하면서 새롭게 도약하고자 했지만 여러 항공 사고와 자금난, 경쟁력 약화 등으로 1960년에 파산하였다. 그 후 1962년 2월에 대한항공공사가 설립되었고, 1968년 1월 대한항공공사(1969년 대한항공으로 민영화) 내에 민간 항공 의료의 모태가 된 항공보건 관리실 운영으로 민간 부분의 항공의무의 역사가 시작되었다. 초대 실장인 계원철 박사는 우리나라 최초로 **미국 연방 항공청**(Federal Aviation Administration: FAA)으로부터 항공의무감으로 선임되었다.

미국 연방 항공청 (Federal Aviation Administration: FAA)

미국 교통부의 항공 전문 기관으로 항공 수송의 안전 유지를 담당한다. 미국 내에서의 항공기의 개발, 제조, 수리, 운행허가 등은 이곳의 승인 없이는 실시할 수 없다. 항공사에 대한 감찰, 감리, 비행 승인, 안전도 등 항공기와 관련한 거의 모든 업무를 담당한다.

1973년, 도착 승객이 병원 이송 중 사망하는 사건을 계기로 공항 내 의무 시설에 대한 필요성이 대두되면서 김포공항에 의무실을 설치하게 된다. 설립 초기에는 공항 의무실 운영을 위해 간호사 2명을 교통부 직원의 신분으로 채용했지만, 이듬해인 1974년부터는 연세의료원에서 위탁 운영하게 된다. 공항 의무실은 1980년 대한항공 051편 화재 발생 사건, 1986년 아시안 게임 당시 공항 1층 폭발물 사건 등에서 신속한 응급처치와 환자 후송을 통해 인명구조에 크게 기여하였다.

그 후 1986년 아시안 게임과 1988년 올림픽을 계기로 항공기 이용객이 크게 증가하면서 1988년 2월, 제2의 민간 항공인 아시아나 항공이 설립되었고, 1990년 6월 아시아나 항공은 항공 의료 관리실을 개원하였으며, 2007년 의료 서비스팀으로 팀명을 개정하여 내·외부 고객의 의료 서비스 만족도 향상 및 항공 간호 발전에 기여하고 있다.

3) 초기 민간 항공의무 부서의 주요 활동

국제항공운송협회
(International Air Transport Association: IATA)

세계 131개국 239개의 항공사가 참여하는 민간기구로 1945년 결성되었으며 항공 운임 결정, 항공시간 운임 정산 등의 업무를 수행한다. 본부는 캐나다 몬트리올에 있다.

최근 민간 항공의무 부서의 항공 의료 종사자의 주요 임무는 항공 승무원의 건강관리를 핵심으로 하는 직원 건강관리와 환자 승객의 항공 후송과 관련된 승객 건강관리 영역으로 구분할 수 있다. 그러나 초기 민간 항공에서의 주요 활동은 환자 후송이었으며 과거 전쟁에서 부상병들을 전쟁터에서 치료받을 수 있는 안전한 곳으로 후송하던 경험이 토대로 발전되어 전문화된 항공 후송 업무로 이어지게 되었다. 그 역사를 살펴보면, 1950년대에 들어 제2차 세계대전 이후 **국제항공운송협회**(International Air Transport Association: IATA)에 가입한 각 항공사들이 환자 승객에 대한 일반적인 운송 규정을 마련하였고 항공기 내에 최소한의 필요한 응급처치 용품을 싣도록 규정하는 것에서 시작된다.

국내에서는 1968년 6월, 도착 승객이 통관 도중 사망하는 사건을 계기로 환자 및 허약 승객에 대한 항공 후송의 운송 약관 검토와 실무자들의 항공의무에 대한 교육 훈련의 필요성이 대두되었으며 그해 11월, 민항 설립 이후 최초의 환자 후송이 의료센터 의료진을 동반한 국내 특별기 편을 이용하여 이루어졌다. 이후 응급 후송 환자 조치에 대한 정책이 마련되었고, 1970년 초부터 기내 구급용품 관리, 환자용 들것 제작을 위한 기내 규격 조사가 실시되어 현재의 항공기용 간이침대(aero stretcher)를 사용할 수 있게 된다. 이러한 활동들로 현재는 전화나 전문을 통하여 허약 승객은 물론 환자 발생 시 승객에 대한 의료정보를 주고받아 의료적 자문을 하는 주요 기관으로 정착되었다.

4) 항공객실의무의 개념

항공기 내의 실무 현장에서 항공 객실승무원들은 항공의무라는 용어를 사용하며 업무를 수행해왔다. 그러나 항공의무가 무엇인지에 대한 정의를 내리는 것은 쉽지 않다. 이를 위해 미항공우주 의학협회 내 항공간호분과와 실제 항공의무의 실무 현장에서 임무를 수행해온 객실승무원들의 자취를 통해 정리해보고자 한다.

먼저, 미항공우주 의학협회의 항공간호분과에서는 항공 간호는 심각한 위기에 처한 환자 및 그 가족들과 접촉을 통하여 물리적, 사회적, 심리적 및 정신적 모습의 다양한 측면에서 이들의 상태를 파악하는 것이라고 정의하며 이 과정에서 환자에게 최상의 지원을 하기 위해 모든 지원 서비스 제공자가 긴밀한 업무협조 관

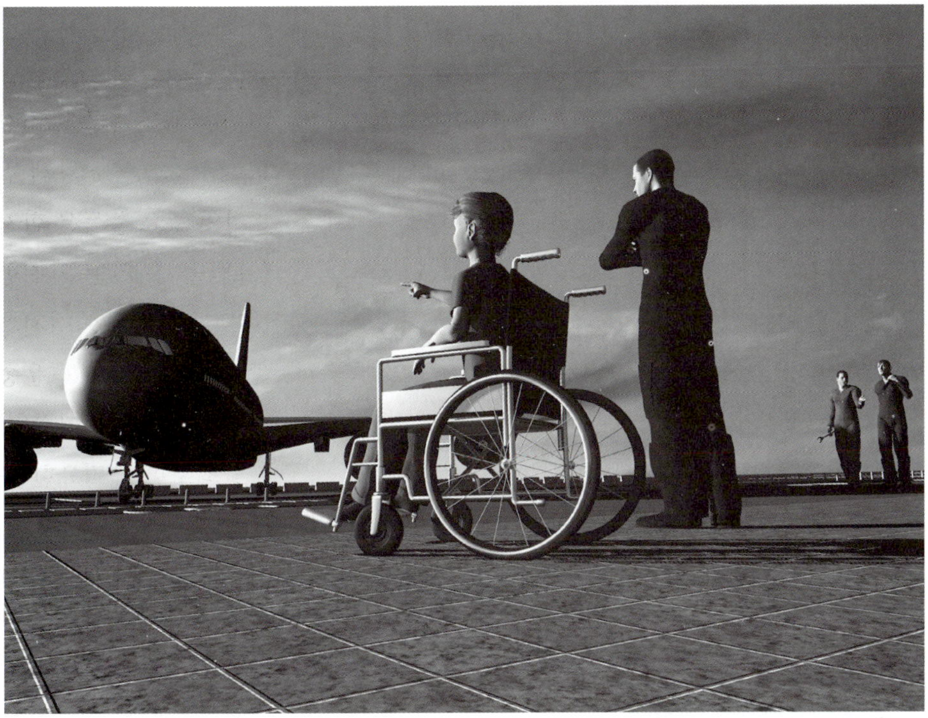

©Getty Images Bank

그림 1.2 | 항공의무는 환자의 물리적, 사회적, 심리적, 정신적 모습의 다양한 측면을 고려해야 한다.

계를 추구·개발해야 한다고 강조하고 있다.

객실승무원은 응급 상황 발생 시 필수적인 응급처치를 실시하는 것을 주된 임무로 한다. 객실승무원의 항공 객실 의무는 의료인에게 환자를 인계하기 전까지 정해진 응급처치 내용이나 **응급의료 콜 시스템**(Emergency Medical Call System: EMCS)에 의한 항공의료센터의 자문에 따라 응급처치를 수행하고 환자를 적절하게 보호하는 것이라고 정의할 수 있다. 항공사에서는 기내에서 발생할 수 있는 의학적 응급 상황에 대처하기 위해 구급 의료용품(First-Aid Kit: FAK), 비상 의료용구(Emergency Medical Kit: EMK), 훈련된 객실승무원, 지상 의료진과의 통신, 자동심실제세동기(Automated External Defibrillator: AED), 원격 진료 등을 관할 국가의 법률 및 회사의 규정에 따라 제공하고 있다. 이 범위의 응급처치를 벗어나는 상황에 대해서는 항공사는 승객의 의료 담당자가 아니며, 항공사와 승객은 의사와 환자의 관계가 아니다. 따라서 환자의 항공 여행과 관련된 의학적 이슈에 대한 것은 여행 전에 주치의와 신중하게 상의해야 한다.

응급의료 콜 시스템 (Emergency Medical Call System: EMCS)

해당 항공편에 의료인이 탑승하지 않은 경우와 의료인 탑승 시라도 항공의무 관련 추가적인 판단이 요청될 경우에 의학적 자문을 요청하는 응급 상황 대비 콜 시스템이다.

2. 항공기 표준 환경

실제 항공기가 순항하는 고공의 환경은 인간에게 매우 적대적이다. 낮은 기온과 기압·산소 분압, 습도, 방사선 등 여러 가지 신체적으로 불리한 환경에 노출되기 때문이다. 이러한 항공 환경으로부터 인체를 보호하기 위해 항공기의 기내 환경은 여러 가지 장치들을 통해 객실을 외기와 분리하여 인간의 생존과 활동이 가능한 공간으로 설계된다. 건강한 일반 승객들은 이러한 항공 환경을 견딜 수 있지만, 건강상의 문제가 있는 승객이나 컨디션이 좋지 못한 승객에게 있어 이러한 기내 환경은 심각한 어려움을 초래하기도 한다.

1) 객실 여압

그림 1.3 | 기내에는 승객에게 필요한 산소를 제공하기 위해 휴대용 산소통이 구비되어있다.

현대의 제트 항공기는 실제 비행고도(flying altitude)는 3만 5000피트 이상이지만 승객들이 느끼는 기내 고도(cabin altitude)는 8000피트를 넘지 않도록 설계되어 있다. 이러한 객실 고도를 선택한 근거는 정상 혈액조건인 pH7.4, 온도 37°C, 탄산가스 분압 40mmHg일 때 정상해리곡선 상에서 산소 분압이 80mmHg 이상일 때에는 산소 분압의 변화에 큰 관계없이 산소포화도가 90% 이상으로 일정하게 유지된다는 **헤모글로빈의 산소해리곡선**(oxygen-hemoglobin dissociation curve)에 근거한 것이다. 그러나 기압의 상대적 감소로 인해 가벼운 저산소증과 빈혈이 유발될 수 있으며, 심장 질환, 폐 질환이 있는 탑승객들은 감소된 기압으로 인해 건강한 사람들보다 더 많은 영향을 받게 된다.

항공사는 공학적이고 경제적인 이유로 항공기 순항 중 대기압을 지상과 같은 상태의 1기압을 유지하는 것이 불가능하므로 객실 여압(cabin pressurization) 장치를 통하여 객실 내부의 기압을 0.8기압으로 유지한다. 외부의 공기를 압축 상태로 엔진으

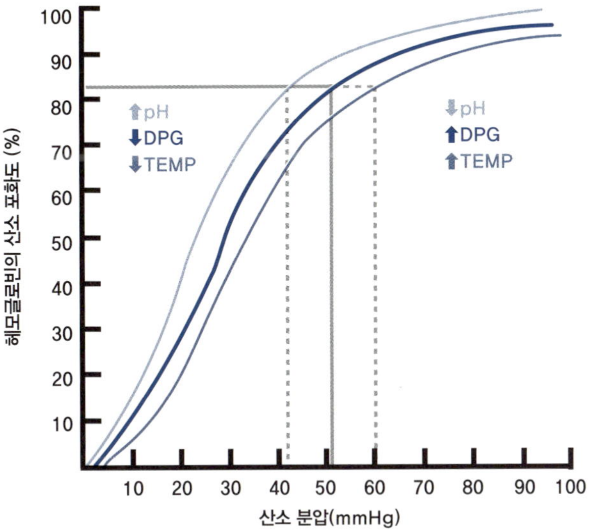

그림 1.4 | 헤모글로빈의 산소해리곡선

로 유입한 후 차갑게 만들어 기내에 공급하며 점진적인 가압을 통해 객실 내부의 기압을 상승시키는 것이다. 이를 통해 객실승무원과 승객들은 비행 중 **감압증**(decompression sickness), 장내 불편감, 추가 산소 공급의 요구에서 자유롭게 되었지만 객실 여압 중 장치의 고장, 기내 손상 등으로 인한 급격한 감압 상황이 발생할 수 있으므로 이에 대비한 안내와 훈련이 요구된다.

헤모글로빈의 산소해리곡선 (oxygen-hemoglobin dissociation curve)

혈액의 주요 성분 중 하나로 산소와 이산화탄소의 주요 운반체인 헤모글로빈으로부터 산소가 떨어져 조직으로 공급되는 정도를 그래프로 나타낸 것이다.

감압증 (decompression sickness)

외부기압이 갑자기 감소할 때 혈액, 신체조직, 관절에 질소기포가 형성되어 나타나는 증세로 관절과 근육에 통증을 느끼거나 호흡곤란(질식), 기침, 가슴 통증, 피부가 가렵고 열·냉감을 느끼거나 반점이 생기기도 한다. 증상이 심한 경우에는 충격(shock), 헛소리, 혼수상태에 빠지기도 한다.

©Getty Images Bank

그림 1.5 | 산소마스크 사용법 안전 모의 실연을 하는 객실승무원

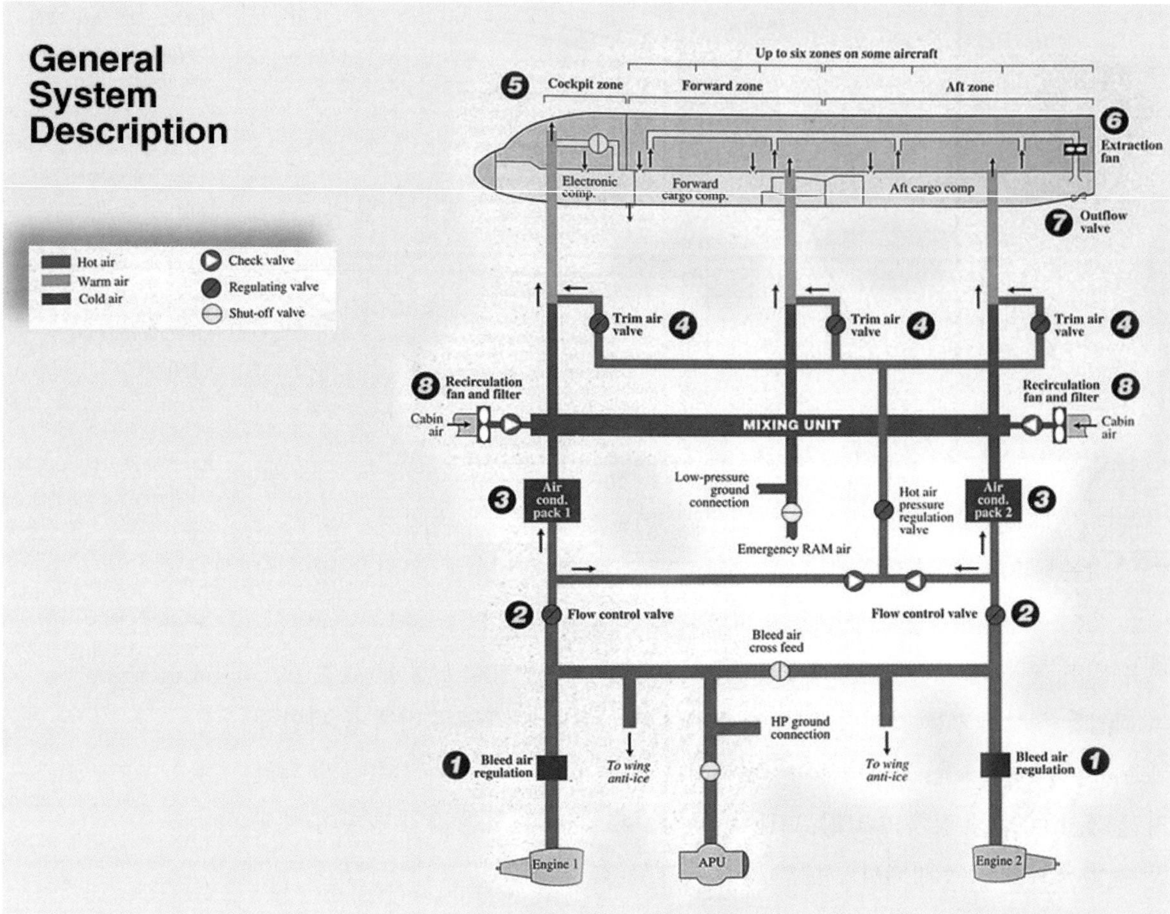

그림 1.6 | 항공기 환기 시스템

출처: IATA Medical Manual 9th Edition (2017)

2) 객실 환기

승객들의 쾌적하고 편안한 여행을 제공하기 위해 비행기 내부는 보통 3~4분마다 객실 환기(cabin ventilation) 시스템이 가동된다. 오염된 공기를 제거하고 맑은 공기를 공급하기 위한 환기 장치를 가동하고 있지만, 고공에서의 공기의 특성과 좁은 공간에 다수의 승객이 머무는 상황을 고려할 때 지상과 같은 상태의 환기는 현실적으로 불가능하다.

비행기는 두 가지 환기 시스템을 가지고 있는데, 하나는 외부로부터 유입된 공기를 100% 제공하는 것이고, 다른 하나는 신선한 외부 유입 공기와 기내에서 재순환시킨 공기의 비율을 조절하여 제공하는 것이다(그림 1.6). 전자는, 엔진으로부터 발생하는 극심한 열기를 가진 공기가 기내에 유입되기 전에 공기조화 장치(air condition unit)를 통과하여 적정 온도로 냉각되면서 이 공기가 기내로 유입되는 방식이다. 후자는 공기조화 장치에서 배출된 신선한 공기와 기내순환 공기에서 오염물질을 여과한 깨끗한 공기가 혼합실(mixing unit)에서 섞이게 되는데 이것을 기내에 제공하는 것이다. 최근 대부분의 비행기에는 **헤파필터**(high efficiency particulate filter)를 장착하고 있어 각종 오염물질을 여과하는 능력이 뛰어나다. 두 가지 방식으로 유입된 공기는 사용된 후 유출 밸브(out valve)를 통과하여 나가고 다시 공기조화 장치를 거쳐 외부로부터 신선한 공기를 유입하는 절차를 반복한다. 현재 상용되는 항공기의 재순환 공기 사용과 외부 공기 유입의 비율은 일반적으로 약 50:50이다.

헤파필터 (high efficiency particulate filter)

공기 중의 미립자를 여과하는 고성능 장치로 항공기 내 환기 시스템 구축, 의약품과 식품 생산 시 청결 유지를 위한 유입 공기의 청정화, 재조합 DNA 실험에 있어 외부로의 유해미생물 방출 방지 등의 목적으로 사용된다.

또한 객실 공기순환 방식은 조화공기 분배관(conditioned air distribution dust)을 통해 나온 공기가 그림 1.7과 같은 순환 방식으로 배출되고 이러한 공기분배 시스템은 객실 내 좌석의 각 열마다 분리·배치되어 오염된 공기가 다른 열로 전파되는 것을 막아준다.

이러한 객실 환기 시스템은 엔진을 통한 압축과 공급과정에서 거치는 고온 멸균효과로 세균번식이 부적합한 환경이 되어 호흡기 질환의 전파 가능성이 매우 낮고, 전반적인 공기의 질 또한 우수하다고 할 수 있다. 반면, 장거리 비행 시 피부가 가렵고 죄는 느낌을 받게 되는데, 이는 상대 습도가 낮아지면서 피부 표면이

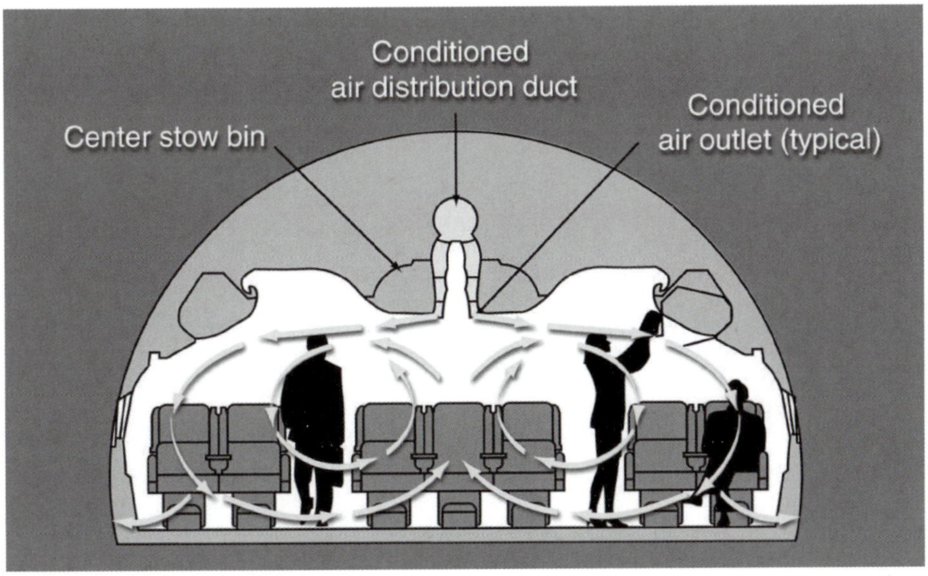

그림 1.7 | 항공기 객실 공기순환 방식

출처: IATA Medical Manual 9th Edition (2017)

건조해지기 때문에 생기는 현상이다. 그러므로 비행 중 충분한 수분 섭취와 함께 필요시 수분 크림을 덧발라 피부 건조를 방지하는 것이 바람직하다.

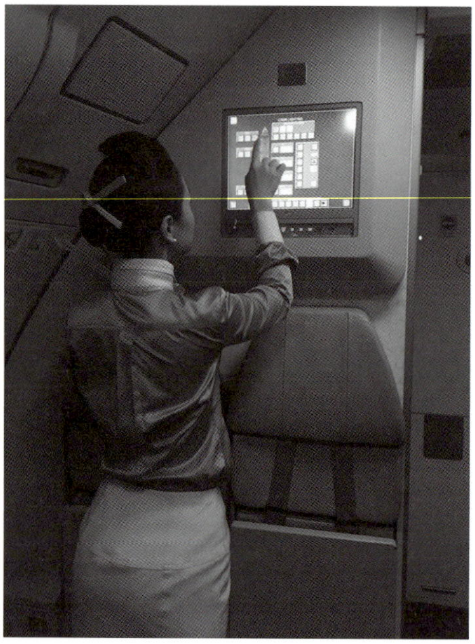

그림 1.8 | 담당 구역의 기내 온도를 조절하는 객실승무원

3) 객실 온도

항공기 내부 온도는 탑승객에게 편안함을 제공할 수 있는 중요한 요소 중 하나이다. 항공기 객실에는 계획된 범위 내에서 조절이 용이한 객실 온도(cabin temperature) 조절 시스템이 갖추어져 있다. 항공 객실승무원은 기내에서 활동이 적은 승객이 느끼는 안락한 온도의 범위, 편안함을 느끼는 온도가 지극히 주관적이라는 점, 다양한 문화 및 생활환경을 배경으로 해당 근무 구역의 탑승객의 상황을 고려하여 온도조절을 실시해야 한다.

일반적으로 객실 내 온도는 24℃ 정도로 유지하며 이는 항공기 내 서비스 구역별로 기내 온도 조절기(temperature control display)에서 조정한다. 기내 서비스 진행 시 발생하는 탑승객 개개인의 건강 상태나 체질에 따라 느끼는 온도 차이는 담요나 따뜻한 음료 제공 등으로 조절하게 한다.

4) 상대 습도

기온이 낮아질수록 대기가 수분을 함유하는 능력은 감소하게 되며 실제 항공기 **순항고도**(cruising altitude)의 외부 대기 중의 수증기는 거의 존재할 수 없다. 게다가 기내 유입 공기의 압축방식으로 인해 제트 항공기의 객실 공기는 약 5% 이하의 습도만을 유지할 수 있다. 이러한 상황을 고려하여 최근 대부분의 항공기는 외부 유입 공기와 기내 공기를 재순환시켜 적정 비율로 조절하는 환기방식을 적용하여 기내 습도를 10~20%로 유지하고 있다. 이 정도의 습도가 이상적이라 할 수는 없지만 탑승객의 건강에 큰 영향을 미치는 것으로 보이지는 않는다. 다만 저습도가 표면적인 탈수를 유발하여 승객의 편안함을 저해할 수 있기 때문에 건조함으로 인한 불편감 감소를 위해 비행 중 꾸준한 수분섭취가 요구된다.

순항고도
(cruising altitude)
항공기의 안전한 운항을 위하여 유지해야 하는 적절한 해발 고도. 여객기의 순항고도는 일반적으로 국내선의 경우 FL220~FL280(고도 22000~28000피트), 국제선의 경우 FL260~FL390(고도 26000~39000피트)까지이다.

nexusby/Shutterstock.com

승객의 쾌적한 기내 환경 제공을 위해 일부 항공기에 가습 시스템 구축하여 적용했지만, 이러한 조치는 시스템의 무게 부담, 부식과 오염의 위험 증가, 항공기 정비 측면의 보다 많은 문제점이 발견되었다.

상대 습도(relative humidity)가 부족했을 때 발생될 수 있는 일반적인 증상은 피부 가려움증, 탈수, 눈의 염증 및 건조증, 코 막힘 등이 있다.

상대 습도
(relative humidity)
현재 포함한 수증기량과 공기가 최대로 포함할 수 있는 수증기량(포화수증기량)의 비를 퍼센트(%)로 나타낸 것으로 포화수증기량은 온도에 따라서 변하기 때문에 공기가 포함한 수증기량이 일정해도 상대 습도는 온도에 따라 다른 값을 가진다.

제트 기류
(jet stream)
대류권 상부나 성층권에서 거의 수평축을 따라 형성되는 강풍대이다. 길이가 수천 킬로미터에 이르고, 수백 킬로미터의 폭과 수백 미터의 높이를 가지는 것이 보통이지만, 겨울철 최성기에는 전 지구를 휘감는 경우도 있으며 항공기의 운항에 이용된다.

5) 소음과 진동

제트 기류(jet stream), 터빈(turbine-whine), 공기 역학 등의 이유로 항공기는 많은 종류의 소음(noise)과 진동(vibration)을 만들어내지만 엔진 소음 차단장치와 최신 기내 청각 보호장치로 인해 승객이 인지하는 소음의 정도는 정상적인 대화가 가

PRImageFactory/Thinkstock.com

유체
(fluid)
액체와 기체를 합쳐 부르는 용어로 변형이 쉽고 흐르는 성질을 갖고 있으며 형상이 정해지지 않았다는 특징이 있다. 유체의 운동을 다룰 때 주의해야 하는 것은 유체의 점성과 압축에 관한 것이다.

대류권계면
(tropopause)
대류권과 성층권의 경계면으로서, 그 높이는 일정치 않으나 적도 지역 상공에서는 보통 더 높고(적도 지방: 16~18KM), 극지방 상공으로 갈수록 낮아진다(양극 지방: 6~8KM). 위도에 관계없이 여름에는 대류권계면이 높아졌다가 겨울에는 낮아지며, 고기압 속에서는 높고, 저기압 속에서는 낮다. 적도에서 중위도까지의 열대권계면, 중위도에서 극까지를 극권계면으로 나누며 그 사이는 끊어져 있다.

능한 정도로 줄어들었다. 이는 항공기 제작 기술의 발달과 항공사들의 신형기 교체로 예전에 비해 매우 나아진 상태지만 일부 오래된 항공기에서는 아직도 상당한 소음과 진동이 발생한다. 항공기를 자주 이용하지 않는 승객들은 이로 인해 심리적인 안정감을 유지하는 데 어려움을 겪을 수 있으며 소음성 난청을 호소하는 경우도 있다.

6) 난기류

난기류(turbulence)란 바람의 불규칙한 변화, 상승기류와 하강기류와 같은 수직적인 공기의 흐름으로 인해 생기는 **유체**(fluid)의 불규칙한 흐름이다. 대류권에서는 대륙과 바다의 비열 차이와 지형의 영향 등으로 바람이 매우 복잡하게 불고 다양한 정도의 요란현상이 발생한다. 대류권과 성층권의 경계면을 **대류권계면**(tropopause)이라고 하는데 적도 지역 상공은 보통보다 높은 16~18킬로미터이며, 극지방 상공으로 갈수록 낮아져서 양극지방은 6~8킬로미터이다. 이러한 이유로 항공노선 중 남반구와 북반구로의 운항 시 적도 부근을 통과하는 지점에서 심한 난기류를 만나는 경우가 있다.

Kamenetskiy Konstantin/Shutterstock.com

갑작스런 난기류에 접어들면 항공기의 기체가 많이 흔들린다. 이런 상황에 대비하여 비행 중 승객이 좌석에 앉아 있을 때는 항상 좌석 벨트를 착용할 것을 권유한다. 요란현상의 정도와 개인적인 컨디션에 따라 멀미를 하는 승객이 발생할 수도 있다.

7) 우주 방사선

CS Stock/Shutterstock.com

지구 대기 내에서 우주 방사선의 강도는 일정치 않는데 지구의 전자기장이 적도보다 극지방에서 강하므로 우주 방사선도 극지방에서 더 많이 존재한다. 방사선이 인체에 미치는 영향은 순항하는 항공기의 위도와 경도, 노출시간에 따라 다르다. 일반적으로 제트 항공기가 순항 중 중대한 방사선에 노출될 기회는 거의 없고, 미국 연방 항공청(FAA)의 연구에 따르면 항공 여행으로 인한 방사선 노출이 승객에게 미치는 매우 미미한 것으로 발표되었다. 다만 업무상 장거리 항공 여행이 많거나 임신 중인

Aerodim/Shutterstock.com

심부정맥 혈전증 (Deep Vein Thrombosis : DVT)

혈관 안에서 액체 상태로 흘러야 할 피가 고체로 굳어서 피가 흐르지 못하도록 혈관을 막는 질환이다. 다리의 큰 정맥인 장골정맥 · 대퇴정맥 · 슬와정맥 등에 한쪽으로 침범한다. 오랫동안 앉아있거나 장시간 침상에 누워있을 때, 외상이나 수술 후, 임신 중 혈전증의 과거력이 있는 경우, 체내에 암종이 있는 경우, 비만증인 여성인 경우에 많이 발생한다.

경우에는 연간 비행시간, 비행구간 등을 기록하여 방사선 노출 정도를 고려하는 것이 좋겠다.

앞서 살펴본 객실 여압, 환기, 온도, 상대 습도, 소음과 진동, 요란현상, 우주 방사선의 영향은 항공 여행을 하는 모든 승객에게 노출되는 일반적인 환경이었다. 그 밖에도 노후한 항공기의 청소 시 사용되는 화학 세척제와 오래된 카펫에서 발생하는 화학적·생물학적 오염물질(contaminants), 비상시에 통로로 이동하여 정해진 시간 내에 항공기에서 대피할 수 있는 공간적인 규정만을 지킨 저비용 항공사 일반석(economy class)의 탑승객 가능 공간(passenger space available)은 해당 승객들에게만 영향을 미친다고 할 수 있다. 충분히 확보되지 못한 공간에서 부동의 자세로 장시간 앉아 있는 경우 **심부정맥 혈전증**(Deep Vein Thrombosis: DVT)이 발생할 수도 있다.

3. 항공의무 적용 현장

1) 민간 항공 의료센터

360b/Shutterstock.com

전 세계적으로 항공기를 이용한 여행객 수가 급격히 증가하면서 민간 항공사의 수가 급증하였고 우리나라도 대한항공과 아시아나 항공 외에도 저비용 항공사들이 국내 노선과 일부 국제선 노선에 취항하게 되었다. 민간 항공사는 승객들의 안전한 여행을 위해 승객들의 응급 상황에 대비하여 의료 서비스를 지원해야 할 뿐만 아니라 운항승무원 및 객실승무원의 건강관리를 철저히 하여 항공기 운항과 관련하여 승무원들의 건강문제로 인한 이례(irregularity)가 발생하지 않도록 대비해야 한다. 이를 위하여 국제항공운송협회(IATA)에서는 항공사에 이를 지원할 수 있는 조직을 갖출 것을 권고하고 있다. 우리나라의 대표적인 항공사인 대한항

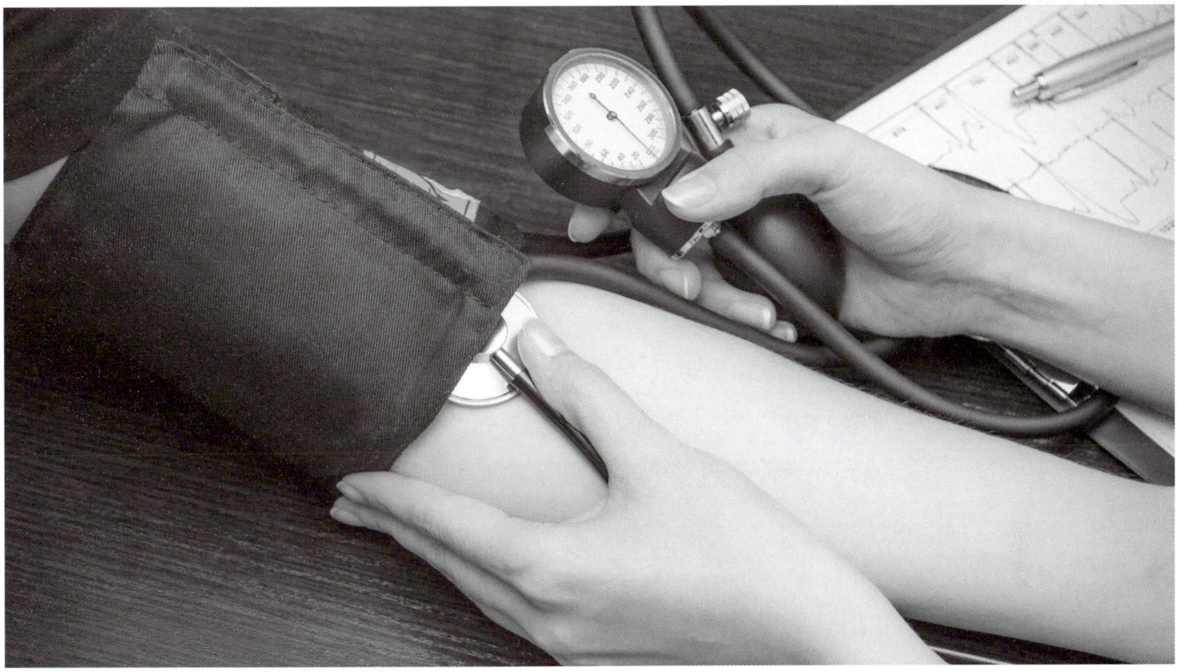

그림 1.9 | 채용 및 건강 진단을 실시하는 민간 항공 의료센터

공과 아시아나 항공은 항공사 내에 의료 부서를 운영하고 있으며 이 의료 부서들은 국토부의 항공기 승무원 신체검사기관, 보건복지부의 건강보험 요양기관, 고용노동부의 특수건강 진단기관으로 지정을 받아 업무를 수행하고 있다. 민간 항공 의료 부서의 주요 업무는 운항 및 객실승무원이 건강관리, 항공 정비사의 건강 검진과 추후 관리, 허약 승객 후송 관련 업무 등이다.

(1) 민간 항공 의료 부서의 역할

상담 및 의료 제공

항공 승무원뿐만 아니라 일반 근무자들에 대한 직접 의료 서비스를 제공하는 것으로 통상적인 의료업무뿐만 아니라 응급 환자 처치, 건강 상담 및 각종 예방 접종 등을 실시한다.

건강 진단 및 건강관리

| 채용 건강 진단

직종별로 다양한 업무 환경 및 특성에 적합한 대상자를 선발하고 배치하는 것은

매우 중요한 문제이므로 채용 건강 진단에 있어 검사자는 대상자의 업무 특성에 대해 명확히 인지한 후 검사를 실시하고 기준에 적합한 대상자를 선별해야 한다.

정기 건강 진단

대상자들이 그들의 특수한 작업 환경 및 직업 특성에 대해 잘 알고 있는 전문가와 건강 문제를 상의할 수 있는 기회를 제공하며 조기 진단이 가능하도록 돕는다. 건강 진단의 주기와 항목에 대한 조정은 작업의 특성과 연령에 따라 이루어지고 필요에 따라서는 특수하고 개별적인 건강 진단을 실시한다. 또한 건강 진단 검사 결과에 대한 개별 안내, 상담, 교육을 실시하고 건강 진단의 결과에 대한 통계 분석을 통해 유병률을 파악하여 건강관리 계획에 반영한다.

추후 관리

건강 진단 결과에 따라 질병 유소견자, 추적 관찰 대상자를 선별하여 질환별 추후 관리 프로그램을 제공한다.

건강 · 안전교육

항공기 탑승하여 근무하는 운항·객실승무원과 일반 근무자를 대상으로 건강과

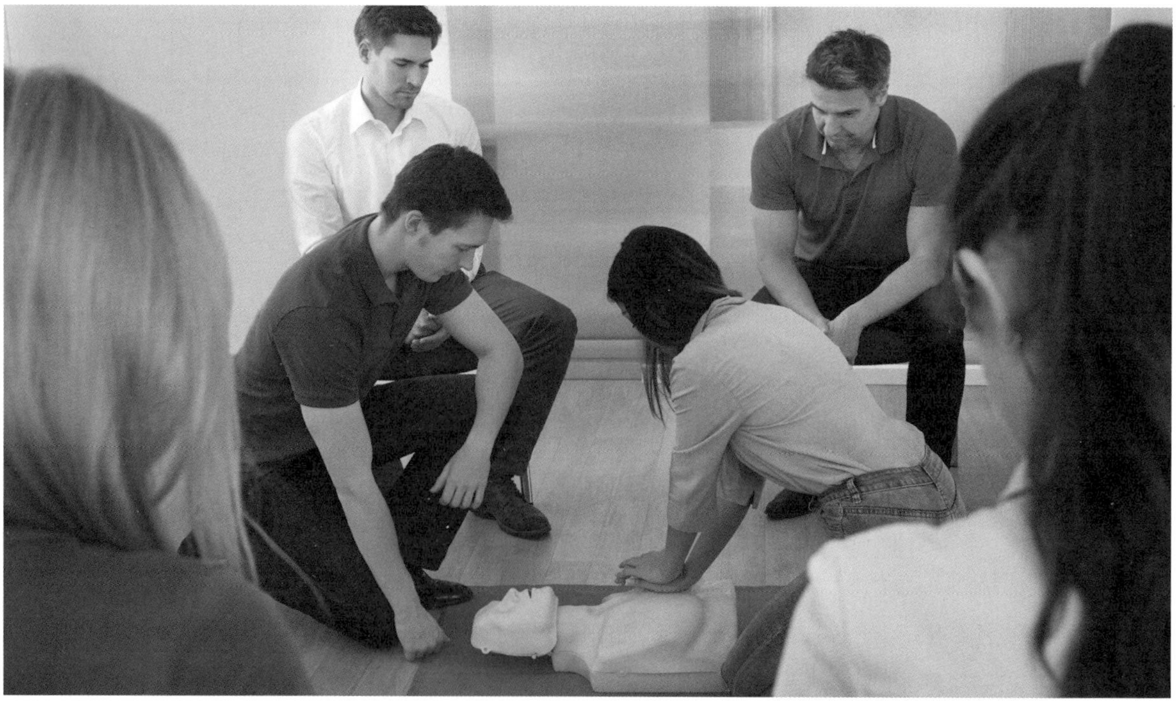
Andrey_Popov/Shutterstock.com

안전에 관한 교육과 건강 증진 교육을 실시하며, 비행중 객실의 안전을 책임지는 업무를 수행하는 객실승무원을 대상으로 기내에서의 응급처치에 대한 교육을 실시한다. 특히 항공기 내에서 행해야 할 심폐소생술 및 응급 상황에 대비 및 처치는 실제로 실행 가능하도록 기내 탑재 응급의료 장비에 대한 이해와 사용법에 대한 훈련을 철저하게 반복적으로 실시한다.

근무 환경에 대한 지도 · 감독

근무 환경에 대한 순회 점검을 통해 근무자의 신체적·정신적 스트레스뿐만 아니라 건강유해 인자를 찾아내고 평가하며 건강관리를 위한 적절한 권고 사항을 제시한다. 조명, 온도, 소음, 환기, 보호구, 난간 등의 안전 및 보건과 관련된 요소들이 관리 항목에 포함된다.

항공의무 및 환자 후송

항공의무와 환자 후송의 가장 큰 목적은 환자의 부상 또는 환자의 질환 상태를 더 이상 악화시키지 않으며 안전하고 효율적으로 환자를 후송하는 것이다. 특히 의료 시설이 불완전한 상황에서 보다 안전하고 양질의 의학적인 처치를 받을 수 있는 지역으로 환자를 후송하는 것으로, 항공의학적 특성을 고려한 계획 수립과 투약, 산소 제공, 의무 장비 제공 등 환자를 직접 돌보는 것이다. 항공 후송 임무와 병약한 승객을 관리하기 위해 후송 시작과 동시에 환자의 문제를 사정하게 되고 환자 분류에 따라 다양하게 돌본다.

위기 및 응급 상황 대비 시스템 구축

항공기는 가장 안전한 운송수단으로 알려져 있지만 사고발생 시 대형 사고일 가능성이 많으며, 비행 중 예기치 못한 환자가 발생하는 경우가 있으므로 이러한 여러 가지 상황에 대비하는 적절한 시스템 구축은 필수적이다. 비행 안전 및 객실승무와 관련된 부서와 연계하여 주기적인 위기 및 응급 상황 대응 훈련을 실시하고 구축된 대비 시스템에 대한 지속적인 점검이 요구된다.

그림 1.10 | 민간 항공 의료센터의 역할

국내외 기관과의 협력 체계 구축 및 상호교류

국내 기구 및 국제적인 항공기구와 긴밀한 협조 관계를 맺고 다양한 항공 관련 학회 활동을 통해서 최선의 항공 의료 정책을 찾기 위한 토론과 정보 교류의 기회를 갖는다.

(2) 민간 항공 의료센터의 응급의료 콜 시스템(EMCS)

비행 중 기내에 응급 환자가 발생하면 관련 규정에 의거한 신속한 대응이 이루어져야 하며 이를 위해 객실승무원들은 응급 환자 대응 절차 및 응급처치 순서에 대해 주기적인 훈련을 받고 있다. 정기 안전교육 프로그램 중 항공 응급처치 과정은 민간 항공 의료센터의 의료 실무진과 객실 훈련원의 안전 교관이 공동으로 훈련 과정을 운영한다.

응급 환자 대응 절차는 해당 편에 탑승 근무 중인 모든 승무원들의 팀워크를 바탕으로 동시다발적으로 이루어져야 한다. 최초로 환자를 발견한 승무원은 환자 발생 상황을 다른 승무원들에게 알리고 기장 보고 및 의사 호출(doctor paging) 실시에 대한 협조를 구한다. 응급의료 장비 준비, 응급처치 실시, 응급처치 보조, 응

©Getty Images Bank

그림 1.11 | 응급의료 콜 시스템은 항공 전문 의료진의 의학적 자문을 요청하는 시스템이다.

급의료 콜 시스템(EMCS) 원격 진료를 대비한 승객 건강 상태 체크리스트 작성, 환자 주위에 다른 승객의 불필요한 접근 제지 등의 역할을 구분하여 조직적으로 상호 협조한다.

응급의료 콜 시스템은 해당 항공편에 의료인이 탑승하지 않은 경우와 의료인 탑승 시에도 항공의무에 관한 추가적인 의사결정 및 판단이 요청될 경우에 의학적 자문을 요청하는 응급 상황 대비 콜 시스템이다.

응급의료 콜 시스템 통보 사항

- 승객 인적 사항(성별, 나이 포함)
- 주 호소 증상
- 승객 의식 상태 및 활력 징후, 산소 사용 여부
- 승객 과거 병력, 사용 중인 약품명
- 도착 시 필요한 의료 지원 형태

의료인 탑승 시라도 응급의료 콜 시스템 연락이 필요한 경우

- 응급 환자로 인해 항공기 운항에 비정상 상황(방향 전환, 회항, 기내 사망)이 예상되거나 발생되는 경우
- 기내 의료인의 도움에도 불구하고 중증 증상(흉통, 호흡곤란, 의식 저하, 과다출혈, 극심한 통증 등)이 호전되지 않는 경우
- 기내 의료인의 의학적 처치가 미비하거나 기내 의료기기 사용이 익숙하지 않다고 판단되는 경우
- 기내 의료인의 전공 분야가 응급 환자 증상과 상이하여 응급의료 콜 시스템 의사의 협진을 요청하는 경우
- 기내 의료인이 기내 의료기기에 대해 추가 정보를 요청하는 경우

2) 공항 메디컬 클리닉

우리나라의 최초 공항 메디컬 클리닉(airport medical clinic)은 1973년 김포 국제공항에 공항 의무실로 설립되었고, 2001년 3월 인천 국제공항의 개항으로 지리적으로 인접한 인하대 병원에서 인천 국제공항의 공항 의료센터를 위탁운영하게 되었다.

그림 1.12 | 인천 국제공항의 공항 의료센터

공항을 이용하는 이용객 수가 증가하면서 공항의 규모도 커지고 상주하는 직원의 수도 증가할 뿐만 아니라 예상하지 못한 사건과 상황에 의해 비상사태가 발생하기도 한다. 이에 공항 메디컬 클리닉의 주요 기능은 여행객의 응급의료 서비스 제공, 상주 직원의 건강관리와 항공기 사고와 같은 비상사태에 대비한 재난 대응 시스템에서 의료 부문의 주요 역할을 담당하게 된다.

3) 의료기관의 환자 후송

항공기를 이용하여 환자를 공항에서 타 공항으로 후송하거나 공항에서 의료기관으로 후송해야 하는 경우 환자가 치료받고 있거나 입원 치료받게 될 의료기관의 의료진이 환자 후송에 직접 참여하게 되는 경우가 있다.

국내의 의료기관 대부분이 환자 후송을 위한 전담 부서를 별도로 두고 있는 경우는 드물지만 삼성서울병원의 경우 응급의료 항공 팀을 두고 신속하고 안전한 후송을 위해 공항에 도착한 환자를 전용 헬기를 이용하여 병원으로 후송하기도

한다. 후송 팀에 해당 의료기관의 의료진이 참여하여 환자 후송 과정에서 중요한 역할을 수행한다.

4) 환자 의료 후송 에이전시

국제의료(global health care) 또는 의료관광(medical tourism)의 수요가 증가하면서 환자 후송 수요도 증가할 것으로 예상된다. 현재까지는 환자를 후송해야 하는 경우 의료기관과 민간 항공의 의료서비스 부서가 주로 협의하여 진행했는데 수요가 증가한다면 의료 후송을 전문적으로 담당할 전문 의료 후송 민간업체에 대한 수요도 증가할 것으로 전망된다.

현재 유일한 대표적 환자 후송 민간업체는 **인터내셔널 에스오에스**(international SOS)이다. 이 업체는 항공기 및 전문 인력을 확보하고 있어 신속하고 전문적인 대응이 가능하다.

인터내셔널 에스오에스 (international SOS)
국제 의료 지원, 글로벌 헬스케어, 보안지원 서비스 및 고객지원 서비스 아웃소싱을 제공하는 세계 최고의 재단으로 90개국, 1,000여 개의 지점에 걸쳐 5,200여 명의 전문가들이 전 세계의 기업, 단체, 정부 회원사들의 각종 의료 및 안전·보안 관련 지원 서비스를 하고 있다.

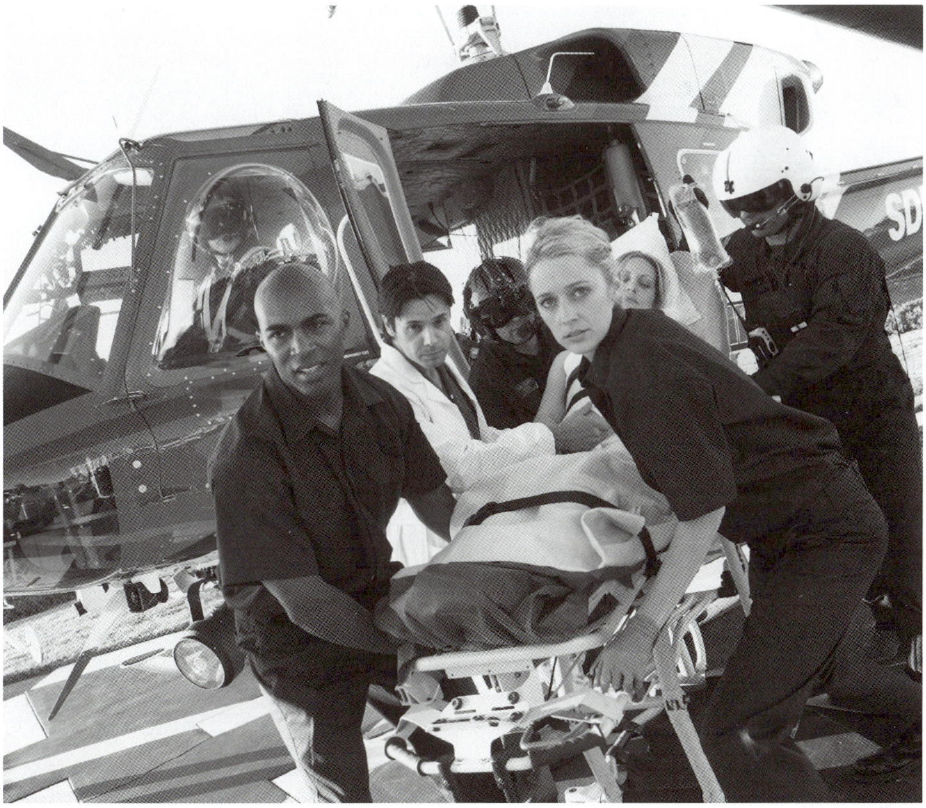

©Getty Images Bank

그림 1.13 | 환자 의료 후송을 하고 있는 의료진

요약

- 민간 항공의무 부서의 항공 의료 종사자의 주요 임무는 항공 승무원의 건강관리를 핵심으로 하는 직원 건강관리와 환자 승객의 항공 후송과 관련된 승객 건강관리 영역으로 구분할 수 있다.
- 객실승무원의 항공 객실 의무는 의료인에게 환자를 인계하기 전까지 정해진 응급처치 내용이나 응급의료 콜 시스템(Emergency Medical Call System: EMCS)에 의한 항공의료센터의 자문에 따라 응급처치를 수행하고 환자를 적절하게 보호하는 것이다.
- 쾌적하고 편안한 여행을 제공하기 위해 비행기 내부는 보통 3~4분마다 객실 환기(cabin ventilation) 시스템이 가동된다.
- 객실 환기 시스템은 엔진을 통한 압축과 공급과정에서 거치는 고온 멸균효과로 세균번식이 부적합한 환경이 되어 호흡기 질환의 전파 가능성이 매우 낮고, 전반적인 공기의 질 또한 우수하다.
- 항공기 객실에는 계획된 범위 내에서 조절이 용이한 객실 온도(cabin temperature) 조절 시스템이 갖추어져 있다.
- 항공기가 갑작스런 난기류에 접어들면 항공기의 기체가 많이 흔들린다. 이런 상황에 대비하여 비행 중 승객이 좌석에 앉아 있을 때는 항상 좌석 벨트를 착용할 것을 권유한다.
- 민간 항공사는 승객들의 안전한 여행을 위해 승객들의 응급 상황에 대비하여 의료 서비스를 지원해야 할 뿐만 아니라 운항승무원 및 객실승무원의 건강관리를 철저히 하여 항공기 운항과 관련하여 승무원들의 건강문제로 인한 이례가 발생하지 않도록 대비해야 한다.
- 항공의료부서에서는 건강 진단 검사 결과에 대한 개별 안내, 상담, 교육을 실시하고 건강 진단의 결과에 대한 통계 분석을 통해 유병률을 파악하여 건강관리 계획에 반영한다.
- 응급 환자 대응 절차는 해당 편에 탑승 근무 중인 모든 승무원들의 팀워크를 바탕으로 동시다발적으로 이루어져야 한다.

CHAPTER

02 항공 객실승무원의 건강관리

1. 항공 객실승무원의 업무

객실승무원은 '항공기에 탑승하여 승객의 일상 안전과 비상탈출을 지휘하며 항공 여행 중 기내 식음료 등의 계획된 서비스를 제공하는 사람'으로서 국가직무표준(National Competency Standards: NCS)은 항공 객실 서비스란 객실 안전관리, 승객 탑승 전 준비, 승객 탑승 서비스, 이륙 전 서비스, 비행 중 서비스, 착륙 전 서비

ESB Professional/Shutterstock.com

palawat744/Shutterstock.com

그림 2.1 | 브리핑은 비행 근무에 임하기 전 지정된 시간과 장소에서 해당 비행에 필요한 주요 내용을 공유 · 확인하는 과정으로 객실 사무장이 주관하는 객실 브리핑과 기장이 주관하는 운항 브리핑으로 구분된다.

스, 착륙 후 서비스, 승객이 항공기에서 내린 후 관리, 응급 환자 대처, 객실승무 관리를 하는 일로 정의하고 있다.

비행 중 객실승무원이 수행해야 할 임무는 크게 둘로 나누어 정리할 수 있다. 첫째로 안전요원으로서의 임무가 그것이다. 객실승무원은 항공기의 안전 운항을 위해 기장을 보좌하여 운항 중의 승객 안전과 비상탈출(emergency evacuation)에 관한 임무를 수행해야 하며 안전하고 쾌적한 비행 환경을 조성·유지(in-flight safety and security)하는 책임을 진다. 또 다른 임무는 서비스 요원으로서 투철한 서비스 마인드를 가지고 승객을 지원하며(assist passenger) 제반 규정과 서비스 절차에 따라 승객의 기대에 부응하는 최상의 기내 서비스(hospitality and in-flight service)를 제공하는 것이다. 이를 기본으로 하여 객실승무원의 업무는 다음의 우선순위에 따라 수행되어야 한다.

객실승무원의 업무 우선순위
1. 비상탈출 및 탈출 상황 대비 2. 항공 안전 및 보안 유지 3. 승객 지원 4. 기내 서비스

표 2.1 | 객실승무원의 업무 우선순위

직급에 관계없이 모든 객실승무원이 해야 하는 일반적인 주요 업무는 구체적으로 살펴보면 다음과 같다.

첫 번째, 브리핑 참석이 그것이다. 브리핑은 비행 근무에 임하기 전 지정된 시간과 장소에서 해당 비행에 필요한 주요 내용을 공유·확인하는 과정으로 객실 사무장이 주관하는 객실 브리핑과 기장이 주관하는 운항 브리핑으로 구분된다. 객실 업무의 특성상 꼭 필요한 자리이며 성공적인 비행을 위해서는 승무원 개개인의 사전 비행 준비 또한 필수적으로 요구된다.

객실 브리핑 참석 전 비행 준비 내용

- 개인별 임무 배정, 담당 비상구 확인
- 비상탈출 및 비상 처리 절차
- 항공기 기종과 등록번호 확인
- 승객 예약 현황
- 서비스 절차
- 비상시 개인별 행동 절차
- 특별 서비스 요청 승객 정보
- 용모 복장 점검

표 2.2 | 브리핑 참석 전 비행 준비 내용

두 번째, 서비스 비품·설비 및 비상 장비에 대한 점검·보고 업무이다. 항공기에는 여러 종류의 서비스 비품과 설비, 비상시 대처를 위한 비상 장비, 그리고 응급

그림 2.2 | 서비스 비품을 점검하는 티웨이 항공 객실승무원

처치를 위한 의료 장비들이 비치·탑재된다. 일단 항공기가 출발지를 떠나면 목적지 공항 도착까지 외부로부터의 물적 지원 및 조달이 불가한 항공 운송업의 특성상 이러한 비품과 설비는 승객 탑승 전 상태 및 수량 점검이 철저하게 진행되어야 하며 이상 상황 발생 시 항공기 출발 전까지는 반드시 교체·충당되어야 한다. 담당 구역의 내용 점검은 비행 전 그리고 비행 종료 후에 실시되며 이상이 발견되면 즉시 보고해야 한다.

객실승무원의 세 번째 업무는 기내 안전 및 보안 사항에 대한 점검·수행·보고이다. 항공기를 이용한 테러, 악천후에 의한 항공기 추락과 같은 대형사고 외에도 기내 화재, 기내 난동, 기내 감압, 기내 사망과 같은 안전 관련 사고 및 항공 이례 상황의 발생 가능성이 있다. 이를 미연에 방지하고 확률을 줄이기 위해서는 일상적인 비행 업무 시 안전의식을 바탕으로 사전에 대비할 수 있도록 승객 탑승 상황, 휴대 수하물 규격, 수하물 보관 장소 및 상태 등을 점검하며 점검 내용 이상이나 환자 발생, 기내 난동과 같은 비행기 운항 및 승객의 안전에 영향을 미칠 수 있는 항공 이례 발생 시는 보고 체계에 따라 기장에게 보고할 의무를 지닌다. 기내 안전을 위해 객실승무원이 수행하는 업무의 예는 항공기 출발 직후 실시하는 안전 모의 실연(safety demonstration)과 항공기 이·착륙 전에 실시하는 안전 지시(safety instruction)가 있다.

그림 2.3 | 안전 모의 실연을 하고 있는 객실승무원

마지막으로 객실승무원은 비행 중 기내식과 음료 서비스, 면세품 판매 업무를 수행하며 객실 주방, 화장실, 통로 및 좌석 주변을 수시로 정리한다. 그리고 착륙 전 승객의 입국 관련 서류 및 작성 협조 업무를 수행한다. 기내 서비스 업무는 각 항공사마다 서비스 내용과 순서에는 차이가 있지만 업무 배정을 맡은 승무원이 해당 담당 구역을 책임지는 서비스 담당제를 공통적으로 시행한다. 앞서 설명한 주요 업무 이외에도 승객의 휴대 수하물, 우편물, 회사 서류 보관 및 전달 등이 있다. 객실승무원의 원활한 업무 수행을 위해 국제항공운송협회에서는 탑승 승객의 수에 따른 최소 배정 객실승무원의 수를 규정화하고 있다. 이러한 편성은 비상사태 발생 시 객실승무원 1인당 탈출 지휘 가능한 승객 수를 반영한 것으로 객실승무원의 업무 중 승객의 안전 확보가 최우선이라는 점을 알 수 있다.

그림 2.4 | 고객에게 기내식을 제공하고 있는 객실승무원

2. 항공 객실승무원의 근무 환경

항공 객실승무원이 근무하는 항공기 표준 환경은 이 책의 Part 1 1장에서 살펴보았다. 정리해보면 지상과 비교 시 저산소 상황, 10~20% 정도의 습도, 비행고도와 관련된 기압의 변화, 엔진과 공기역학에 의한 소음과 진동, 높은 고도에 의한 우주 방사선에 대한 노출량이 증가된 비행 환경이었다. 이외에도 광범위한 시간대를 넘나드는 비행으로 인한 규칙적인 수면·각성 주기의 방해로 수면과 생체 리듬의 문제가 유발될 수 있다. 또한 해외 체재 시 현지의 음식과 물에 의한 질병 발생 가능성 등이 있다.

비행기 운항 중 승객의 안전과 서비스를 책임지는 객실승무원이 업무상 활동하는 공간은 주로 항공기 내 승객이 착석한 객실과 주방 등으로 다음과 같은 특성이 있다.

Dmitry Birin/Shutterstock.com

그림 2.5 | 승객의 좌석은 열의 형태로 배치되어있으며, 각 항공사별로 자사의 특성에 맞게 좌석을 배치하므로 좌석 간격과 너비의 차이가 있다.

1) 승객 좌석과 선반

승객의 좌석은 열의 형태로 배치되어있으며, 각 항공사별로 자사의 특성에 맞게 좌석을 배치하므로 좌석 간격과 너비의 차이가 있다. 승객 좌석(passenger seat)에는 좌석벨트(seatbelt), 접이식 테이블(folding table) 및 승객 제어 장치(Passenger Service Unit: PSU), 머리받이(headrest), 개인용 모니터를 포함하고 있다. 그리고 팔걸이(arm rest)에 부착된 승객 제어 장치(PSU)에는 승무원 호출 버튼(attendant call button), 독서등(reading light), 기내 오락 서비스 관련 버튼이 포함된다.

좌석 등받이의 각도는 조절 단추(reclining button)로 조절할 수 있으며 좌석 하단에는 구명조끼(life vest)가 있다. 좌석 상단에는 승객의 짐을 보관할 수 있는 기내 선반(overhead bin)이 있다. 그리고 머리 위 선반 아래에 부착된 승객 제어 장치에는 독서등, 비상용 산소마스크(emergency oxygen mask), 승무원 호출등(attendant call light) 및 지시 사인(instruction sign)으로 이루어져 있다.

기내 선반은 위쪽으로 열리는 것과 아래로 열리는 두 가지 종류가 있다. 승객의 짐 보관 협조 과정에서 낙하 사고가 발생하지 않도록 주의해야 한다.

Sorbis/Shutterstock.com

2) 승무원 구역

승무원 구역(attendant station)은 기내 승무원 전용 공간으로 승무원 좌석(jump seat), 벙크(bunk)가 있으며 그 부근에는 인터폰(interphone), 승무원용 짐칸(stowage), 각종 비상 장비, 기내 설비 조절 패널(cabin control panel) 등이 있다. 또 작업등(work light)과 승무원용 산소마스크가 구비되어 있다.

객실 사무장(duty purser) 구역에는 객실 조명, 객실 온도, 기내 음악, 비상탈출 신호 등 객실 설비를 일괄적으로 제어할 수 있는 기내 설비 조절 메인 패널(cabin control main panel)이 있다. 객실 조명(cabin light)은 서비스 형태 및 순서, 승객 휴식 시간 등의 객실 상황에 맞게 조절한다. 객실 온도(cabin temperature)는 쾌적한 항공 여행을 위해 수시로 체크하여 최적의 기내 온도 유지에 힘쓴다. 객실 온도 조절 시에는 승객과 승무원이 느끼는 온도의 차이, 각 구역별 그리고 승객 수에 따른 온도 차이, 취침 시의 체온유지 능력 저하 그리고 객실 내의 조감도 등에 유의하여 조절한다. 일반적으로 승객이 쾌적하게 느끼는 객실 내의 적정 온도는 24℃ 정도이다.

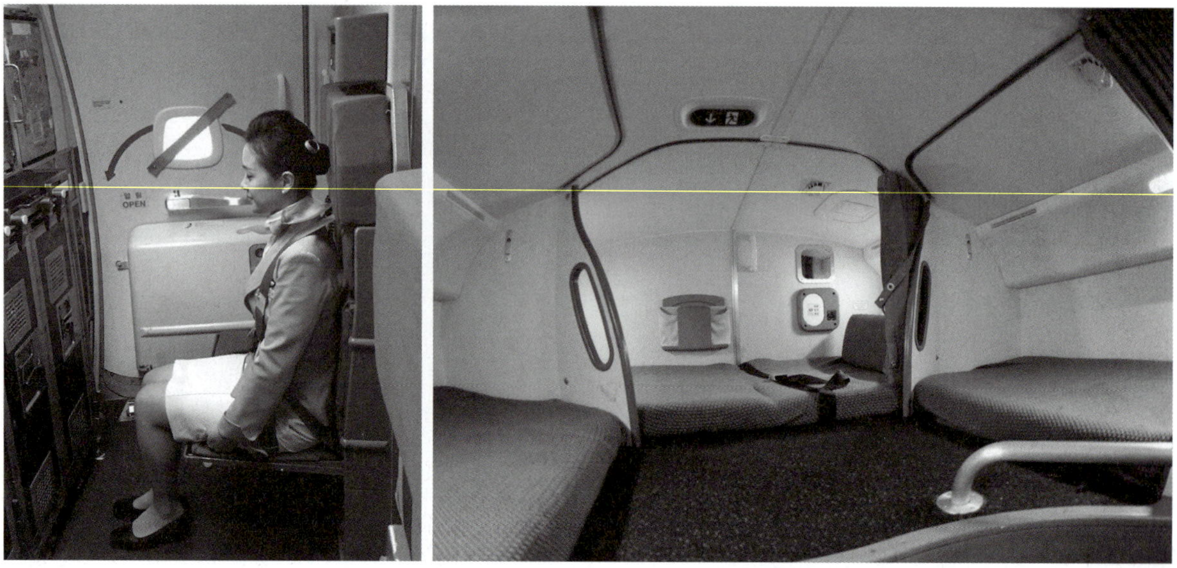

Jorcan Tan/Shutterstock.com

그림 2.6 | 승무원 좌석에 착석한 객실승무원과 승무원 휴식공간(벙크)

(1) 승무원 좌석

승무원 좌석(jump seat)은 항공기 전역에 고르게 분포되어있으며 모든 비상구마다 위치해있다. 좌석은 옆으로 접을 수 있는 형태로 되어있으며, 사용하지 않을 때는 저절로 접히고, 사용할 때는 좌석을 밑으로 내려 펴서 사용한다. 좌석에는 고정 장치로서 좌석 벨트와, 어깨에 메는 벨트(shoulder harness type belt)가 포함되어있다. 이착륙을 위한 착석 시 항상 바른 자세를 유지하며 난기류(turbulence) 상황에는 승객의 착석 지시 및 확인 후 승무원 자신도 신속히 앉도록 한다.

(2) 승무원 휴식공간(벙크)

장거리 비행 중 승무원들이 교대로 쉴 수 있는 휴식공간(crew rest room)이다. 보통 객실 후미의 2층이나 중간 아래층에 있으며 벙크에는 승무원들이 누워서 쉴 수 있는 2층 간이침대와 독서등, 비상장비 등이 갖추어져 있다.

객실승무원의 근무시간은 비행 임무를 위해 회사가 정한 장소에 쇼업한(show-up) 시간부터 해당 임무가 종료된 시간을 말하며 개인별 승무 제한 시간은 항공사마다 차이가 있으나 대개 월 100시간, 연 1100시간으로 규정하고 있다. 또한 일정시간의 근무를 마친 객실승무원의 휴식시간과 24시간 중 연속 가능한 비행 근무시간에 대한 규정이 마련되어있어 비행 소요 예정시간이 8시간을 초과할 경우 기

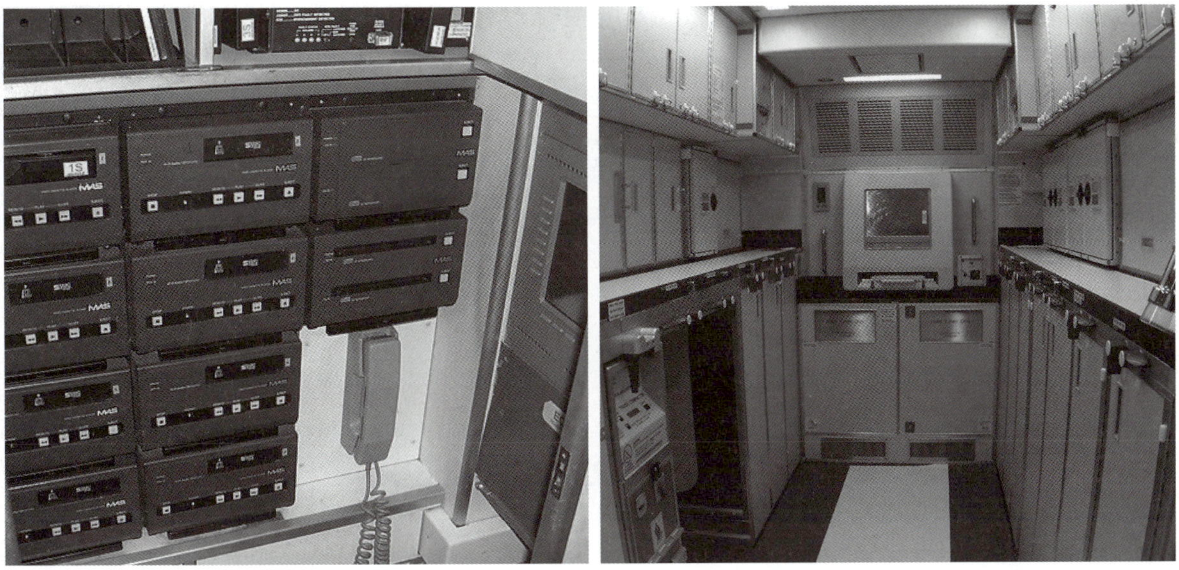

그림 2.7 | 기내 설비 조절 시스템과 기내 주방

내 휴식을 취하게 된다.

(3) 기내 설비 조절 시스템

기내에서 제공되는 영화, 음악 등의 각종 엔터테인먼트 서비스에 관련된 시스템을 제어할 수 있는 기내 설비 조절 시스템(cabin control system) 장치가 대부분 항공기 전방 객실 사무장 좌석 부근에 있다. 또한 **에어쇼**(air show) 및 기내 온도 조절 장치, 객실 조명 조절장치 등이 기종별로 정해진 장소에 설비되어있다.

에어 쇼
(air show)
비행 중 기내에서 승객에게 해당 비행에 관련된 각종 정보를 안내하는 시스템으로 비행 속도, 고도, 현재 위치, 목적지까지의 거리와 남은 시간, 현지 시각, 외부 온도 등의 정보를 기내 스크린이나 개인용 모니터를 통해 제공한다.

3) 기내 주방

기내 주방(galley)은 항공기의 주방으로 일반 장비(galley equipment), 보관 공간(stowage space), 작동 패널(control panel)로 이루어진다. 객실승무원은 케이터링(catering)에서 제조된 기내식을 기내 주방에서 따뜻하게 데우거나(heating)이나 시원하게 해서(chilling) 승객이 드시기 좋은 상태로 제공하게 된다. 따라서 기본적으로 음식을 데우는 오븐, 전자레인지가 있고 음료 제공을 위한 커피 메이커, 온수기(water boiler), 핫 저그 앤 컵(hot jug & cup), 기내식 보관을 위한 냉장고, 일반 보관

트래시 콤팩터 (trash compactor)

기내에서 수거된 쓰레기의 효율적인 처리를 위한 설비로, 사용 후 폐기되는 서비스용품 및 비품의 부피를 줄이기 위한 압축기이다.

공간(stowage space)이 있으며 전자 장비들을 통제할 수 있는 패널로 구성된다. 기종이 복층으로 구성된 경우에는 카트(cart) 이동 시 편의를 위해 기내 주방 엘리베이터가 있고 일부 신기종에는 **트래시 콤팩터**(trash compactor)가 장착되어있다. 모든 장비들은 항공기 이착륙 시와 난기류 시 안전한 비행을 위해 반드시 고정되어야 한다. 승객에게 식사와 음료를 준비하는 과정에서 화상 및 부상을 당하는 경우가 있으므로 주의가 요구되는 작업 공간이다.

3. 항공 객실승무원의 건강문제와 관리

객실승무원의 건강문제에 대한 학계의 연구 중 Pombal 등(2005)은 비행이 불가능한 의학적 상황에 대한 연구로 이비인후과가 30.1%, 근골격계가 21.3%, 정신심리학계가 12.5%라는 의미 있는 결과를 발표하였다. 이는 항공 생리적 측면에서 지상과의 기압차로 인해 발생할 수 있는 이비인후과의 문제와 승무원의 업무상 요통이나 염좌 등 근골격계 질환에 대한 예방적 접근의 필요성을 나타낸다. 각 항공사들은 이러한 업무 환경으로 인한 재해를 방지하기 위해 건강검진, 건강 및 체력 관리를 위한 교육·훈련, 건강 증진을 위한 다양한 운동 프로그램을 마련하고 있다.

1) 건강 진단

(1) 채용 건강 진단

객실승무원의 채용 시 건강 및 신체조건에 대한 기준은 항공사마다 다를 수 있지만 객실승무원의 근무 환경과 근무 내용을 우선적으로 고려한다. 따라서 건강 진단 시 비행 업무에 적합한 의학적 상태인지, 서비스 제공자로서 결격사유가 없는지 등을 호흡기, 순환기, 소화기, 혈액 및 조혈장기, 정신 및 신경, 운동기, 신장 비뇨 생식기 계통 등 전반에 걸쳐서 확인한다. 기본적인 진단은 근로자 일반 건강진단에 준하여 실시하고 업무 특성을 고려한 이비인후과 영역과 체력 테스트가 추가된다. 국내 항공사들의 채용 절차 중 일부분인 신체 및 체력 검사의 일반적인 세부 항목을 정리하면 아래와 같다.

	신체검사	체력 검사
항목	허리기능 검사 소변 검사 엑스레이(X-ray) 검사 혈액 검사 고막 검사 시력, 색각 신장, 체중, 혈압 청력 검사 내과 검진	악력 검사 평형성 검사(눈감고 외발 서기) 순발력 검사(제자리높이뛰기) 민첩성 검사 자전거 타기 근지구력 검사(윗몸 일으키기) 유연성 검사 수영 테스트(25m)

표 2.3 | 국내 항공사 객실승무원 채용 건강 진단 항목

(2) 정기 건강 진단

객실승무원은 산업안전보건법 및 시행 규칙에 따라 매년 건강 진단을 받도록 되어있다. 정기 건강 진단은 질병이나 이상 소견을 조기에 발견하여 적절한 예방조치를 취하고 조기에 치료하여 건강을 유지하고 증진시키기 위해서이다. 세부 진단 항목은 각 항공사마다 다소 상이하나 기본적으로 다음의 항목으로 진단을 실시하며 1차 진단에서 정상 범위를 벗어나 질병 의심 소견이 있을 경우는 2차 진단을 시행하여 질병에 대한 확인 후 필요시 치료를 받을 수 있도록 한다.

ESB Basic/Shutterstock.com

정기 건강 진단 검사 항목

- 과거 병력, 작업 경력 및 자각 · 타각 증상(시진 · 촉진 · 청진 및 문진)
- 혈압 · 혈당 · 요당 · 요단백 및 빈혈 검사
- 체중 · 시력 및 청력
- 흉부 방사선 촬영
- 혈청 GOT 및 GPT, γGTP 및 총콜레스테롤

표 2.4 | 정기 건강 진단 검사

2) 항공의무센터 의료진의 관리

객실승무원의 주된 업무는 승객의 안전과 서비스를 책임지는 역할을 수행하는 것이다. 이를 성공적으로 수행하기 위해 개인의 건강관리는 매우 중요하다 하겠다. 정기 건강 진단을 주기적으로 시행하여 일상생활 중 놓치기 쉬운 내분비계, 호흡기계, 순환기계, 소화기계 등의 질환유무를 확인하고, 추후 발생할 수 있는 문제에 대한 예방적 관리를 해야 한다. 또한 치료를 요하는 질환이 있거나 이로 인한

ChameleonsEye/Shutterstock.com

그림 2.8 | 객실승무원은 자신의 건강유지와 승객의 건강한 비행을 위해 기내 환경과 운항 중 발생할 수 있는 생리적 변화를 잘 이해할 수 있어야 한다.

객실승무원 항공 신체 기준(여)				
신장(cm)	과소 체중(kg)	적정 체중(kg)	과체중(kg)	초과 체중(kg)
160	43.1 이하	43.2-50.2	50.2-54.2	54.2 이상
161	43.6	43.7-50.7	50.7-54.7	54.7
162	44.1 이하	44.2-52.2	52.2-55.2	55.2 이상
163	44.6	44.7-52.7	52.7-55.7	55.7
164	45.1	45.2-53.2	53.2-56.2	56.2
165	45.6	45.7-53.7	53.7-56.7	56.7
166	46.1	46.2-54.2	54.2-57.2	57.2
167	46.6	46.7-54.7	54.7-57.7	57.7
168	47.1	47.2-55.2	55.2-58.2	58.2
169	47.6	47.7-55.7	55.7-58.7	58.7
170	48.1	48.2-56.2	56.2-59.2	59.2
171	48.6	48.7-56.7	56.7-59.7	59.7
172	49.1	49.2-57.2	57.2-60.2	60.2
173	49.6	49.7-57.7	57.7-60.7	60.7
174	50.1	50.2-58.2	58.2-61.2	61.2
175	50.6	50.7-58.7	58.7-61.7	61.7
176	51.1	51.2-59.2	59.2-62.2	62.2
177	51.6	51.7-59.7	59.7-62.7	62.7
178	52.1	52.2-60.2	60.2-63.2	63.2
179	52.6	52.7-60.7	60.7-63.7	63.7
180	53.1	53.2-61.2	61.2-64.2	64.2

표 2.5 | K 항공사의 항공 신체 기준(여승무원)

비행 중 응급 상황의 발생, 혹은 비행으로 증상이 악화될 가능성을 보유한 경우는 각 질환별 치료가 완전히 이루어져 업무에 복귀할 수 있어야 한다. 이러한 객실승무원의 건강 진단 및 의학적 평가 등의 관리를 위해 항공의무 센터의 의료진들이 해당 역할을 담당하고 있다.

3) 교육

객실승무원은 자신의 건강유지와 승객의 건강한 비행을 위해 기내 환경과 운항 중 발생할 수 있는 생리적 변화를 잘 이해할 수 있어야 한다. 또한 기내 환자 발생

비상	지식	기량	적성	일반
• Emergency Test **영어** • English	• First Aid • Aircraft • Route Information • Regulation C. I. Q • Squawk Handling • Flight Operation • Test	• In-Flight Sales Account • PA Performance • Baby Care • Demo Practice • Liquor Service • Meal Service • Flight Duty(OVS) • Flight Duty(DOM) • Dress Code • Test	• Beauty Lesson • Service Manner • Service Mind • Interview • Fitness • Team Building	• Opening Ceremony • Instructions • Health Advice • PT Test • Airport Observation • Standard Motion • O. J. T Briefing • Closing Ceremony

표 2.6 | J 항공사의 신입 전문 훈련 교수요목(syllabus)

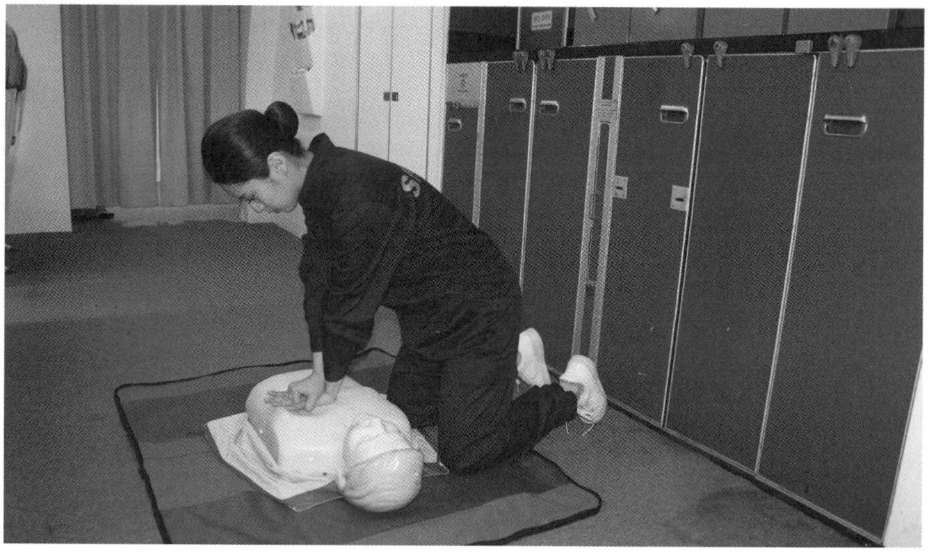

그림 2.9 | 승무원의 응급구조 흉부압박 교육 장면

시 적절한 응급처치를 수행할 수 있어야 하고 본인에게 발생할 수 있는 의학적 문제 상황에 대해서도 적절한 대처가 가능해야 한다. 그 외에 해외 체재 시 발생할 수 있는 건강 유해 요인과 예방을 위한 조치 등에 대한 인지가 필요하다. 이를 위해 항공사에서는 정기적인 항공 응급처치 및 여행자 건강관리에 대한 교육과 훈련을 실시하고 있다.

객실승무원의 응급처치 훈련은 신입 승무원 전문 훈련과 정기 훈련의 한 과정으로 운영되며 국제항공운송협회에서는 오른쪽의 표 2.7과 같은 내용을 포함할 것을 제안한다.

항공 생리	여행 건강	관련 규정	행동 절차 및 장비
• 기내 기압 변화 • 저산소 환경의 변화 • 체내 가스 • 감압증 • 기내 여압 • 과호흡 • 기내 공기 순환	• 예방접종 • 감염성 질환 예방 • 수면 주기와 제트래그(jet lag) • 피로 예방 • 우주 방사선 • 개인 안전 관리(알코올, 약물 사용, 여행지 안전 관리)	• 응급처치 교육 • 응급의료 장비 (AED, EMK, FAK 등) • 감염성 질환 발생 시 보고 • 항공기 검역과 방역 • 의료 폐기물 처리	• 객실승무원 업무 체계와 협력 • 의료 지원 요청 • 응급의료 장비 (AED, EMK, FAK 등) • 기내 사망 처리 절차 • 의료 기록 및 보관 · 전달 • 기장 보고와 의사소통

응급처치			
환자 사정	응급 구조	의료적 문제	의료적 문제 – 외상
• 과거력, 사고 상황 확인 • 기능 평가 및 피해 상황 확인 • 손상 정도 구분 • 환자 이동 및 후송	• 응급구조의 원리 • 성인 · 아동 · 유아의 초기 응급조치 • 기도 개방 • 호흡 확인, 구조 호흡 • 순환 확인 • 흉부 압박, 자동심실제세동기 사용 • 질식 시 조치 • 회복 자세 • 의식 소실	• 전염성 질환 • 호흡기계 장애: 천식, 과호흡, 만성 폐질환, 기침 • 순환기계 장애: 협심증, 심근경색, 쇼크, 심부정맥 혈전증(DVT) • 소화기계 문제: 구토, 설사, 통증, 속 쓰림 • 신경계 장애: 두통, 뇌전증, 뇌졸중 • 이비인후과 문제: 압력 외상, 비출혈 • 정신 · 행동학적 장애: 공황 장애, 알코올 의존증, 불안 행동 • 기타: 당뇨, 알레르기 반응, 임신	• 상처 및 출혈 • 화상 • 두부와 경부 손상 • 안구 손상(이물질, 화학적 손상 등) • 근골격계 손상(골절, 염좌 등) • 흉부 · 복부 손상 • 날카로운 물건에 의한 손상

표 2.7 | 승무원 응급처치 교육 과정 샘플
출처: IATA Medical Manual 9th Edition (2017)

4) 건강 증진 활동

건강 증진 활동은 건강관리와 건강을 향상시키는 과정을 이르는 것으로 1970년대 이후로 많은 항공사들이 승무원을 대상으로 한 건강 증진 프로그램을 도입하였다. 주로 객실승무원의 정기건강 진단 결과 분석된 건강 유해 요인에 대해 집중적인 건강 증진 프로그램을 반영하고 있다. 객실승무원은 비행 중 경험할 수 있는 신체 생리적 변화와 지역적 특성에 따른 건강관리상의 유의점, 시차 및 수면 주기와 관련된 건강관리 활동이 필요하다. 항공사마다 이를 제도적으로 반영하여 객실승무원의 근무

gst/Shutterstock.com

중 건강관리와 해외체재 시 지역별 건강관리, 일상 건강관리가 이루어지도록 하고 있다.

(1) 비행 중 건강관리

- 비행 전 반드시 스트레칭을 실시하여 신체의 움직임을 조절하는 근육의 긴장을 풀어서 안전사고와 요통 발생을 예방한다.
- 비행 중에는 소량의 식사를 하고 수분의 섭취를 늘려 신체의 수분 손실을 줄인다.
- 객실 습도는 10% 미만으로 콘택트렌즈의 착용과 유지 시에 주의가 필요하다.
- 제한된 공간에서 무거운 물건을 들거나 흔들리는 기내에서 계속적인 서비스를 수행하면서 안전사고에 노출될 가능성이 높으므로 작업 시에 안전수칙을 준수한다.

(2) 해외 체재 시 건강관리

- 적도 지역에서 기온이 높을 때의 체온조절은 주로 발한 작용에 의한 것으로, 적응되기 전까지 오전 10시에서 오후 2시 사이에 심한 운동 및 활동은 가급적 삼간다.
- 여러 전염병 예방을 위해 끓인 물 또는 생수를 섭취하며, 태양광선에 대한 건강장애가 발생하지 않도록 신체 부위의 보호가 필요하다.
- 열사병(heat stroke), 열 경련(heat cramps) 등이 발생할 수 있으며, 일광 화상을 입는 경우가 흔히 있다.
- 장시간 일광욕을 피하고 자외선차단지수(SPF)가 15 이상인 크림을 바르며 모자나 선글라스를 사용한다. 특히 남극 주변의 오존층 파괴로 과다한 자외선이 관측되므로 주의한다.
- 추운 지역에서는 기온 저하로 동상 및 감기에 주의하고 체온유지에 유의하며 여러 벌의 옷을 껴입는 방식을 취한다.

이외에도 알코올 및 약물 남용 관리, 금연, 영양 섭취 및 체중 관리, 운동 프로그램, 피로 및 스트레스 관리, 면역 관리 등의 개인적인 일상 건강관리가 이루어지도록 하고 있다. 또한 객실승무원의 성별·나이별 비율에서 젊은 여성이 다수를 차

Mariiaa/Shutterstock.com

지하고, 키가 크고 마른 체형을 유지하는 것이 선호되는 국적 항공사의 채용 환경을 고려하여 이들에게 발생하기 쉬운 건강상 문제를 파악하고 관리하는 것이 중요하다. 객실승무원이 비행 중 경험할 수 있는 건강문제로는 운항 중 압력 변화와 관련된 이비인후과적 문제와 업무 중 안전사고 및 요통 등이 있으며 이를 예방하기 위한 개인적 노력뿐만 아니라 전사적인 예방 활동이 필요하다. 평소 객실승무원을 대상으로 응급처치에 대한 교육을 실시함으로써 추가적인 손상을 예방하고 합병증을 최소화해야 하며, 규칙적인 운동과 업무 시작 전 스트레칭 등 건강관리 행위를 증진하여 추가 손상의 가능성을 낮추는 것이 필요하다. 또한 기내 탑재 품목의 단위 조정을 통한 무게 제한, 서비스 품목 탑재 위치 선정 시 사용 빈도, 무게, 부피 등을 고려한 인체공학적 접근 등 사고 예방을 위한 중재가 필요하다.

요약

- 객실승무원은 항공기에 탑승하여 승객의 일상 안전과 비상탈출을 지휘하며 항공 여행 중 기내 식음료 등의 계획된 서비스를 제공한다.
- 담당 구역의 내용 점검은 비행 전 그리고 비행 종료 후에 실시되며 이상이 발견되면 즉시 보고해야 한다.
- 객실 사무장 구역에는 객실 조명, 객실 온도, 기내 음악, 비상탈출 신호 등 객실 설비를 일괄적으로 제어할 수 있는 기내 설비 조절 메인 패널이 있다.
- 이착륙을 위한 착석 시 항상 바른 자세를 유지하며 난기류 상황에는 승객의 착석 지시 및 확인 후 승무원 자신도 신속히 앉도록 한다.
- 일정 시간의 근무를 마친 객실승무원의 휴식시간과 24시간 중 연속 가능한 비행 근무시간에 대한 규정이 마련되어있어 비행 소요 예정시간이 8시간을 초과할 경우 기내 휴식을 취하게 된다.
- 기내 주방은 승객에게 식사와 음료를 준비하는 과정에서 화상 및 부상을 당하는 경우가 있으므로 주의가 요구되는 작업 공간이다.
- 객실승무원의 채용 시 건강 및 신체조건에 대한 기준은 항공사마다 다를 수 있지만 객실승무원의 근무 환경과 근무 내용을 우선적으로 고려한다.
- 객실승무원의 건강 진단 및 의학적 평가 등의 관리를 위해 항공의무 센터의 의료진들이 해당 역할을 담당하고 있다.

CHAPTER

03 항공 의료지원 서비스의 이해

1. 항공 의료지원 서비스

최근 해외여행이 보편·대중화되고 의료 관광의 활성화되면서 노약자, 어린이, 환자 들이 장거리 항공 여행을 하게 되면서 승객의 의학적 문제로 발생하는 **항공 이례**(flight irregularity)는 점차 증가할 것으로 예상된다. 이에 비행 중 승객의 신체적·정신적 건강문제에 대한 관리 및 지원은 각 항공사에게 피할 수 없는 과제가 되

항공 이례 (flight irregularity)

정상적인 운항 절차를 벗어나거나 그에 준하는 이상 사태가 발생하는 경우를 말하며 중간 기착지에 착륙하는 중도하기(off-load), 예정에 없는 공항에 비상으로 착륙하는 비상착륙(unscheduled landing), 기내 사망(in-flight death) 등이 포함된다.

Khun mix/Shutterstock.com

그림 3.1 | 비행 중 승객의 신체적 · 정신적 건강문제에 대한 관리 및 지원은 각 항공사에게 피할 수 없는 과제가 되었다.

었다. 따라서 각 항공사들은 승객의 건강한 항공 여행을 위하여 비행 중 스트레칭 체조 시간 배정, 비행 스트레스 방지 센터 운영, 기내 건강 안내 비디오 상영, 사전 주문 시 건강식 제공 등의 자체 건강관리 프로그램(health care program)을 운영하고 있으며 갑작스러운 환자 발생이나 승객의 부상에 대비하여 응급처치가 가능한 기내 응급의료 장비를 구비하고 있다.

항공사는 의학적 도움이 필요한 승객이 항공 여행을 원할 경우 이들을 위한 항공 의료지원 서비스를 특별히 제공한다. 비행에 필요한 의료용 침대, 의료용 산소, 휠체어, 식사 조절식, 특별 좌석 배정, 리프팅서비스 등을 유·무상으로 지원하며 기내에서 발생할 수 있는 의학적 응급 상황에 대처하기 위하여 구급 의료용품, 비상 의료용구, 훈련된 객실승무원, 지상의 의료진과의 통신, 자동심실제세동기, 원격진료 등을 제공하고 있다. 이 범위의 응급처치를 벗어나는 상황에 대해서는 항공사가 승객의 의료 담당자가 되기 어렵다. 따라서 항공 여행과 관련된 의학적 이슈에 대한 것은 여행 전에 담당 주치의와 충분히 상의하는 것이 필요하다. 기내에 상시 비치하는 기내 응급의료 장비는 그 종류가 다양하며 객실승무원이 사용하는 구급 의료용품(FAK)과 자동심실제세동기(AED), 의료인이 전문처치를 위해 사용하는 비상 의료용구(EMK) 등이 있다.

1) 간이침대 지원 서비스

의료정보 기록지 (Medical Information Form: MEDIF)

특별 지원을 요청하는 특수 승객의 관련 개인정보 수집 및 승객의 상태에 맞는 적합한 의료 지원을 위해 항공사가 사용하는 양식이다.

항공사는 의학적 도움이 필요한 승객이 안전하고 편안한 항공 여행을 할 수 있도록 의료용 침대(stretcher)를 제공한다. 앉은 자세로 여행이 불가한 승객은 일반적으로 의학적 상태가 심각한 경우이기 때문에 항공 환경과 환자의 건강상태와의 적합여부에 대한 항공 의료센터의 판단이 요구되므로 해당 승객은 예약 시 출발일을 기준으로 10일 이내의 전문의가 작성한 **의료정보 기록지**(Medical Information Form: MEDIF)를 제출한 후 탑승 가능 여부를 확인해야 한다. 항공사로부터 항공 인가(medical clearance)를 받은 후, 출발 전 충분한 여유를 두고 사전 예약을 해야 한다. 사전 예약 기한은 항공사마다 상이하지만 대개 국제선의 경우 항공기 출발 72시간 전(타 항공사 연결 편이 포함된 경우 출발 7일 전), 국내선은 48시간 전에 간이침대 사용에 대한 요청을 하면 된다.

간이침대를 장착하기 위해 여러 개의 좌석을 사용해야 하기 때문에 일반석 편도 운임의 6배를 지불해야 하며 반드시 보호자가 동반 탑승해야 하며 위중한 환

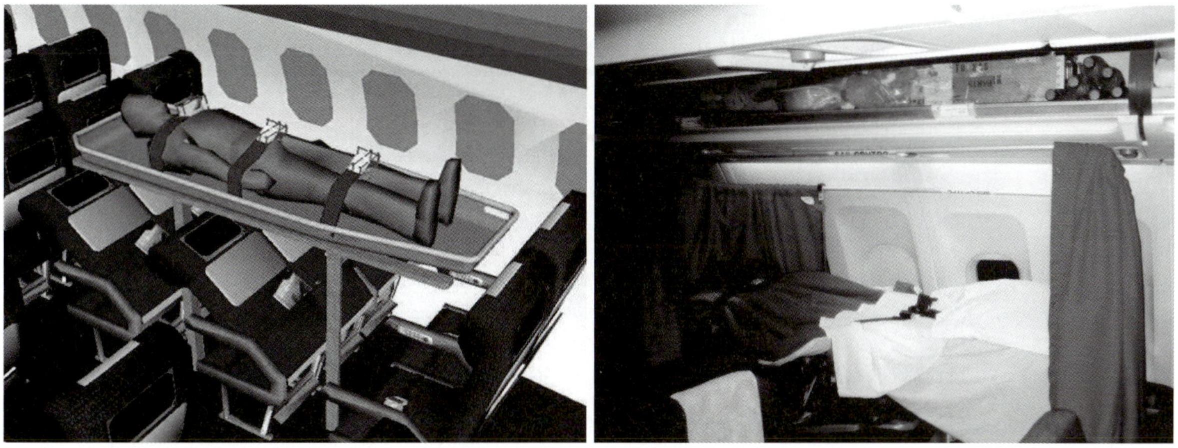

그림 3.2 | 항공사는 의학적 도움이 필요한 승객이 안전하고 편안한 항공 여행을 할 수 있도록 의료용 침대(stretcher)를 제공한다.

자의 경우는 의료진이 동반 탑승하며 산소 지원과 간이침대의 이동을 위한 리프팅 서비스가 함께 진행된다.

2) 산소 지원 서비스

항공기에 탑재되는 산소는 두 종류로 환자 승객이 항공 의료센터의 인가를 통해 탑승 시 산소가 필요해 항공사가 유상으로 지원하는 산소와 항공 비상 상황을 대비해 항공사가 기내에 상시 비치하는 휴대용 산소통(portable oxygen bottle)이 있다. 그리고 경우에 따라 개인이 보유한 보조흡입장치인 이동식 산소 발생기(Portable Oxygen Concentrator: POC)를 가지고 탑승할 수도 있다.

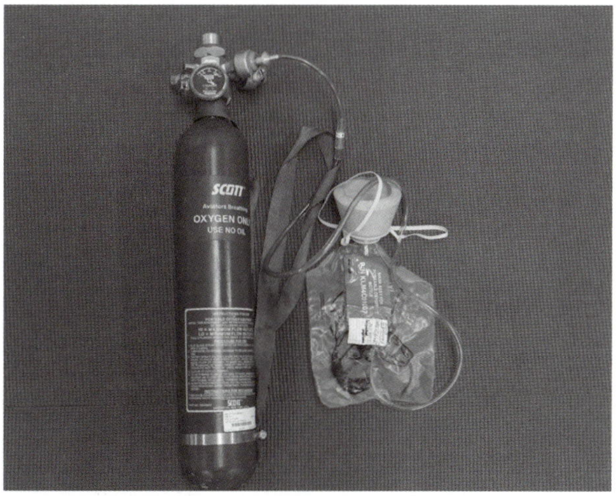

그림 3.3 | 기내 비치용 산소통

심혈관계나 호흡기계 질환 등을 가진 환자 승객이 산소 지원을 원하는 경우 예약 시 항공사 의무 부서가 여행 인가 절차에 따라 승객의 상태를 확인하고 항공 여행중 필요한 산소량을 산출한 후 탑재하게 된다. 항공사에서 보유하고 있는 의료용 산소량은 제한적이므로 출발 전 충분한 여유(대개 최소 출발 48시간 전)를 가지고 예약하도록 안내한다.

* 기내 사용 전기 의료장비는 반드시 Battery Type 으로 사전에 준비되어야 합니다.
* IV 수액은 Plastic bag type으로 준비되어야 하며, 의료진 동반이 필요합니다.

10 비행 중 산소 필요 여부 (☐ 예, ☐ 아니요)

a. 지상산소 필요 여부	☐ 예 ☐ 아니요
b. 기내 산소 제공 Type	☐ 대한항공 산소 ☐ Portable Oxygen Concentrator(승객 준비)
c. 필요한 산소 용량	________ L/min ☐ Continuous ☐ Intermittent ☐ Prepare
d. 마스크 타입	☐ Nasal cannula ☐ Facial mask ☐ Bag valve mask
	☐ Reservior oxygen mask ☐ Other ____________________
e. O2 Saturation 또는 ABGA	시행일 ____________ 결과 : PCo2______ PO2______ Sat ______
검사 시행시 산소 공급 여부	☐ Room air ☐ Oxygen ________ L/min
f. Anemia	☐ 예 ☐ 아니요 Hgb ______ g/dl

* **Hgb 9.5g/dl 미만인 경우 산소 사용을 권고합니다.**
* **대한항공 산소는 2~8L/min 제공 가능합니다.**

11 심장 질환 (☐ 예, ☐ 아니요)

a. 마지막 episode 일자

그림 3.4 | 여행 인가 시 주치의가 작성하는 양식 중 산소 필요 여부에 대한 부분
출처: 대한항공 홈페이지 내 양식으로 대한항공의 사용 동의하에 게재한다.

기내 비치용 휴대용 산소통은 비상사태 및 응급처치를 목적으로 민간 항공사의 모든 비행 편에 필수적으로 탑재된다. 여압 장치가 고장이 나는 항공 이례에는 승객 구조를 위해 승무원이 사용할 수도 있으며 기내 선반에서 자동으로 떨어지는 산소마스크와는 달리 휴대가 가능하여 환자가 발생한 경우에 응급처치용으로 사용이 용이하다.

승객이 건강상의 이유로 개인이 소유한 이동식 산소 발생기(POC)를 사용하기 위해서는 보조 호흡 장비 사용에 대한 의료정보 기록지(MEDIF)를 항공사에 제출하고 인가 절차에 따라야 하는데 산소와 산소 용기는 폭발 및 인화성 물질로 분류되어 항공기의 안전 운항을 위해 기내 휴대품으로 반입이 제한되기 때문이다. 반드시 미국 연방 항공청(FAA) 또는 해당 국가의 요구 조건을 충족하는 테스트 결과 입증 라벨이 부착된 것이어야 하는데 기내 사용이 가능한 휴대용 산소 발생기 모델은 AirSep Focus 외 23종이 있다.

3) 휠체어 지원 서비스

항공사는 건강상의 이유나 고령으로 거동이 불편한 승객에게 휠체어, 전동 휠체어, 고객 소유의 휠체어 사용에 대한 탑승 수속과 출국 수속 등의 지원을 하며 추가 요구 시 기내 전용 휠체어 사용도 가능하다.

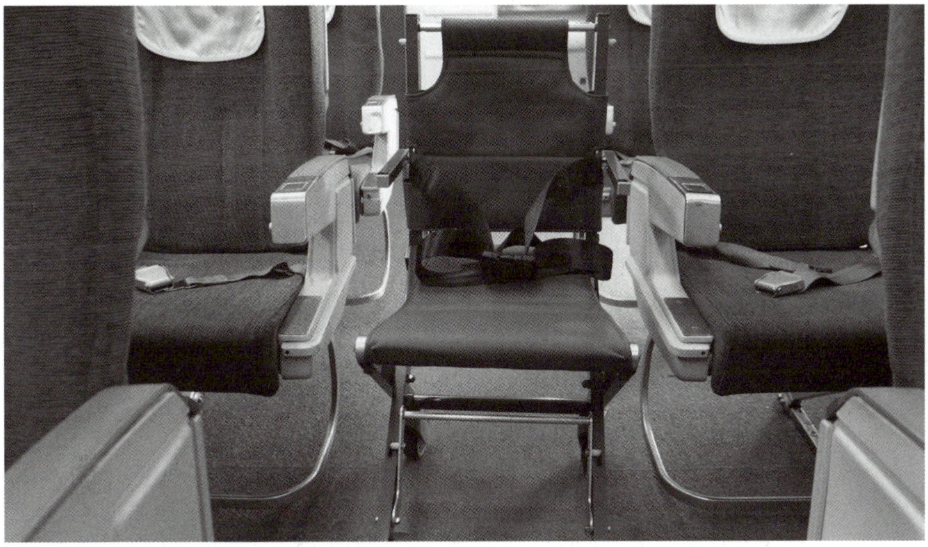

그림 3.5 | 접이식 기내 전용 휠체어를 장착한 모습

휠체어 승객은 탑승 수속부터 탑승까지 전담 직원이 보조하며 도착 후, 터미널 내 도착장까지 이동을 지원한다. 하지만 터미널을 벗어난 지역과 개인적 용무의 이동에 대한 도움은 제외된다. 휠체어 서비스는 예약 시점에 신청한 고객에게 우선 제공하므로 사전 예약이 요구된다. 추가로 사전 신청자에 한해 기내 전용 휠체어도 지원된다.

고객 소유의 휠체어는 지상에서 지원 후 무료로 운송하는데 대개 출·도착지의 항공기 탑승구에서 운송 직원들이 위탁 서비스를 대행해준다. 휠체어의 크기가 122(폭) × 84(높이)cm를 초과하는 경우와 전동 휠체어의 경우는 소형 기종(B737 등)에는 탑재 불가 및 배터리 분리 등의 사유로 예약 시 사전에 문의해야 한다.

4) 임산부 지원 서비스

항공사를 이용하는 임산부는 임신 시기에 따라 탑승을 위한 인가 기준과 제출 양식이 상이하다. 우선 임신 32주 미만의 임산부는 정상 승객으로 간주하여 제한 없이 탑승이 가능하나 임신성 고혈압, 당뇨 등 합병증이 있는 임산부는 탑승수속 시 의료정보 기록지 및 면책확인서를 제출해야 한다. 32주 이상의 임산부 중 32~36주의 임산부는 **면책확인서**(declaration indemnity)를 제출해야 하고 37주 이상은 탑승이 불가능하다. 단 다태 임신의 경우는 국제항공운송협회의 임산부 탑승 가이

면책확인서
(declaration indemnity)
환자 승객이 항공기 탑승중 또는 탑승 후 발생될지 모를 건강상의 결과에 대해 항공사에 그 책임을 묻지 않으며 항공사 또는 제3자에게 미친 손해에 대해 일체의 책임을 지겠다는 환자의 서약서이다.

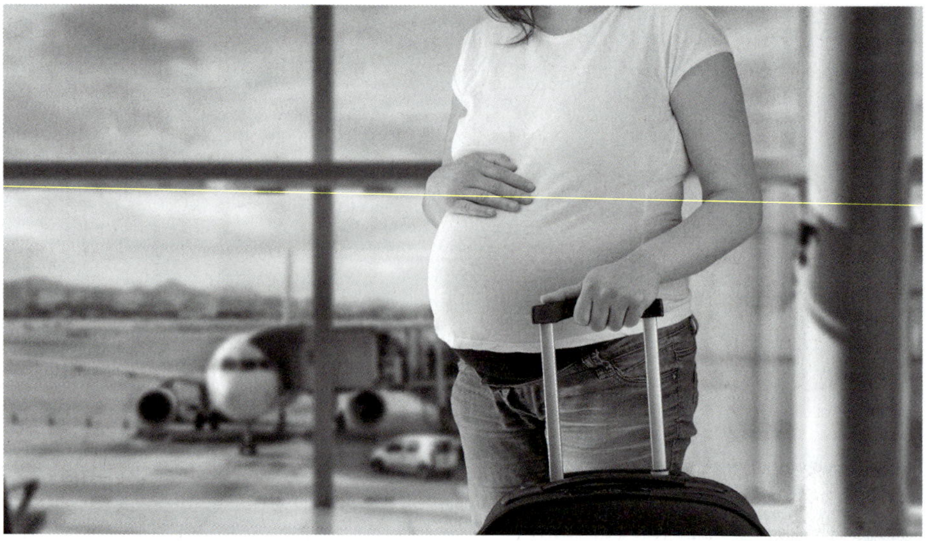

Manuel-F-O/Thinkstock.com

드라인(IATA medical guideline)에 의거해 단태 임신과 탑승 기준을 구별하여 33주 이상으로 제한한다. 일부 항공사는 사전 예약 시 요구하는 임산부 승객에게 유기농 수면양말, 스킨케어 제품, 임산부용 차 등이 포함된 기내 편의용품을 제공하기도 한다.

5) 특별 기내식 지원 서비스

승객의 건강상의 이유로 인해 일반적인 기내식 제공에 제한을 받는 승객의 특수한 요구에 의해 기내에 탑재되는 기내식이다. 특별한 식단이 필요하신 승객에게 의학 및 영양학적인 전문지식을 바탕으로 구성된 식사 조절식을 제공된다. 항공사마다 차이는 있지만 대개 최소 항공기 출발 24시간 이전에 특별 기내식을 주문하도록 하고 있다.

저지방식

콜레스테롤 함량이 높은 고지방 육류, 농축된 육수, 계란 노른자, 갑각류 등을 사용하지 않고, 저지방 육류, 저지방 생선 등의 저지방식(low fat meal)이 제공된다.

당뇨식

열량, 단백질, 지방, 당질의 섭취량을 조절하는 동시에, 식사량의 배분, 포화 지방

©Law & Doerflein

▲ 저지방식

▲ 저염식

▲ 생채소식

▲ 유제품이 허용되는 유란채식

그림 3.6 | 특별 기내식

산의 섭취제한 등을 고려한 당뇨식(diabetic meal)이 제공된다.

저열량식

체중 조절을 목적으로 열량을 제한한 저열량식(low calorie meal)이 제공된다.

저자극식

소화 기능이 저하되어 있는 고객을 위한 식사. 강한 향신료, 가스를 유발할 수 있는 야채 및 기름기가 많은 음식을 제한하며, 저지방 육류 및 흰 살 생선 등을 재료로 한 저자극식(bland meal)이 제공된다.

글루텐 제한식

식사 재료 내의 글루텐 함유를 엄격히 제한한 글루텐 제한식(gluten intolerant meal)

이 제공된다.

저염식
염분 성분이 제한된 식사를 원하는 승객에게 저염식(low salt meal)이 제공된다.

유당 제한식
유당을 함유하고 있는 모든 형태의 유제품(우유, 크림, 분유)을 엄격히 제한한 유당 제한식(low lactose meal)이 제공된다.

2. 기내 탑재 응급의료 장비

대부분의 항공사들은 객실승무원을 대상으로 초기 훈련과 재훈련 과정을 통해 응급처치 훈련을 실시하고 있다. 이는 객실승무원이 응급처치를 위해 기내 구급함을 효과적으로 사용하고, 기내에서 의료적 도움을 제공할 수 있는 자가 구급함을 사용할 경우 적절히 지원할 수 있어야 하기 때문이다.

1) 관련 법적 근거

항공법 시행 규칙 제125조 관련 별표 21(개정 2016. 8. 19.)은 항공기에 탑재되어야 하는 구급 의료용품 등에 대해 다음과 같이 규정하고 있다. (아래의 가목의 구급 의료용품은 표 3.2, 나목의 감염예방 의료용구는 표 3.3, 다목의 비상 의료용구는 표 3.5와 표 3.6 참고)

5. 모든 항공기에는 가목의 구급 의료용품(First-aid Kit: FAK)을 탑재해야 하고, 항공운송사업용 항공기에는 나목의 감염예방 의료용구(Universal Precaution Kit: UPK)와 다목의 비상 의료용구(Emergency Medical Kit: EMK)를 탑재해야 한다. 다만 다목의 비상 의료용구는 비행시간이 2시간 이상이고 승객 좌석 수 101석 이상의 항공기만 해당하며 1조 이상 탑재해야 한다.

6. 제5호에서 정한 구급 의료용품과 감염예방 의료용구는 비행 중 승무원이 쉽게 접근하여 사용할 수 있도록 객실 전체에 고르게 분포되도록 갖춰두어야 한다.

탑승객 수와 비행시간에 따른 구급 의료용품 등의 탑재 수량을 기준으로 법령을 시행하는 이유는 두 기준이 탑재된 의료용품의 물적 제한이나 기내 응급 상황 발생 시 지상의 의료 서비스를 제공받기까지 소요되는 시간과 밀접한 관계가 있기 때문이다.

예를 들면 일등석(first class) 12석, 비즈니스석(business class) 94석, 이코노미석(economy class) 301석, 총 407석으로 운항하는 민간 항공사의 A380-800(388S)에는

	승객 좌석 수	응급장비 수
구급 의료용품(FAK)	0석부터 100석까지	1조
	101석부터 200석까지	2조
	201석부터300석까지	3조
	301석부터 400석까지	4조
	401석부터 500석까지	5조
	501석 이상	6조
감염예방 의료용구(UPK)	0석부터 250석까지	1조
	251석부터 500석까지	2조
	501석 이상	3조

표 3.1 | 항공법 시행 규칙 제125조 관련 별표 21에 근거한 응급의료 장비의 기본 탑재 기준

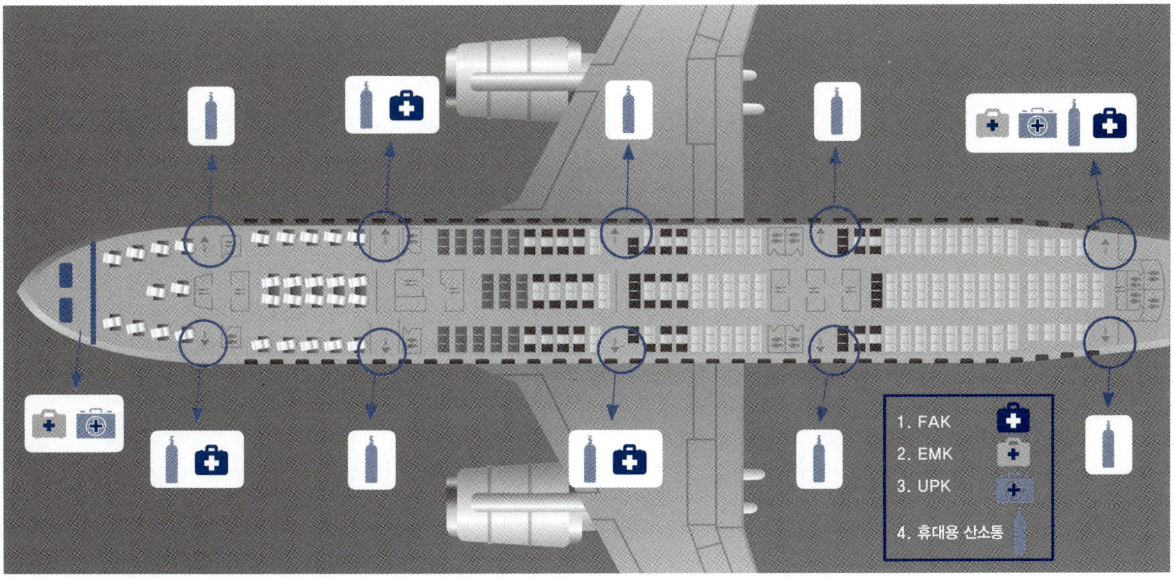

PongPongChing/furtaev/Amin Yusifov/Thinkstock.com
Elena100/Shutterstock.com

그림 3.7 | 항공기 내 응급의료 장비의 탑재 위치 샘플

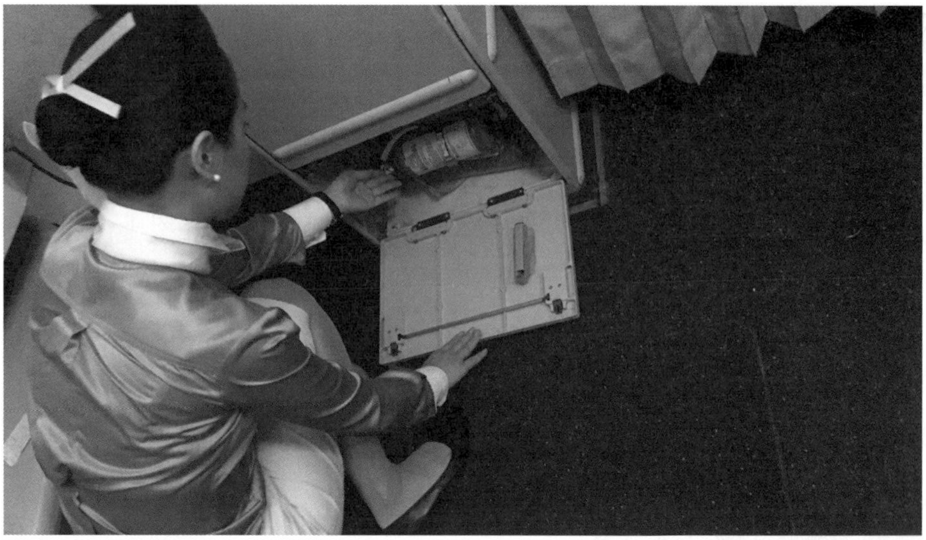

그림 3.8 | 탑재된 응급장비를 점검하는 객실승무원. 객실승무원들은 탑승 근무를 위해 항공기에 탑승한 직후 가장 먼저 비상 · 보안 장비를 점검하는데 이때 담당 구역에 탑재된 응급장비에 대한 용품 및 수량, 이상여부를 점검한다.

구급 의료용품 5조, 감영예방 의료용구 2조, 비상 의료용구 1조가 반드시 탑재되어야 한다. 그런데 대한항공의 실제 해당 비행 편에는 구급 의료용품 6조, 감염예방 의료용구 2조, 비상 의료용구 2조가 전체 객실에 고르게 분포되어 실린다.

항공기 내에서 응급 환자가 발생하는 경우 최초 발견자로부터 도움을 요청받은 객실승무원은 환자 상태의 경중도에 따라 상황에 맞게 항공기에 탑재된 응급장비를 신속하게 준비할 수 있어야 한다. 객실승무원들은 탑승 근무를 위해 항공기에 탑승한 직후 가장 먼저 비상·보안 장비를 점검하는데 이때 담당 구역에 탑재된 응급장비에 대한 용품 및 수량, 이상여부를 점검한다.

2) 구급 의료용품(FAK)

구급 의료용품(First-aid Kit: FAK)은 응급 상황에 처한 승객의 사고 및 질병을 처치하기 위하여 기내에 탑재하는 기본적인 의료장비로 의사의 처방 없이 사용이 가능하며, 항공법에 의하여 반드시 기내에 탑재되도록 규정되어 있다.

주로 상처소독과 드레싱에 관련된 의료용 소모품을 위주로 구성되며 경미한 증상의 환자를 치료할 때나 중증 환자 처치 시 의료용품이 추가로 필요할 때 사용한다. 기본적인 의료 소모품들은 표 3.2에 나타나 있으며 이 밖에 항공 환경에서

의료 소모품	
물품 목록	사용법
거즈 롤 붕대 roller bandage(bandage gauze)	가벼운 외상 시 사용한다. 상처 부위를 감싸거나 멸균 압박용/지혈용 거즈, 부목을 댄 후 감아준다.
화상 치료용 거즈 burn gauze	화상 시 사용한다.
멸균압박용/지혈용 거즈 sterile bandage compresses	출혈이 심할 경우 출혈 부위 압박 혹은 상처 부위 소독 후 사용한다.
멸균 거즈 sterile gauze	상처를 보호하고 감염을 예방하기 위하여 사용한다.
부목 splints for arm / leg	접혀진 부목을 펴서 골절 부위 밑에 대고 삼각건이나 붕대로 감아준다.
일회용 밴드 adhesive bandage compresses	가벼운 찰과상 등에 소독 솜을 사용하여 소독 후 사용한다.
삼각건 & 안전핀 triangular bandage & safety pins	골절이나 염좌, 상처 부위 지지 혹은 보호하기 위해 사용한다.
멸균 면봉 antiseptic swabs	상처 부위를 소독할 때 사용하며 눈 주위에는 사용하지 않는다.
반창고 adhesive tape	상처 부위를 감싸거나 멸균압박용/지혈용 거즈, 부목을 댄 후 감는다.
상처봉합용 테이프 sterile strips	봉합이 필요한 상처에 임시적으로 사용한다.
안대 eye shield pad	눈 주위 상처 혹은 손상 발생 시 사용한다.
전자체온계 thermometers	체온 측정 시 액와 부위를 이용하여 측정한다.
인공호흡용 마스크 mouth to mouth resuscitation mask with one-way valve	심폐소생술과 같이 호흡이 없는 승객에게 인공호흡을 시행하기 위하여 마스크로 승객의 입과 코를 완전히 막은 후 호흡을 불어넣는다.
수술용 접착테이프 adhesive surgical tape	외상이나 수술 부위를 무균적으로 고정하기 위해 사용한다.
일회용 의료 장갑 disposable gloves	외상 처치와 오염방지를 위해 처치자가 사용한다.
손 세정제 또는 물수건 cleansing towelettes	외상 처치자의 손세정과 소독을 위해 사용한다.
가위 scissors	거즈나 반창고 등을 자르기 위해 사용한다.
핀셋 tweezers	거즈류를 무균적으로 집는 데 사용한다.
사용설명서(국/영문) instruction	구급 의료용품의 사용 방법을 안내한다.
응급처치 요령 first aid manual	외상 및 기본적 응급처치 요령을 제공한다.
생존자 사용 지대공 시각 신호 코드 ground-air visual signal code	조난 및 응급 시 생존자가 시각 신호(빛, 연기 등)를 사용하여 통신이 가능할 수 있도록 한다.
구급 의료용품 사용 시 보고 서식 incident report form	구급 의료용품 사용 시에 서식에 따라 보고서를 작성한다.

표 3.2 | 구급 의료용품 중 의료 소모품 목록

출처: 항공법 시행 규칙 125조 관련 별표 21을 근거로 재구성하였다.

승객들이 찾을 수 있는 복용 약품으로 진통제, 구토 억제제, 코 충혈 완화제, 제산제, 항히스타민제가 구비되어야 한다.

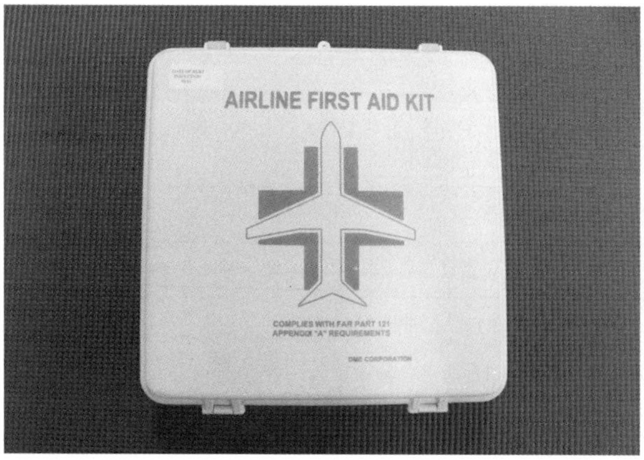

▲ 구급 의료용품 상자

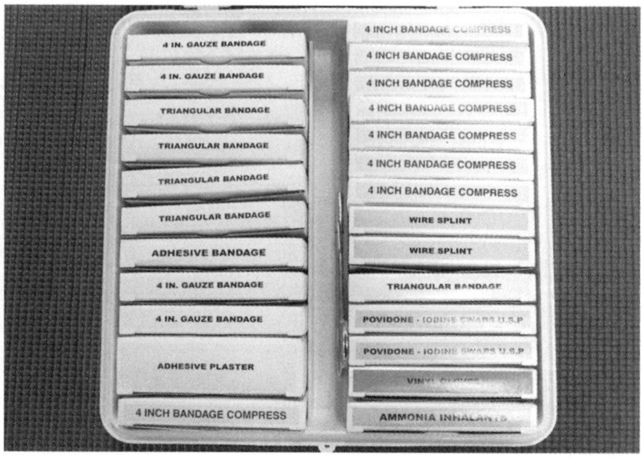

▲ 구급 의료용품 내부 모습

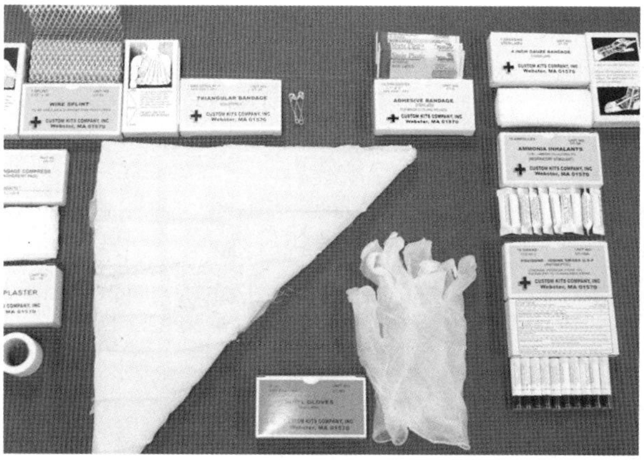

▲ 구급 의료용품 비치용 의료 소모품

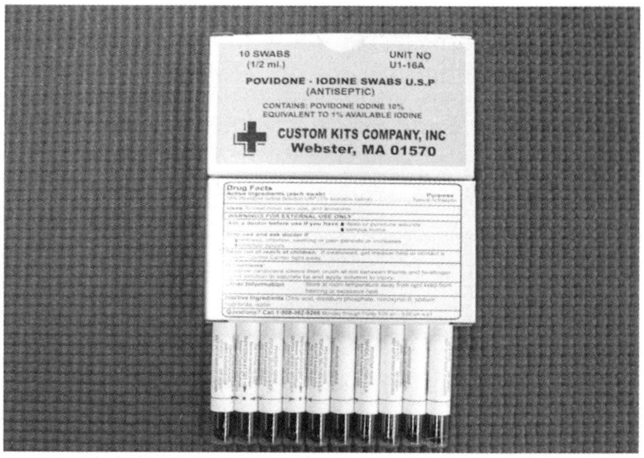

▲ 구급 의료용품 비치용 멸균면봉(10% 포비돈 요오드 용액)

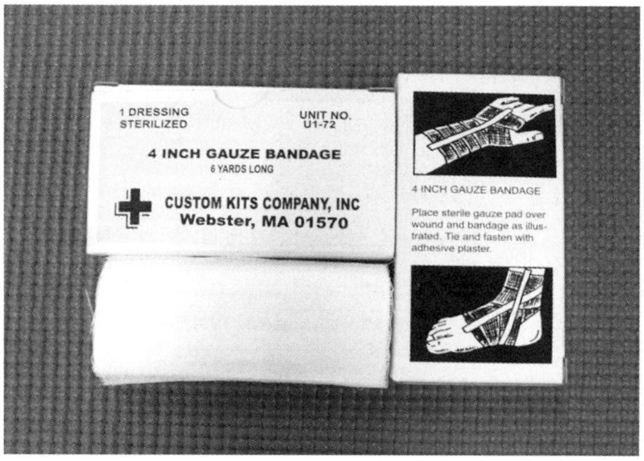

▲ 구급 의료용품 비치용 4인치 거즈 붕대

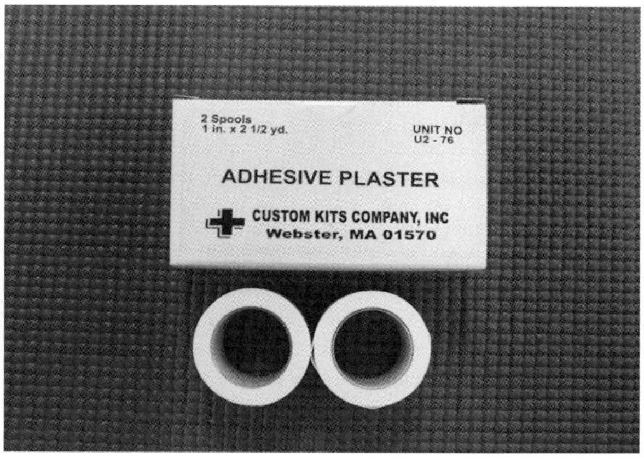

▲ 구급 의료용품 비치용 반창고

그림 3.9 | 구급 의료용품(FAK) (계속)

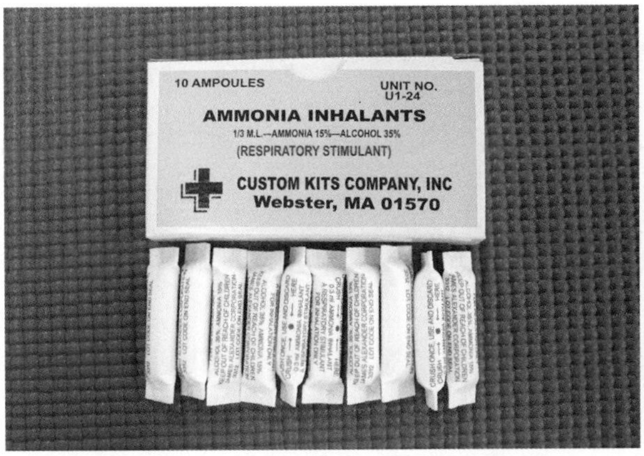

▲ 구급 의료용품 비치용 암모니아 흡입제(호흡기 자극제)

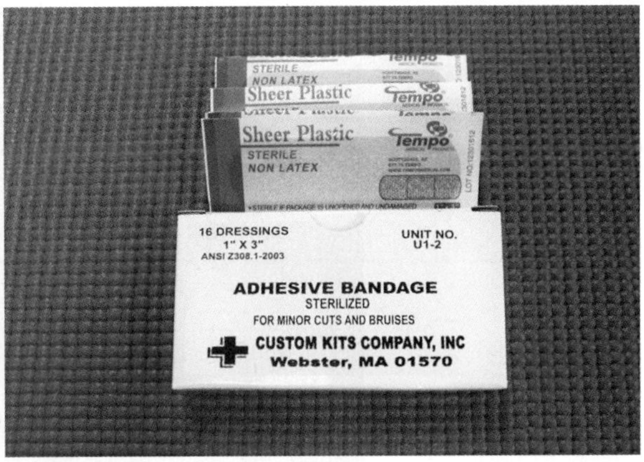

▲ 구급 의료용품 비치용 거즈 밴드

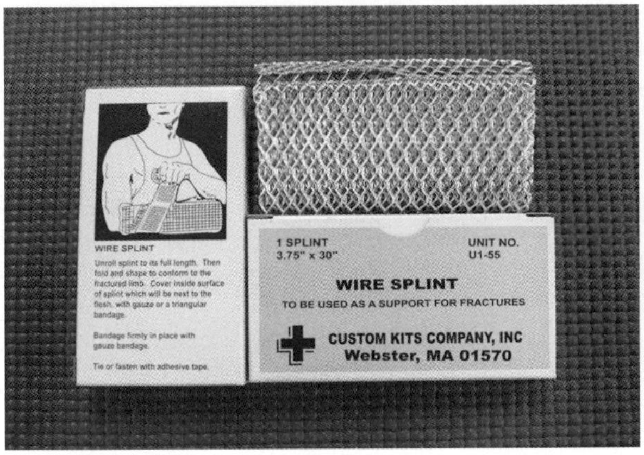

▲ 구급 의료용품 비치용 부목(골절 지지용)

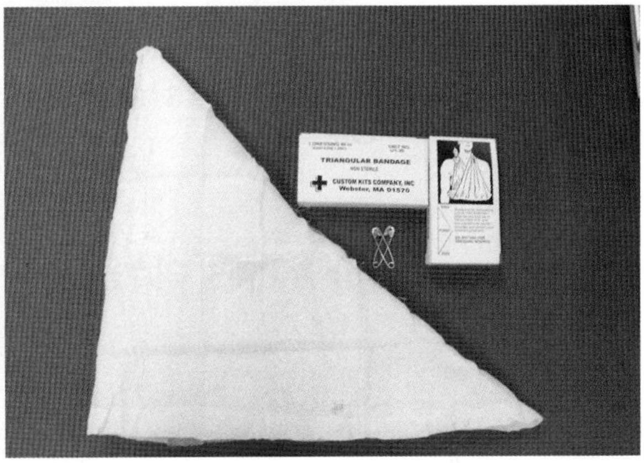

▲ 구급 의료용품 비치용 삼각건

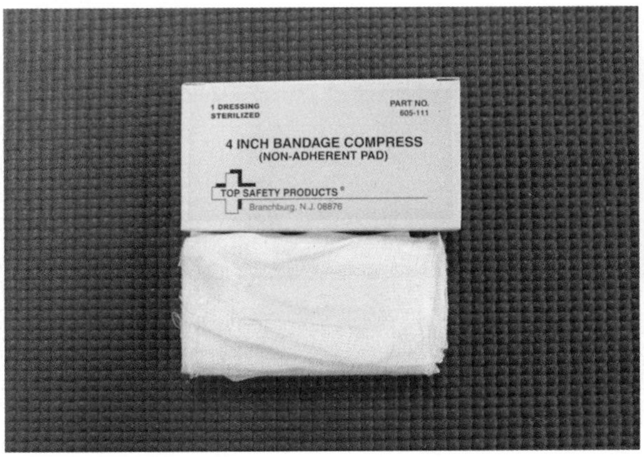

▲ 구급 의료용품 비치용 4인치 멸균 압박용 거즈

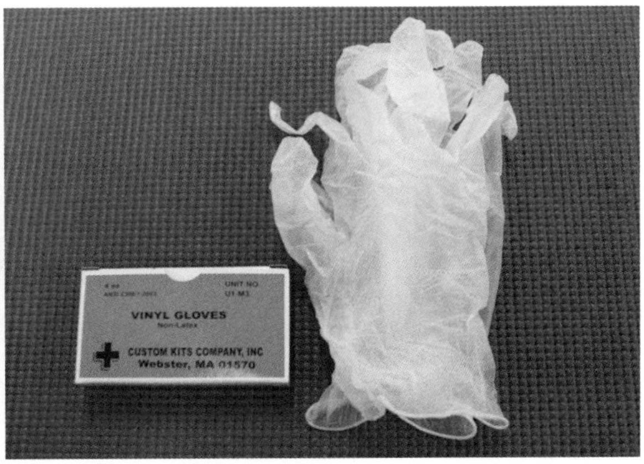

▲ 구급 의료용품 비치용 의료장갑

그림 3.9 | 구급 의료용품(FAK)

Santibhavank P/Shutterstock.com

그림 3.10 | 주변 승객과 승무원의 감염 위험성을 줄이기 위해서는 탑재된 의료 장비를 적절하게 사용해야 한다.

3) 감염예방 의료용구(UPK)

감염예방 의료용구(Universal Precaution Kit: UPK)는 환자의 체액이나 혈액을 직접 접촉함으로써 발생할 수 있는 오염의 가능성을 줄이고자 오염된 장소의 위생적인 처리와 안전한 폐기를 위하여 사용된다. 기내 응급처치 실시 환자가 후천성 면역결핍증이나 B형·C형 간염과 같은 감염성 질환자일 가능성이 있으므로 주변 승객과 승무원의 감염 위험성을 줄이기 위해서는 탑재된 의료 장비를 적절하게 사용해야 한다.

목록 품목	사용법
안면/눈 보호 마스크 mask with eye shield	환자의 체액에 의해 오염된 의료용품을 안전하게 폐기하기 위하여 착용한다.
보호용 가운 protective gown	환자의 체액이나 오염물로부터 보호하기 위해 착용한다.
일회용 의료 장갑 disposable gloves	오염원으로부터 보호하기 위해 착용한다.
피부 세척을 위한 수건 hand cleaner or wet tissue	처치 전후, 손을 닦기 위해 사용한다.

표 3.3 | 감염예방 의료용구 목록(계속)

출처: 항공법 시행 규칙 제125조 관련 별표 21을 근거로 재구성하였다.

목록 품목	사용법
살균 타월 germicidal disinfectant for surface cleaning	체액에 오염된 기내 부위를 닦기 위해 사용한다.
액체 응고제/파우더 absorbent powder	체액을 겔 형태로 만들어 폐기하기 위해 체액에 뿌려서 사용한다.
오물처리 도구(주걱) scoop with scraper	오물을 긁어내거나 처리하는 데 용이하도록 해준다.
흡착용 타월 absorbent towel	체액을 흡수시키기 위해 사용한다.
오물을 위생적으로 처리할 수 있는 봉투 biohazard bag and poly bag	오염된 폐기물을 담는다.
사용설명서 instructions	감염예방 의료용구의 사용방법을 안내한다.

표 3.3 | 감염예방 의료용구 목록

출처: 항공법 시행 규칙 제125조 관련 별표 21을 근거로 재구성하였다.

감염예방 의료용구(UPK) 사용법
1. 장갑, 안면/눈 보호마스크, 보호용 가운을 착용한다. 2. 다량의 혈액 및 체액은 액체 응고제를 뿌려 겔 형태로 만들거나 흡착용 타월을 이용하여 흡수시킨다. 3. 오물처리용 주걱을 이용해 생물학적 유해물질 봉투(biohazard bag)에 버린다. 4. 혈액 및 체액에 노출된 곳은 살균 타월로 닦아낸 후 다른 곳에 묻지 않도록 주의하며 유해물질 봉투에 버린다. 5. 사용한 안면/눈 보호 마스크 및 보호용 가운, 일회용 의료 장갑은 마스크, 가운, 장갑의 순서로 벗어 유해물질 봉투에 버린다. 6. 오염물을 버린 유해물질 봉투를 묶는다. 7. 흐르는 물에 비누로 손을 씻거나 피부 세척을 위한 수건을 이용하여 손을 닦는다. 8. 사용되지 않는 장비는 상자 안에 보관하고 원 위치시킨다.

표 3.4 | 감염예방 의료용구 사용법

4) 비상 의료용구(EMK)

비상 의료용구(Emergency Medical Kit: EMK)는 응급 환자 발생 시 의사와 의료인의 전문적인 치료가 가능한 의약품과 의료기구로 구성된 전문 의료용구이다. 청진기, 혈압계, 지혈대를 포함한 의료기구와 전문의사가 처방 가능한 의약품들이 포함되어 있어서 응급 의료 규정에 따라 의사가 사용하는 것이 원칙이나, 상황에 따라서는 기장의 결정 아래 의사의 처방이 필요한 전문 의약품을 제외한 승무원이 사용 가능한 의료 기구는 응급처치에 사용할 수도 있다. 전문 의료장비는 의사만 사용하는 것이 원칙이나, 항공기 내에 의사가 없는 경우에는 기장과 응급의료 콜 시스템(EMCS)에 의해 지상 연계 전문 의료진의 허가를 받은 후에 간호사가 사용할 수 있다. 비상 의료용구는 의료 장비와 의약품목으로 구분할 수 있으며 그 내용은 표 3.5와 표 3.6과 같다.

의료 장비
• 내용물 설명서 list of contents • 가이드북 reference guide • 청진기 stethoscope • 혈압계 sphygmomanometer • 인공기도 airway, oropharyngeal(large/medium/small) • 주사기 및 주사용 바늘 syringes and needles • 정맥주사용 카테터 intravenous catheters • 항균소독포 antiseptic wipes(alcohol sponge, povidone iodine swabstick) • 일회용 의료장갑 (disposable) gloves • 주사바늘 폐기함 needle disposal box • 도뇨관 urinary catheter • 정맥 혈류기(수액 세트) system for delivering intravenous fluids • 지혈대 venous tourniquet • 스펀지 거즈 sponge gauze • 접착테이프 tape adhesive • 외과용 마스크 surgical mask • 기관 카테터(또는 대형 정맥 캐뉼러) emergency tracheal catheter(or large gauge intravenous cannula) • 탯줄집게(제대겸자) umbilicalcord clamp • 비수은 체온계 thermometer(non-mercury) • 기본 인명구조술 지침서 basic life support cards • 인공호흡용 마스크 bag-valve mask • 손전등과 건전지 flashlight and batteries

표 3.5 | 비상 의료용구 중 의료장비 목록

출처: 항공법 시행 규칙 제125조 관련 별표 21을 근거로 재구성하였다.

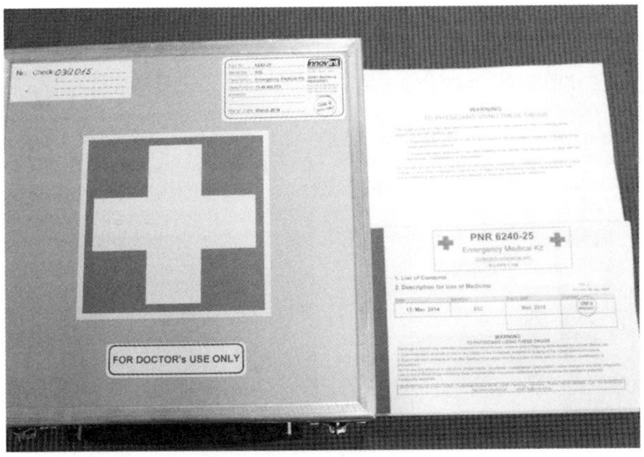

▲ 비상 의료용구 상자와 내용물 설명서

▲ 비상 의료용구 상자를 연 모습

▲ 비상 의료용구 상자 상단부에 담겨있는 의약품들
＊구체적인 의약품 목록은 표 3.6에 별도로 기재

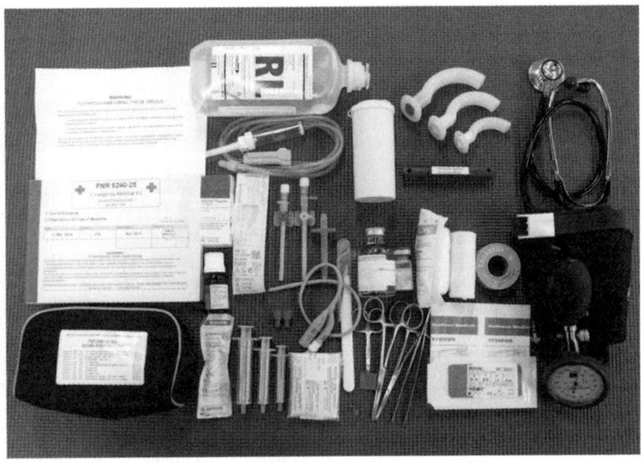

▲ 비상 의료용구 상자 내 의료 장비들

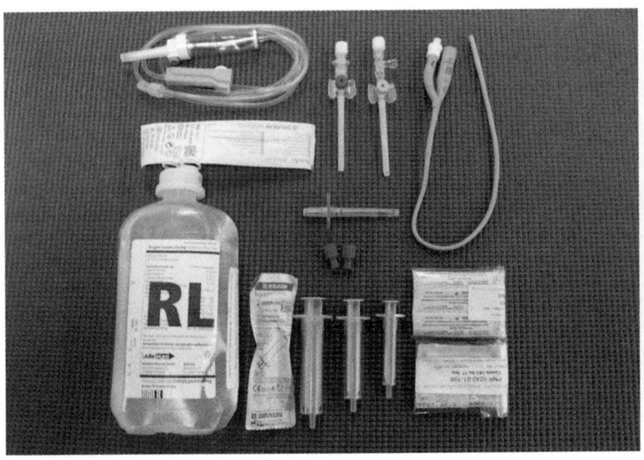

▲ 비상 의료용구 비치용 정맥수액세트와 주사용 카테터

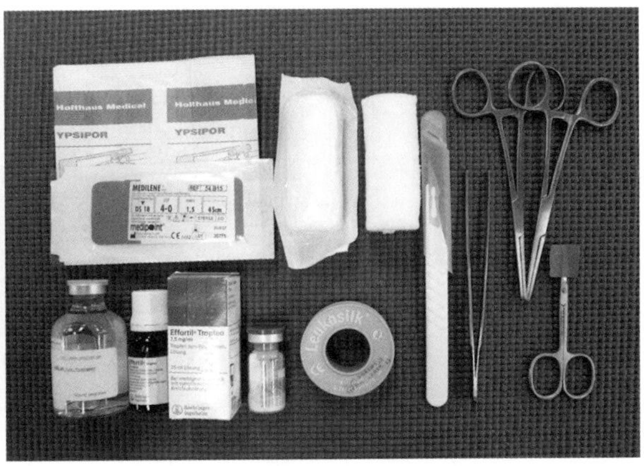

▲ 비상 의료용구 비치용 약품, 거즈류 및 접착테이프

그림 3.11 | 비상 의료용구(EMK) (계속)

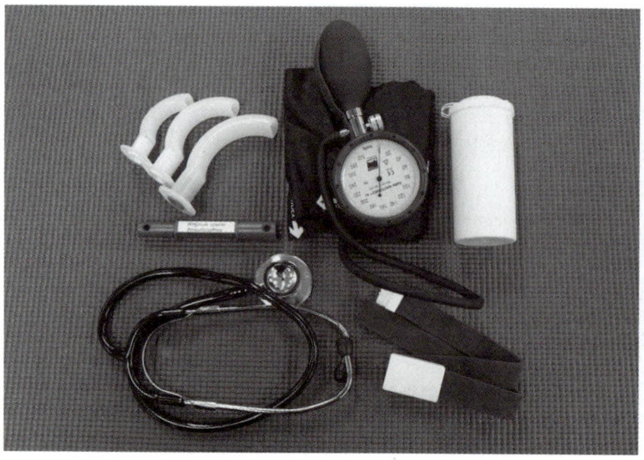

▲ 비상 의료용구 비치용 인공기도, 혈압계 및 청진기

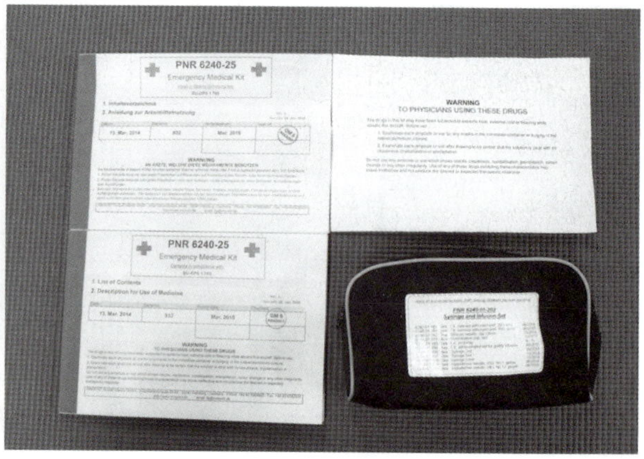

▲ 비상 의료용구 비치용 사용설명서와 주사용품 백

그림 3.11 | 비상 의료용구(EMK)

의약품목

- 아드레날린 또는 에피네프린, 희석 농도 1:1000 epinephrine 1:1000
- 주사용 항히스타민제 antihistamine–injectable
- 정맥주사용 50% 포도당 dextrose 50%(or equivalent)–injectable
- 니트로글리세린정제(또는 스프레이) nitroglycerin tablets, or spray
- 진통제 major analgesic
- 주사용 항경련제 sedatives anticonvulsant–injectable
- 주사용 진토제 antiemetic–injectable
- 흡입식 기관지확장제 bronchodilator–inhaler
- 주사용 아트로핀 atropine–injectable
- 주사용 부신피질 스테로이드 adrenocortical steroid–injectable
- 주사용 이뇨제 diuretics–injectable
- 자궁수축제 medication for postpartum bleeding
- 주사용 생리식염수(농도0.9%, 용량 250ml 이상)
  sodium chloride 0.9%(minimum 250ml)
- 경구용 아스피린 acetyl salicylic acid(aspirin) for oral use
- 경구용 베타수용체 차단제 oral beta blocker
- 전문 인명 구조술 지침서 advanced life support cards

표 3.6 | 비상 의료용구 중 의약품 목록

출처: 항공법 시행 규칙 제125조 관련 별표 21을 근거로 재구성하였다.

5) 자동심실제세동기

자동심실제세동기(Automated External Defibrillator: AED)는 최첨단 마이크로 프로세스를 이용한 전기충격을 전달해주는 기기로서 심실세동(ventricular

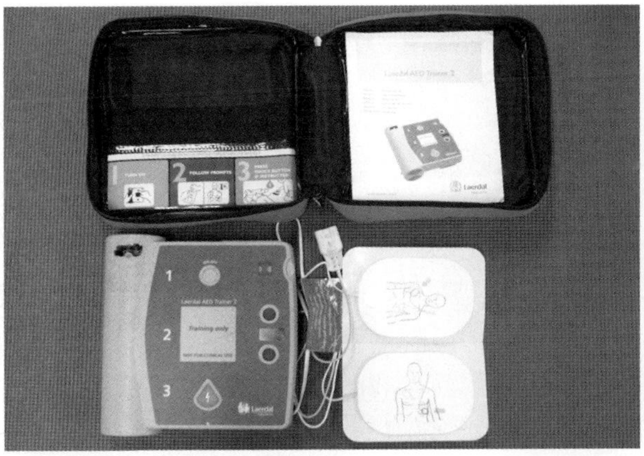

▲ 자동심실제세동기와 내용물

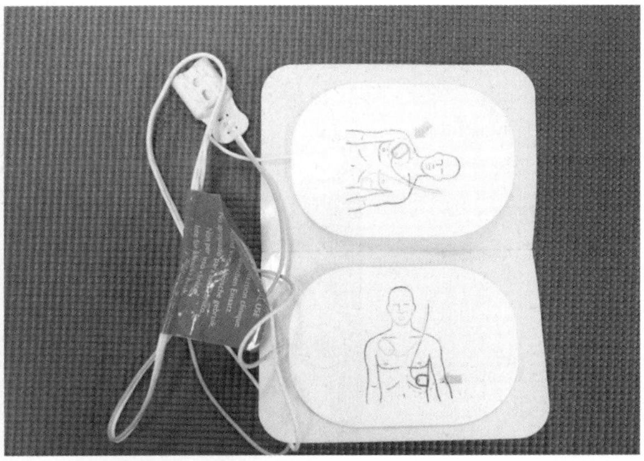

▲ 환자용 전극 패드와 연결 코드

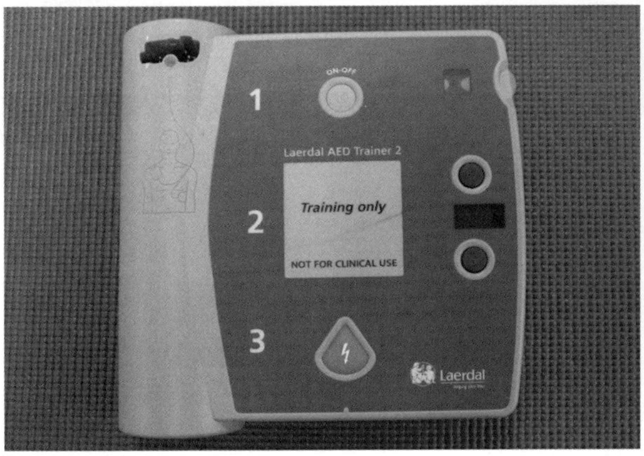

▲ 자동심실제세동기 본체

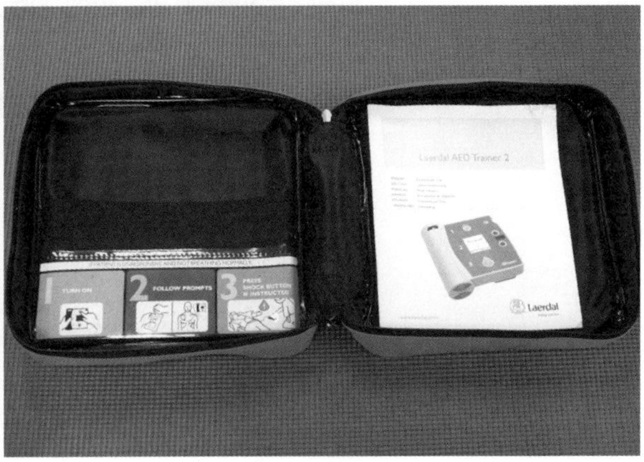

▲ 자동심실제세동기 보관백과 사용지침서

그림 3.12 | 자동심실제세동기(AED)

fibrillation)이나 심실빈맥(ventricular tachycardia)으로 심정지된 환자에게 전기충격을 주어서 심장의 정상 리듬을 가져오게 해주는 의료용 장치로, 의학 지식이 부족한 일반인도 쉽게 사용할 수 있도록 만들어져 있다.

심실세동은 다양한 원인으로 심장이 매우 빠르고 불규칙하게 수축하는 상태로 실제적인 심장 박출량을 만들지 못해 가늘게 떨리는 상태를 말한다. 갑자기 발생한 심장정지 환자들에게 발견되는 심장 리듬이다. 심실빈맥은 심실에서 빠른 맥이 발생하는 것인데, 심실세동으로 이어지는 수가 있다.

자동심실제세동기는 심장에 강한 전류를 일시적으로 통과시켜 심장 박동을 정상으로 돌리는 데 사용한다. 제세동기의 성공 가능성은 시간이 경과할수록 분당 7~10%씩 감소하므로 얼마나 빨리 사용하는지가 환자의 생존율에 큰 영향을 미친다.

그림 3.13 | 기내에 탑재된 휴대용 산소통. 휴대가 가능하여 환자가 발생한 경우에 응급처치용으로 사용이 용이하다.

6) 기내 휴대용 산소통

기내 휴대용 산소통(portable oxygen bottle)은 비상사태 및 응급처치를 목적으로 승객에게 산소를 공급하기 위해 탑재된다. 여압장치가 고장이 나는 항공 이례에는 승객 구조를 위해 승무원이 사용할 수도 있으며 기내 선반에서 자동으로 떨어지는 산소마스크와는 달리 휴대가 가능하여 환자가 발생한 경우에 응급처치용으로 사용이 용이하다.

기내 휴대용 산소통 사용법
1. 산소마스크의 튜브 피팅(fitting)이 이동용 산소통(PO_2)의 아울렛(outlet)에 잘 고정되어있는지 확인한다. 2. 이동용 산소통(PO_2)의 레버(lever)를 시계반대방향으로 돌린다. 3. 산소마스크를 코와 입에 댄다. 4. 산소마스크의 고무 밴드(band)를 이용하여 머리에 고정시킨다. 5. 산소의 흐름을 계속 확인하며 호흡한다. 6. 산소가 완전히 소진되기 전에 다른 것으로 교체한다.

표 3.7 | 기내 휴대용 산소통 사용법

3. 기내 응급 환자 발생과 항공 이례

1) 기내 응급 환자 발생 및 항공 이례 보고

민간 항공사의 기내에서 발생되는 응급 환자 발생에 대한 연구는 미연방 항공청, 국가별 항공 관련 학회 등 다수가 있지만 정확한 수치를 파악하기에는 어려움이 있다. 이는 항공사별로 보고의 의무는 있지만 사후보고에 대한 법적 구속력이 없고 연구 대상과 분류 기준이 일치하는 국가적·국제적 데이터베이스가 아직 없기 때문이다. 그러나 일반적으로 기내에서 가장 빈번하게 발생한 증상은 실신, 흉통, 위장관계 증상 등이며 외상, 호흡기계 증상 및 신경계 증상 또한 다수 발생하고 있다고 보고된다.

미국 항공우주의학협회(Aerospace Medical Association: AsMA)가 회원들을 대상으로 민간 항공사 이용 시 의료적 지원 요청을 받은 경우와 추정 진단명을 조사한 결과, 약 1200건(2/3 이상)의 의사가 적어도 한 번 이상 기내 응급처치 경험이 있었고 그 가운데 600건(1/2 이상)은 심각한 상태라고 했다. 그 구체적인 사례는 표 3.8과 같다.

SUWIT NGAOKAEW/Shutterstock.com

그림 3.14 | 민간 항공사의 기내에서 발생되는 응급 환자 발생에 대한 연구는 미연방 항공청, 국가별 항공 관련 학회 등 다수가 있지만 정확한 수치를 파악하기에는 어려움이 있다.

기내에서 추정한 진단명	발생 건수
실신/의식 손상	111
심근경색	92
발작	61
협심증	52
흉통	47
천식	42
저혈당증	31
알코올의존증	22
히스테리/공포	17
울혈성 심부전	16
신장/요로결석	15
알레르기 반응	14
만성 폐쇄성 폐질환	14
심장마비	14
뇌혈관 질환	9
약물 과다복용	8
임신(출산 3, 유산 4)	7
충수염	7
요로 폐쇄	7
담낭염	5
위장관계 출혈	5
기타	26
총계	622

표 3.8 | 기내에서 발생한 심각한 응급 사례

출처: DeHart, R. L., 2003, Health issues of air travel. *Annual Review of Public Health*, 24,133–51.

몇 가지의 구체적인 연구 사례를 살펴보면 다음과 같다. 우선 해외의 경우, 미국 연방항공청(FAA)의 1986~1988년 2년간의 연구에서는 하루 평균 3명의 환자 발생과 비상착륙 비율은 8%, 1990~1993년 3년간은 총환자수가 2,322명으로 하루 평균 3명, 기내 사망 33명으로 원인은 신경계 질환, 의식 소실, 심질환, 정신과 질환, 호흡기 질환순이었고, 비상착륙 비율은 9%로 원인은 심질환, 신경계 질환, 정신과 질환, 호흡기 질환순이었다. 1996~1997년 1년간 메데어(Med-Aire)로부터 의료 서비스를 받은 미국 5개 항공사를 대상으로 한 자료 수집 결과에서는 총환자수 1,132명, 하루 평균 3명, 승객 100만 명당 8명의 환자 발생률이 나타났다. 이 연구에서도 혈관 미주신경 실신이 22%로 가장 많았고, 심질환(20%), 신경계(12%), 호흡기(8%) 질환순이었다. 비상착륙은 총 145건(13%)으로 승객 100만 명 중 1명이 건강문제로 비상착륙을 하였다. 기내에서 의사의 도움을 받은 건수는 449건,

Mark Van Scyoc/Shutterstock.com

의사가 탑승한 상태에서 비상착륙한 경우는 70건, 의사가 없는 상태의 비상착륙은 75건이었다. 비상착륙 145건에 대한 의학적 사유는 심장질환 66건, 신경계 질환 26건, 미주신경 질환 10건, 호흡기 질환 9건순이었다. 질환별 비상착륙 비율은 심질환 30%, 산부인과 질환 21%, 신경계 질환 19%, 혈관계 질환 11%, 내분비 질환 11%순이었다.

국내의 경우에도 해외 항공사와 유사한 기내 응급 사례 양상이 보고되고 있다. 일례로 A 항공사의 1995~1999년 4.5년간 발생한 응급 사례를 항공 의료센터에 보고된 객실 보고서와 전문 자료를 토대로 조사한 연구에서는 발생 건수 202건으로 실신, 복통, 찰과상, 위장염, 호흡곤란순으로 나타났고, 2003~2006년 3.5년간은 272건으로 어지러움, 복통, 실신, 호흡곤란, 흉통순으로 조사되었다.

그 외 다수의 연구에서 기내 응급 상황 발생은 항공사, 노선 등에 따라 차이가 있으며 주로 심혈관 질환이 기내 사망 혹은 비상착륙의 주요 원인이 되는 것으로 나타났다.

비상착륙	의식소실 복통 흉통 뇌졸중 발작 비출혈(nasal bleeding)	2건 1건 1건 1건 1건 1건
기내 사망	말기암 심장질환	2건 1건

표 3.9 | 국내 A 항공사(2007)의 기내 응급 사례 보고

출처: 한현미.채덕희.김정현, 2000, A 항공사의 기내 응급 환자 발생분석, 항공우주의학회지, 10(3)

2) 기내 진료

기내에서 의사들의 자발적 도움은 환자의 안전과 항공기 안전운항 측면에서 매우 중요한 의미를 지닌다. 미항공우주의학협회에서 회원 2,300명을 대상으로 설문조사를 한 결과 850명의 응답자 중 533명(62.7%)이 진료에 응했고, 47명(5.5%)은 진료에 응하지 않았다고 답하였다.

Renata Sedmakova/Shutterstock.com

진료에 응하지 못한 이유는 환자 승객이 자신의 전문 진료 분야가 아니거나, 음주 상태로 진료가 가능하지 못한 상황이거나, 의료 사고에 대한 부담감 등이었다. 기내 응급 환자 진료에 대한 의료진의 심적 부담감을 줄이기 위해 선한 사마리아인 법 제정에 대한 필요성이 제기되어 미국은 1998년에 항공 의료지원법(Aviation Medical Assistance Act)을 제정하였다. 이로써 응급 환자 진료 후 발생된 좋지 않은 결과에 대해 의료인의 고의성이 없고 중대한 과실이 없을 때는 형사적 책임이 면제되는 법적 보호 장치가 마련되었다.

우리나라의 응급의료에 대한 법률에서는 "응급 환자에 대하여 의료인은 다른 환자에 우선하여 진료하여야 하고 또한 진료를 위하여 필요한 최선의 조치를 하여야 한다"라고 규정하여, 업

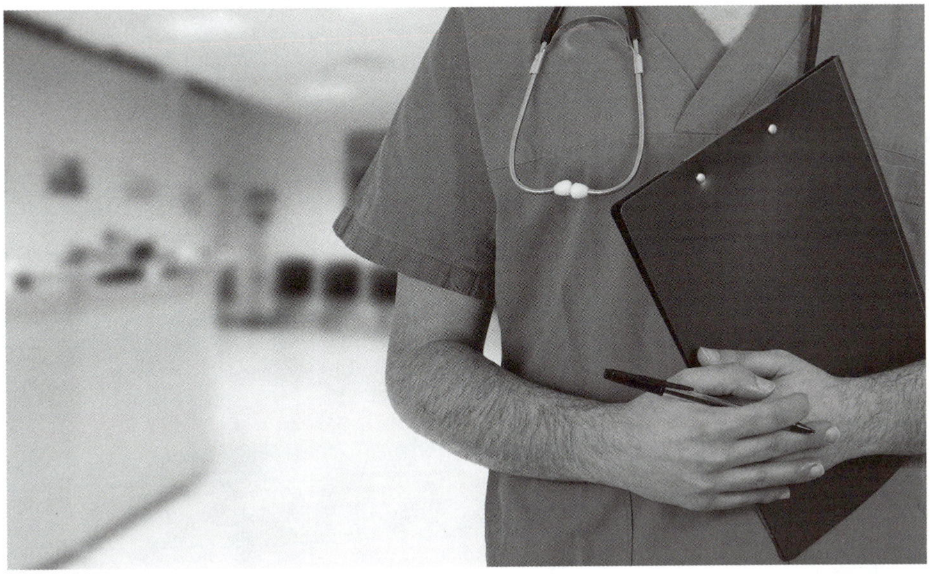

그림 3.15 | 기내에서 의사들의 자발적 도움은 환자의 안전과 항공기 안전운항 측면에서 매우 중요한 의미를 지닌다.

무 중에 응급의료를 요청받거나 응급 환자를 발견한 경우 정당한 사유 없이 이를 거부하거나 기피하지 못하도록 되어 있지만 기내에서와 같이 업무 이외의 장소에서 진료에 관한 규정은 없다. 응급의료 종사자가 응급 환자에게 발생된 생명의 위험, 심신상의 중대한 위해 또는 증상의 현저한 악화를 방지하기 위하여 긴급히 제공하는 응급의료로 인해 응급 환자가 사상에 이른 경우 그 응급의료 행위가 불가피하고 의료 행위자에게 중대한 과실이 없는 경우는 그 정상을 참작하여 형법 제268조의 형을 감경하거나 면제할 수 있도록 규정하고 있다.

4. 항공 여행을 위한 인가

1) 여행 인가 기준

세계보건기구(World Health Organization: WHO)와 국제항공운송협회(IATA)에서는 승객의 항공 여행을 위한 탑승 인가 기준을 마련하고 있다. 이에 항공사들은 각 국가의 법률에 위배되지 않는 범위 내에서 '여행 인가(medical clearance)' 절차

세계보건기구 (World Health Organization: WHO)
보건·위생 분야의 국제적인 협력을 위하여 설립한 국제연합(United Nations: UN) 전문기구. 1946년 61개국의 세계보건기구헌장 서명 후 1948년 26개 회원국의 비준을 거쳐 정식으로 발족하였다.

그림 3.16 | 세계보건기구(WHO)와 국제항공운송협회(IATA)에서는 승객의 항공 여행을 위한 탑승 인가 기준을 마련하고 있다.

를 갖추고 있다. 환자가 항공 여행을 하기 위해서는 해당 승객의 주치의가 작성한 의사 진단서(doctor's medical certificate)가 요구되는데 항공 관련 전문성이 없는 경우 승객이 경험하게 되는 신체적 변화와 환자 승객에게 제공되는 특별 서비스의 정보에 대한 충분한 인지가 부족할 수 있다. 따라서 주치의의 진단서를 참고로 환자 승객의 탑승 가능 여부와 기내 지원의 범위는 항공사의 항공의무 지원센터에서 결정하게 된다.

국제항공운송협회는 신체적인 결함(운동 기능, 감각 기능), 지적 능력의 결함, 연령, 질병 또는 기타 요인 등으로 인한 장해로 거동이 불편한 승객은 일반적인 승객에게 제공되는 지원 이상이 요구된다고 보고 있으며, 다음 승객의 경우 항공사의 여행 인가가 요구된다고 권고하고 있다.

- 전염성 질환을 앓고 있는 경우
- 다른 승객에게 위협이 되거나 불쾌감을 줄 수 있는 신체적 상태이거나 행동을 하는 경우
- 비행 안전이나 정시성에 잠재적 위험을 초래할 것으로 판단되는 경우
- 스스로를 돌볼 수 없고 특별한 도움을 필요로 하는 경우
- 비행 환경에 의해 악화될 수 있는 의학적 상태를 가진 경우

표 3.10 | 여행 인가 요구 기준

출처: IATA Medical Manual 9th Edition (2017)

항공 운송을 위한 의료정보 기록지를 제출해야 하는 경우
• 정상 좌석을 사용할 수 없는 승객, 즉 곧게 세운(up-right position) 자세가 불가능한 승객 • 비행 중 산소 공급, 주사 투여 등의 의학적 처치가 필요한 경우 • 최근 외상, 수술 경험이 있거나, 중대한 질병이 있는 경우 • 전염성 질환이 있는 경우

표 3.11 | 항공 운송을 위해 의료정보 기록지가 요구되는 경우
출처: 대한항공 홈페이지 내 특별지원 서비스 내용을 재구성하였다.

2) 여행 인가 절차

항공사는 신체적·정신적 장애를 가진 특수 승객에게 도움을 주기 위해 별도의 부서나 직원을 배치하여 지원 서비스를 제공하고 있으며 항공사 홈페이지에 의료 및 특별지원 관련 정보와 여행 인가를 위해 제출해야 하는 관련 서류를 탑재하고 있다. 또한 승객이나 주치의, 관련 의료인에게 비행 적합성의 기준에 대한 항공 의료 정보를 제공한다.

(1) 관련 항공사 양식

의료정보 기록지

의료정보 기록지(Medical Information Form: MEDIF)는 특별 지원을 요청하는 특수 승객의 관련 개인정보 수집 및 승객의 상태에 맞는 적합한 의료 지원을 위해 항공사가 사용하는 양식이다. 이 양식은 주치의가 작성하며, 승객에 대한 의료 정보와 의사가 권고하는 특별한 준비 사항 등을 기재한다. 정확하고 사실적인 정보가 항공사의 의료 부서의 특수 고객의 지원 계획 수립에 도움이 된다. 항공사마다 양식이 다소 차이가 있으며 일반 양식 외에도 임산부 여행 인가 요청, 개인 휴대용 산소통 소지에 대한 인가 요청 등의 별도 양식도 있다.

KOREAN AIR

담당 주치의 선생님께

항공 여행 시 기내는 지상과는 다른 여러 환경으로 승객의 질환 악화나 예상치 못한 응급 상황이 발생할 수 있어 아래와 같이 기내 환경에 대해 안내드리오니 참고하여 작성해 주시기 바랍니다.

※ 승객의 항공 여행에 있어 고려해야 할 사항

○ **낮은 산소 분압:** 기내는 지상에 비해 약 25-30% 정도 낮은 산소 분압을 보입니다. 만약, 승객이 심장, 폐질환, 빈혈 등이 있는 경우에는 항공 여행 동안 기내 산소를 사용해야 하는지 함께 고려해 주시기 바랍니다.
ex) 뇌졸중 발생 후 2주 이내, Hgb 9.5g/dl 미만 등에서는 기내 산소 필요

○ **낮은 압력:** 항공기 이, 착륙시 기내 압력은 변화될 수 있으며 가스 팽창 등으로 통증 유발 및 수술 부위에 영향을 줄 수 있습니다.
ex) 주요 수술 10일 경과, 자연 기흉 완치 후 7일(외상성 기흉 완치 후 14일) 경과 후 탑승 권고

○ **기류 변화:** 갑작스러운 기내 기류 변화 발생 및 이, 착륙시 충격으로 인해 특히 척추 질환 등이 있는 경우 영향을 줄 수 있습니다.
ex) 이, 착륙시 좌석 등받이를 90도로 세우지 못하는 경우 Stretcher 이용
장시간 앉아 있기 어려운 경우 Stretcher, 상위 클래스(프레스티지 이상) 이용

○ **전문 의료인 부재:** 객실승무원은 일반 승객에 대한 서비스에 지장을 줄 수 있는 환자 승객에 대한 특별한 도움을 제공할 수 없습니다. 또한, 응급처치 교육만 받으므로 주사, 약물 투여 등의 의료업무는 할 수 없음을 알려드립니다.

○ **심부정맥 혈전증:** 좁은 좌석, 운동 부족, 낮은 습도 등으로 인해 암, 외상, 고령, 최근 수술력 등이 있는 승객은 심부정맥혈전증 발생 가능성이 높으므로 항혈전 예방치료 필요 여부를 고려하여 주시기 바랍니다.

※ 이외 자세한 사항은 IATA Medical Manual을 참고해주시기 바랍니다.

대한항공 항공의료센터

1/4 2017.06.16 개정

그림 3.17(a) | 의료정보 기록지: 주치의에게 제공되는 항공 환경 및 환자의 여행 적합성에 대한 조언
출처: 대한항공 홈페이지에서 제공하는 항공운송을 위한 의사 소견서로 대한항공의 사용동의를 받아서 게재하였다.

KOREAN AIR

항공운송을 위한 의사 소견서 MEDIF_Medical Information Form

1 **환자** 성명 , 나이 , 성별 M / F , 신장 Cm , 체중 Kg

2 **항공운송 사유**

□ 의학적 목적(수술, 치료 등) □ 여행(관광 등) □ 기타 ______

※ 주증상 및 현병력에 대해 자세히 작성하여 주시기 바랍니다.

3 **진단명** ______

a. 주증상 ______ 발병일 ______

b. 현병력 ______

c. 치료 ______

d. 최근 수술 여부 □ 예 □ 아니요

수술명 ______ 시행일 ______

수술후 합병증 □ 예 □ 아니요 '예'라면, 구체적으로 ______

e. 최근 입원치료 여부 □ 예 □ 아니요

입원일 ______ 퇴원일 ______ 사유 ______

f. 전염력 □ 예 □ 아니요

4 **활력징후** BP / mmHg, PR /min, RR /min, BT ℃

의식상태 □ Alert □ Drowsy □ Stupor □ Semi-coma □ Coma

5 **기저질환** □ 예 □ 아니요 '예'라면 구체적으로 ______

승객의 기저질환 조절 여부 □ 예 □ 아니요

6 **정상 좌석 가능 여부**

a. 스스로 거동 가능 □ 예 □ 아니요

b. 휠체어 필요 여부 □ 예 (□ 항공기까지 □ 좌석까지) □ 아니요

c. 필요한 좌석 형태 □ Economy class □ Prestige class □ Stretcher

* Economy class : 장시간 앉을 수 있고, 좌석등받이를 90도로 세울수 있는 경우
* Prestige class: 장시간 앉아 있기 어려우나, 필요시 좌석등받이를 90도로 세울 수 있는 경우
* Stretcher: 좌석등받이를 90도로 세울 수 없는 경우

7 **동반자 필요여부**

a. 항공기 여행시 동반자 필요 여부 □ 예 (□ 의사 □ 간호사 □ 가족 □ 기타) □ 아니요

b. '예' 라면, 동반자가 환자에게 필요한 모든 도움 제공 가능 여부 □ 예 □ 아니요

8 **현재 의약품 사용 여부 (□ 예, □ 아니요)**

a. '예' 라면, □ 경구약 □ 정맥/근육 주사 □ 기타 ______

b. 의약품 목록 ______

c. 기내에서 환자 소지 의약품 사용 여부 □ 예 □ 아니요

2/4 2017.06.16 개정

그림 3.17(b) | 의료정보 기록지: 환자 승객에 대한 의사 소견서(계속)

출처: 대한항공 홈페이지에서 제공하는 항공운송을 위한 의사 소견서로 대한항공의 사용동의를 받아서 게재하였다.

KOREAN AIR

항공운송을 위한 의사 소견서 MEDIF_Medical Information Form

9 비행 중 사용 할 의료장비 (해당사항 있을 경우에만 표기)

☐ IV line ☐ Foley catheter ☐ Nasogastric tube ☐ Oximeter

☐ Ventilator (Mode, TV, RR, FiO2) ______________ ☐ BP monitor

☐ Suction kit ☐ Tracheostomy ☐ Intubation ☐ Chest tube

☐ Infusion pump ☐ Nebulizer ☐ Splint/Cast ☐ Other ______________

* 대한항공에서는 산소 / Stretcher 이외 의료장비는 제공하지 않습니다.
* Ventilator 사용시 대한항공 제공 의료용 산소와 연결 가능한지 확인이 반드시 필요합니다.
* 기내 사용 전기 의료장비는 반드시 Battery Type 으로 사전에 준비되어야 합니다.
* IV 수액은 Plastic bag type으로 준비되어야 하며, 의료진 동반이 필요합니다.

10 비행 중 산소 필요 여부 (☐ 예, ☐ 아니요)

a. 지상산소 필요 여부 ☐ 예 ☐ 아니요

b. 기내 산소 제공 Type ☐ 대한항공 산소 ☐ Portable Oxygen Concentrator(승객 준비)

c. 필요한 산소 용량 ______ L/min ☐ Continuous ☐ Intermittent ☐ Prepare

d. 마스크 타입 ☐ Nasal cannula ☐ Facial mask ☐ Bag valve mask

☐ Reservior oxygen mask ☐ Other ______________

e. O2 Saturation 또는 ABGA 시행일 ________ 결과 : PCo2______ PO2______ Sat ______

검사 시행시 산소 공급 여부 ☐ Room air ☐ Oxygen ______ L/min

f. Anemia ☐ 예 ☐ 아니요 Hgb ______ g/dl

* Hgb 9.5g/dl 미만인 경우 산소 사용을 권고합니다.
* 대한항공 산소는 2~8L/min 제공 가능합니다.

11 심장 질환 (☐ 예, ☐ 아니요)

a. 마지막 episode 일자 ______________

b. Stable condition ☐ 예 ☐ 아니요

c. 약물복용으로 증상 조절 여부 ☐ 예 ☐ 아니요

d. Functional class (NYHA class) ☐ Class Ⅰ ☐ Class Ⅱ ☐ Class Ⅲ ☐ Class Ⅳ

e. 합병증 ☐ 예 ☐ 아니요

'예'라면, 구체적으로 ______________

f. 마지막 EKG 시행일 ________ 결과 ______________

g. Echocardiogram 시행일 ________ 결과 ______________ EF: ____ %

h. Angioplasty / Coronary bypass 시행일 ________ 결과 ______________

12 뇌혈관 질환 (허혈성 뇌졸중, 뇌출혈 등 / ☐ 예, ☐ 아니요)

a. 최근 상태 재발, 악화 여부 ☐ 예 ☐ 아니요

b. Brain CT/MRI 시행일 ________ 결과 ______________

c. Motor power grade (R/L) Upper extremity / Lower extremity /

* Stroke 발생 2주 이내인 경우 기내 산소 공급을 권고합니다.

3/4 2017.06.16 개정

그림 3.17(c) | 의료정보 기록지: 환자 승객에 대한 의사 소견서(계속)

출처: 대한항공 홈페이지에서 제공하는 항공운송을 위한 의사 소견서로 대한항공의 사용동의를 받아서 게재하였다.

KOREAN AIR

항공운송을 위한 의사 소견서 MEDIF_Medical Information Form

13 호흡기계 질환 (□ 예, □ 아니요)

a. 최근 상태 악화 여부 □ 예 □ 아니요

b. 증상 없이 정상속도로 100미터를 걷거나 1층 계단을 오를수 있는지 여부 □ 예 □ 아니요

c. 흉부 방사선 검사 (X-ray, CT 등) 시행일 결과

14 부상 (□ 예, □ 아니요)

a. 원인 □ 교통사고 □ 낙상 □ 화상 □ 기타

b. Traumatic brain injury □ 예 □ 아니요 '예'라면, 구체적으로 ______

c. Brain CT/MRI 시행일 ______ 결과 ______

d. Internal organ injury □ 예 □ 아니요 '예'라면, 구체적으로 ______

e. Thoracic/Orthopedic injury(fracture) □ 예 □ 아니요 '예'라면, 구체적으로 ______

15 정신과적 질환 (□ 예, □ 아니요)

a. 기내에서 증상이 일어날 가능성 □ 예 □ 아니요

b. 자해/타해 가능성 □ 예 □ 아니요

c. 복용약으로 조절가능 여부 □ 예 □ 아니요

16 뇌전증(발작) (□ 예, □ 아니요)

a. Seizure type ______

b. Frequency/Duration ______

c. 마지막 seizure 발생일 ______

d. 복용약으로 조절가능 여부 □ 예 □ 아니요

17 암 (□ 예, □ 아니요)

a. 진단명, 병기(Stage) ______

b. Chemotherapy/Radiotherapy 시행 여부 □ 예 □ 아니요 '예' 라면, 시행일 ______

c. 타 기관 전이여부 □ 예 □ 아니요 '예' 라면, 전이부위 ______

d. 통증 조절 여부 □ 예 □ 아니요 통증조절 방법 ______

18 DNAR(Do Not Attempt Resuscitation) 여부 (□ 예, □ 아니요)

19 이상의 내용을 토대로 승객의 항공기 탑승 여부 적합성

□ 적합 **□ 부적합** '부적합'하다면 사유 ______

기타 의견 (호송시 주의 사항 등) ______

동 양식은 대한항공 의료진에 의해 검토되며, 필요 시 추가 정보 확인을 위해 주치의께 연락할 수 있으니 연락 가능한 연락처를 작성해 주시기 바라며, 모든 항목을 빠짐없이 작성 부탁 드립니다.

주치의	성명	소속 병원	전문과
	전화번호	E-mail	
	서명	작성일	

4/4 2017.06.16 개정

그림 3.17(d) | 의료정보 기록지: 환자 승객에 대한 의사 소견서

출처: 대한항공 홈페이지에서 제공하는 항공운송을 위한 의사 소견서로 대한항공의 사용동의를 받아서 게재하였다.

KOREAN AIR

PHYSICIAN'S STATEMENT for Portable Oxygen Concentrator (POC) use during **Korean Air** Flight.

이동식 산소 발생기(POC) 는 **미연방항공규정**(14 CFR Part382)에 의거하여 기내 사용이 허용되며, 본 서식을 포함한 관련 절차 또한 동 규정에 준합니다. 이동식 산소 발생기(POC) 관련 아래표의 안내를 참고하시기 바랍니다.

PHYSICIAN'S STATEMENT	- **예약된 항공기 출발 최소 48시간 전 대한항공 예약센터로 접수 필요** - 항공 여행 중 항상 소지하여야 하며 대한항공 관계자의 요청 시 반드시 제시하여야 함 - 건강상태의 변화, 산소 사용 내용의 변경이 있을 시 주치의에 의해 재작성 되어야 함
이동식 산소 발생기 (POC)	- **미연방항공규정(14 CFR Part121)**에 명시된 미연방항공청(FAA)의 승인을 받은 기기에 한하여 비행 중 사용이 허용되며, 사용 가능한 모델명은 당사 홈페이지에서 확인 가능함 (www.koreanair.com) - 기기의 정상 작동 및 배터리 준비 등에 대해서는 승객에게 책임이 있음 - 배터리를 포함한 기기는 기내 휴대 수하물로 처리되어야 하며 위탁 수하물 처리는 불가함 (이동식 산소 발생기와 배터리는 규정된 휴대 수하물 무게 및 개수에서 제외됨)
배터리	- 최대 비행 시간의 150% 이상 사용 가능하도록 준비하여야 함 - 외부 손상이나 전기 합선으로부터 보호할 수 있도록 포장되어야 함

※ 아래는 승객의 주치의에 의해 작성되어야 합니다.
기내 기압은 지상 8000ft 의 기압과 비슷하여 지상 대비 산소 분포가 25~30% 낮음을 참고하여 작성바랍니다.

승객 성명 : ______________ **생년월일** : ______________ **성별 : 남 / 여**

건강 상태

1. **진단명** : ______________ **발병일** : ______________
2. **본인은 상기 승객을 진료 하고 있으며, 승객의 현재 건강 상태는 항공여행이 가능합니다.**
   □ 예 □ 아니요
3. 승객의 건강 상 항공여행 중 특별히 주의해야 할 사항이 있다면 알려주십시오.

____

이동식 산소 발생기(Portable oxygen concentrator, POC) **사용**

1. 이전 지상에서 사용 경험 유무 □ 유, ____ 년 간 □ 무
   만약 있다면, □ Continuous □ Intermittent, Usually ____ (LPM/Pulse), On exertion ____ (LPM/Pulse)
2. 이전 항공여행 중 사용 경험 유무 □ 유, ____ 회 □ 무
   만약 있다면, 문제 또는 증상 악화가 발생한 적이 있습니까? ______________
3. 사용자가 기기의 소리/빛 등의 경고에 반응하여 적절한 조치를 취할 수 있습니까? □ 예 □ 아니요
   만약 불가능하다면, 승객은 경고 반응에 적절한 조치가 가능한 보호자를 동반하여야 합니다.
4. 항공 여행 시 사용 계획
   - **POC Model** : ______________
   - **POC Setting** □ Pulse Flow Mode, ____setting □ Continuous Flow Mode, ____ LPM
   - **사용 시간** (다중 선택 가능) □ 항공기 지상 주행 중 □ 이륙 중 □ 착륙 중 □ 비행 중 □ 환승 중

주치의 성명 : ______________ 소 속 : ______________
전화번호 : ______________ E-mail : ______________
작성일 : ______________ 주치의 서명 : ______________

그림 3.18 | 의료 정보 기록지: 이동식 산소 발생기(POC) 사용 관련 주치의 소견서
출처: 대한항공 홈페이지에서 제공하는 항공 운송을 위한 의사 소견서 양식으로 대한항공의 사용동의를 받아서 게재하였다.

임신부 승객을 위한 의사 소견서

임신부 인적사항

성명		연령	
탑승일		편명	
출발지		목적지	
여행 기간		여행 사유	

임신 상태 관련 기재 사항

임신 주수	주 일
단태/다태 여부	단태 다태
출산 예정일	년 월 일
여행 기간	무 유 ( )

* 임신 32주 미만의 임신부는 제한 없이 항공기 탑승이 가능합니다.
  단, 기타 질병이 있는 경우 별도의 의사 소견서 제출이 요구됩니다.
* 임신 37주 이상의 임신부는 임신부 본인과 태아의 건강을 위해 항공기 탑승이 제한됩니다.

의사 소견 기재 사항

항공기 탑승에 대한 의사 소견	가능 불가
기타 참고 사항	

의사 성명 :
면허 번호:
의료기관:
주소:
연락처:

작성일: 서명:

그림 3.19 | 임신부 승객에 대한 의사 소견서

상용 고객 의료 카드

상용 고객 의료 카드(Frequent Travelers Medical Card: FREMEC)는 신체적·정신적 장애를 지닌 특수 승객이 자주 항공기를 탑승하는 상용 고객일 경우 최초 여행 인가를 받고 항공 환경에서 안정적인 상태임이 확인되었을 때 해당 고객에게 발급하는 카드이다. 이것은 매 탑승 시 여행 인가를 받아야 하는 번거로움을 줄이기 위함이며 다수의 항공사들이 통용하고 있다.

(2) 항공사의 여행 인가 절차

각 항공사는 국제항공운송협회에서 제시하고 있는 특수승객 여행 인가 절차를 반영하여 환자 승객의 여행 인가 제도를 진행한다. 담당 주요 부서는 특수 예약 부서와 의료 부서로 해당 항공사의 정해진 기준을 충족하는 승객에 대한 정보를 객실, 정비, 출·도착 공항 지점 등 관련 부서에 전달한다. 유관 부서에서는 해당 지원 및 서비스를 담당한다.

승객(여행사)	예약을 위해 항공사의 예약 부서로 연락 의료적인 문제가 있음을 예약 부서에 고지
예약 부서	특수 예약 부서로 전화 연결
특수 예약 부서	예약에 필요한 일반적인 정보 수집 주치의에게 추가 정보 수집을 위한 항공사로부터의 연락 고지 주치의에게 의료정보 기록지(MEDIF)/항공사 여행 인가 양식 전송(작성 후 회신 요청) 기준 충족 시 여행 인가 가능/기준 미충족 시 의료 부서로 전달
의료 부서	주치의에게 여행 인가 결정 위한 추가 정보 요청 의료 부서의 탑승 결정을 관련 부서에 전달
특수 예약 부서	특별지원 서비스 요청 사항을 지원 가능 여부를 담당 부서와 확인 최종 탑승 결정을 관련 부서에 전달 승객/여행사에 결정 사항 전달
공항 지점	특수 고객 탑승에 필요한 공항 수속 절차 확인 구급차 이용 활주로 탑승 시 공항 당국에 차량과 운전자 수속 절차 확인

표 3.12 | 항공사의 여행 인가 관련 절차

관련 부서 간의 의사소통은 전화, 이메일, 전문을 통해 이루어지며 특히 항공사의 의학적 의사결정(medical authorization), 특수 예약 부서의 최종 탑승 결정

(final authorization), 출·도착 공항 지점의 탑승과 하기에 대한 소통은 주로 전문을 통해 이루어진다. 승객이 여러 항공사를 이용하여 여행하는 경우는 처음 예약한 항공사의 예약 부서에서 환승하는 항공사들에 연락을 취하는데 **승객 예약 기록**(Passenger Name Record: PNR)에는 해당 승객이 요청한 특별 요청에 대한 모든 정보가 포함된다.

승객 예약 기록 (Passenger Name Record: PNR)
여행사나 항공사에서 승객의 예약 · 발권 시 생성하는 기록으로 승객 이름, 항공사, 편명, 예약 클래스, 탑승일, 탑승구간, 출발시간, 도착시간, 좌석번호, 현지 연락처, 항공권 번호 등 해당 승객에 관한 자세한 정보가 기재되어있다. 일반적으로 '예약 번호'라고 부르며 항공사에 따라서는 'Booking Code'라고 하기도 한다.

항공사의 의학적 의사결정(medical authorization) 전문의 예

```
--- TST RLR RLP DCS ---
0. RP/CPHEC3100/CPHEC3100 DC/AS 22SEP17/0408Z MVCVG2
1.KORTEGAARD/STEFFEN VOLDER MR
2. KE1124 C 22SEP 5 PUSGMP HK1 D 1940 2040 *1A/E*
3. KL 856 J 23SEP 6 ICNAMS HK1 0055 0450 E*
4. KL1333 J 23SEP 6 AMSAAL HK1 0825 0940 E*
OPERATED BY SUBSIDIARY/FRANCHISE
5. MIS 1A HK1 CPH 10MAY
6. AP EGENCIA PH +4570708099 /KIR SOERENSEN
7. APE ETICKET_ARCHIVE@EGENCIA.DK
8. APE EGENCIA-BOOKING@SOS.EU
9. APM +4570105055
10. TK OK21SEP/CPHEC3100//ETKL
11. SSR MEDA KL HK1 SITTING SICK/S3
12 SSR MEDA KL HK1 SITTING SICK/S4
13. OSI YY OIN DKSOS
14. OSI YY CP/LH100106560247
15. OSI YY CMP SOSINTL
16. OSI YY MEDA 01-STEFFEN VOLDER KORTEGAARD 21APR59
17. OSI YY MEDA 02-TREATING DOCTOR DR STEFFEN PH 004540349406
18. OSI YY MEDA 02-DR WLADIMIR SZPIRT
19. OSI YY MEDA 03 PULM EMBOLUS 14 SEP17 NOW NO DYSPNOE NORMAL
```

표 3.13 | 항공사의 의학적 의사결정(medical authorization) 전문의 예

표 3.13에서 보이는 것과 같이 의학적 의사결정 전문에는 아래와 같은 고객 정보가 담겨있다.

0. 해당 승객의 예약 기록 번호(MVCVG2) 및 전문 발송과 접속 관련 코드

1. 승객 이름

2-5. 승객의 여정(편명, 탑승일, 비행구간)

6-9. 연락처 전화번호(Phone : AP), 이메일 주소

10. 발권상황(Ticket : TK)

11-12. 승객 특별 요청 사항(Special Service Requirement: SSR)—승객 탑승을 위한 준비 사항

13-19. 기타 서비스 관련 정보(Other Service Information: OSI)—환자 승객의 인적 사항 및 주치의 관련 정보, 주요 건강 문제 및 현재 상태

```
Entry 화면 1
--- RLR ---
RP/          /SELK1394Z            AA/GS  15SEP17/0010Z   W2K8KZ
7337-1339
  1.SHIM/BONGSAMR    2.SHIM/CHUNGMS
  3  KE      Y 30NOV 4 ICNBKK HK2  0900 1300  30NOV  E  KE/W2K8KZ
  4  KE      Y 03DEC 7 BKKICN HK2  0950 1710  03DEC  E  KE/W2K8KZ
  5 AP M010-2222-3333
  6 TK OK15SEP/SELK1394Z
  7 OSI KE BLND PAX/P1
  8 OPW SELK1394Z-28SEP:1900/1C7/KE REQUIRES TICKET ON OR BEFORE
        29SEP:1900/S3-4
  9 OPC SELK1394Z-29SEP:1900/1C8/KE CANCELLATION DUE TO NO
        TICKET/S3-4
*TRN*

--- RLR ---
RP/SELK1394Z/SELK1394Z            AA/SU  29SEP17/0604Z   J8UFRA
2273-9657
  1.NA/HWANJAMR
  2  KE 901 Y 20OCT 5 ICNCDG HK1  1320 1830  20OCT  E  KE/J8UFRA
  3 AP M01022223333
  4 TK OK29SEP/SELK1394Z
  5 SSR STCR KE HN1/S2
  6 OPW SELK1394Z-03OCT:1900/1C7/KE REQUIRES TICKET ON OR BEFORE
        04OCT:1900/S2
  7 OPC SELK1394Z-04OCT:1900/1C8/KE CANCELLATION DUE TO NO
        TICKET/S2
*TRN*
>
```

그림 3.20 | 의료지원관련 특별요청 PNR의 예(계속)

```
Entry 화면 1
--- RLR ---
RP/          /SELK1394Z            AA/SU  29SEP17/0608Z   VGW6GE
8852-2450
  1.HONG/GILDONGMR    2.KIM/TAEHEEMS
  3  KE      Y 22NOV 3 ICNHKG HK2  0825 1120  22NOV  E  KE/VGW6GE
  4 AP M010-2222-3333
  5 TK OK08SEP/SELK1394Z
  6 SSR WCHR KE HK1/S3/P1
  7 OPW SELK1394Z-12OCT:1900/1C7/KE REQUIRES TICKET ON OR BEFORE
        13OCT:1900/S3
  8 OPC SELK1394Z-13OCT:1900/1C8/KE CANCELLATION DUE TO NO
        TICKET/S3
*TRN*

>
```

그림 3.20 | 의료지원관련 특별요청 PNR의 예

요약

- 항공사는 의학적 도움이 필요한 승객이 항공 여행을 원할 경우 이들을 위한 항공 의료지원 서비스를 특별히 제공한다.
- 심혈관계나 호흡기계 질환 등을 가진 환자 승객이 산소 지원을 원하는 경우 예약 시 항공사 의무 부서가 여행 인가 절차에 따라 승객의 상태를 확인하고 항공 여행중 필요한 산소량을 산출한 후 탑재하게 된다.
- 항공사는 건강상의 이유나 고령으로 거동이 불편한 승객에게 휠체어, 전동 휠체어, 고객 소유의 휠체어 사용에 대한 탑승 수속과 출국 수속 등의 지원을 한다.
- 항공사를 이용하는 임산부는 임신 시기에 따라 탑승을 위한 인가 기준과 제출 양식이 상이하다.
- 특별 기내식은 승객의 건강상의 이유로 인해 일반적인 기내식 제공에 제한을 받는 승객의 특수한 요구에 의해 기내에 탑재되는 기내식이다.
- 항공사들은 객실승무원을 대상으로 초기 훈련과 재훈련 과정을 통해 응급처치 훈련을 실시하고 있다.
- 구급 의료용품(FAK)은 응급 상황에 처한 승객의 사고 및 질병을 처치하기 위하여 기내에 탑재하는 기본적인 의료장비로 의사의 처방 없이 사용이 가능하다.
- 감염예방 의료용구(UPK)는 환자의 체액이나 혈액을 직접 접촉함으로써 발생할 수 있는 오염 가능성을 줄이고자 오염된 장소의 위생적 처리와 안전한 폐기를 위하여 사용된다.
- 응급 의료용구(EMK)는 응급 환자 발생 시 의사와 의료인의 전문적인 치료가 가능한 의약품과 의료기구로 구성된다.
- 전문 의료장비는 의사만 사용하는 것이 원칙이나, 항공기 내에 의사가 없는 경우에는 기장과 응급의료콜 시스템(EMCS)에 의해 지상 연계 전문 의료진의 허가를 받은 후에 간호사가 사용할 수 있다.
- 자동심실제세동기는 심장에 강한 전류를 일시적으로 통과시켜 심장 박동을 정상으로 돌리는 데 사용한다.
- 기내 응급 환자 진료에 대한 의료진의 심적 부담감을 줄이기 위해 선한 사마리아인 법 제정에 대한 필요성이 제기되어 미국은 1998년에 항공 의료지원법(Aviation Medical Assistance Act)을 제정하였다.
- 국제항공운송협회는 신체적인 결함(운동 기능, 감각 기능), 지적 능력의 결함, 연령, 질병 또는 기타 요인 등으로 인한 장해로 거동이 불편한 승객은 일반적인 승객에게 제공되는 지원 이상이 요구된다고 보고 있다.
- 의료정보 기록지는 주치의가 작성하며, 승객에 대한 의료 정보와 의사가 권고하는 특별한 준비 사항 등을 기재한다. 정확하고 사실적인 정보가 항공사의 의료 부서의 특수 고객의 지원 계획 수립에 도움이 된다.
- 항공사는 국제항공운송협회에서 제시하고 있는 특수승객 여행 인가 절차를 반영하여 환자 승객의 여행 인가 제도를 진행한다.

PART 2 NCS 기반 항공 객실 응급 환자 대처

CHAPTER

04 응급 환자 발생 상황 파악·보고하기

학습목표	1. 객실 서비스 및 객실 안전 규정에 따라 기내 환자 발생 여부를 파악할 수 있다. 2. 객실 서비스 및 객실 안전 규정에 따라 환자에 대한 정보를 신속하게 상급자에게 보고할 수 있다. 3. 객실 서비스 및 객실 안전 규정에 따라 환자에 대한 정보를 공유하도록 할 수 있다. *출처:* NCS 국가직무능력표준 홈페이지, 항공객실서비스 능력 단위 중 '응급 환자 대처'

1. 응급 환자 발생 시 대응 절차

항공기 운항 시 기내 환경은 건강 상태가 양호한 탑승객에게도 지상과는 확연히 다른 여건으로 인해 물리적 · 심리적 부담을 줄 수 있다. 따라서 객실 승무원은 근무 중 서비스와 함께 담당 구역 승객의 건강상태를 주의 깊게 관찰하고 응급 환자 발생 시 상황 판단, 커뮤니케이션, ABC 조치(ABC survey), 후속 조치(secondary survey)의 단계로 신속하고 효과적인 응급 환자 관리를 실시한다.

응급 환자 발생 시 응급처치는 물리적인 치료와 정신적인 안정감을 함께 제공해야 하며 응급 환자의 상태가 악화되지 않게 후속 관리할 수 있으며, 환자의 심리적 상황까지 관심을 가질 수 있도록 세심한 배려가 요구된다. 응급 환자 발생 시 객실승무원은 주체적인 의료 행위를 하여 치료하는 것이 아니라 응급 환자의 상태가 더 악화되지 않도록 의료진에게 적극적인 협조와 지원을 하는 역할을 한다.

1) 상황 판단

기내에서 응급 환자가 발생하였을 경우 우선적으로 최초 발견자의 신속하고 정확한 상황 판단이 요구된다. 환자를 최초로 발견한 객실승무원은 이 단계에서 승객을 안정시키고, 도움이 필요한지 여부를 확인하며, 의사 소견서를 포함한 환자에 대한 의학 정보 습득하여 환자의 상태 및 기내에서 가능한 의료 지원 전반에 대한 상황을 파악한다.

- 환자에게 승무원임을 밝혀 안정시킨다.
- 도움이 필요한지의 여부를 확인하고, 기내 의료 지원에 대한 동의를 구하며 승객이 의식이 없는 경우는 동의를 받은 것으로 간주한다.

Tashatuvango/Shutterstock.com

그림 4.1 | 기내에서 응급 환자가 발생하였을 경우 우선적으로 최초 발견자의 신속하고 정확한 상황 판단이 요구된다.

• 발생된 상황에 관하여 질문하여 이를 파악하고, 환자가 소지하고 있는 의약품이나 의사 소견서나 메디컬 경고 표식(medical alert emblem)이 있는지 확인하여 의학 정보를 얻는다.

Doctor Referral Form

Dear Dr. Sandler,

Thank you for agreeing to evaluate Mr. Alan for his uveitic condition. Mr. Alan is a 50-year-old man who visited in our clinic for decreased vision and eye pain O.S. < O.D. According to his medical history, he has hypertension and high cholesterol, which are medically controlled. Upon examination, he presented with a bilateral, granulomatous uveitis, which was treated with prednisolone acetate q.2.h.O.U. and homatropine 5% t.i.d.O.U. Even though there has been gradual improvement in his condition for the last three weeks, I am referring him to your care for further evaluation and a possible sub-tenon corticosteroid injection and/or systemic steroid therapy. Lab testing revealed elevated ACE levels, which may be indicative of sarcoidosis. Currently, we need to wait for the results of his chest X-ray. Enclosed are the results of recent lad testing for your review. Please keep updating on his progress and kindly refer him back to my care once his condition resolves.

Thanks and regards,

Brian Dubick, O.D., M.B.A., F.A.O.O.

October 12, 2017

그림 4.2 | 의사 소견서 샘플

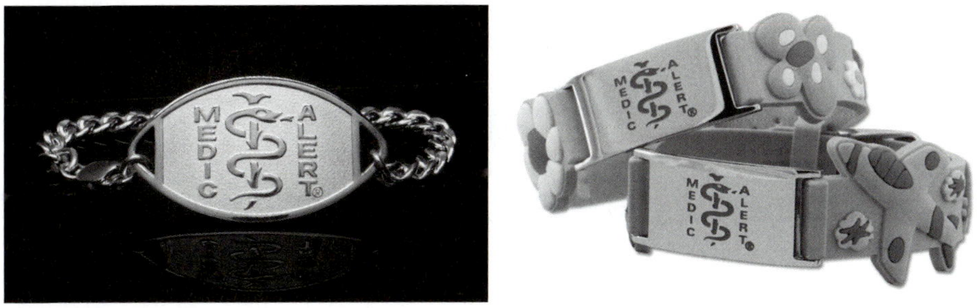

그림 4.3 | 메디컬 경고 팔찌

2) 커뮤니케이션

성공적인 비행을 위해 근무의 전 과정에 있어 승무원 간의 팀워크와 상호협조적인 소통은 필수적인 요건이지만 응급 환자 발생과 같은 비상 상황에는 더 절실하게 요구된다. 최초 응급 환자 발견자와 도움 요청을 받은 협조자들, 그리고 객실 사무장과 기장, 경우에 따라서 지상 의료지원센터와 도착지 운송 직원까지 모든 실무자와 관계 의료진의 소통과 발생 상황에 대한 면밀한 파악이 승객의 생명과 직결되어있다.

- 최초 환자를 발견한 승무원은 비상 신호 또는 구두로 도움을 요청한다.

그림 4.4 | 비상 상황에는 승무원 간의 팀워크와 상호협조적 의사소통이 필수적이다.

응급 환자 발생

↓

1) 환자를 최초로 발견한 승무원의 대응법

- 도움 요청
- 환자의 상태 파악과 동시에 의료 관련 정보 수집
- 응급처치 실시

2) 도움을 요청받은 승무원의 대응법

- 기장에게 보고 및 의사 호출(doctor paging) 실시
- 응급처치 장비 준비
  (자동 혈압계, UPK, FAK, EMK, AED, PO_2, 심폐소생 백 등)
- 환자를 발견한 승무원과 함께 응급처치 실시
- 응급의료 콜 시스템(EMCS) 원격 진료 대비에 앞서 승객 건강상태 체크리스트 작성
- 시간대별로 나누어 조치 사항 기록

*승무원 간의 역할을 구분하여(예: 응급처치, 기장 보고, 의료기구 전달) 조직적으로 상호 협조
*응급 환자 주변에 다른 승객들의 불필요한 접근 방지
*환자의 상태를 기타 환자, 주변 승객 또는 언론인 앞에서 언급하지 않음
*의료인의 법적인 범위: 의사, 한의사, 치과의사, 간호사, 조산사

↓

의료인 기내 탑승

예

응급처치 협조

- 의료인임을 증명할 수 있는 증명서 또는 명함 확인
- 의료인에게 기내에 탑재된 의료장비와 약품을 제공하며 응급처치 보조

아니요

응급의료 콜 시스템에 의학 자문 요청

응급의료 콜 시스템 요청 시 전달 사항

- 승객의 인적사항
- 증상
- 승객의 의식 상태, 활력 징후 및 산소 사용 여부
- 승객의 과거 병력 및 현재 사용 중인 약품명
- 도착 시 필요한 의료 지원 형태

표 4.1 | 응급 환자 발생 시 대응 절차

- 의료진의 도움이 필요한 경우, 기장에게 통보하고 의사를 호출한다.
- 기장과 협의하여 필요한 의학적인 도움을 지상 의료센터(EMCS 등)로 요청할 수 있다.
- 환자의 생명에 영향을 미칠 정도의 위급한 상황일 경우, 기장은 승객의 치료를 위해 인근 공항에 비상착륙을 요청할 수 있다. 이때 객실 사무장은 기장과 제반 절차에 관하여 협의한다.

3) ABC 조치

ABC 조치란 최초 응급 환자 발견 시 질병의 위급성 여부를 파악하기 위해 객실 승무원이 실시하는 응급처치의 기초 단계로서 환자의 기도, 호흡, 심장 운동을 확인하는 절차를 말하며 그림의 의식 평가 결과를 토대로 필요한 응급처치를 실시한다.

> A = Airway 기도유지를 하고 있는가?
> B = Breathing 호흡을 하고 있는가?
> C = Circulation 심장이 뛰고 있는가?
> 출혈이 심각한가?

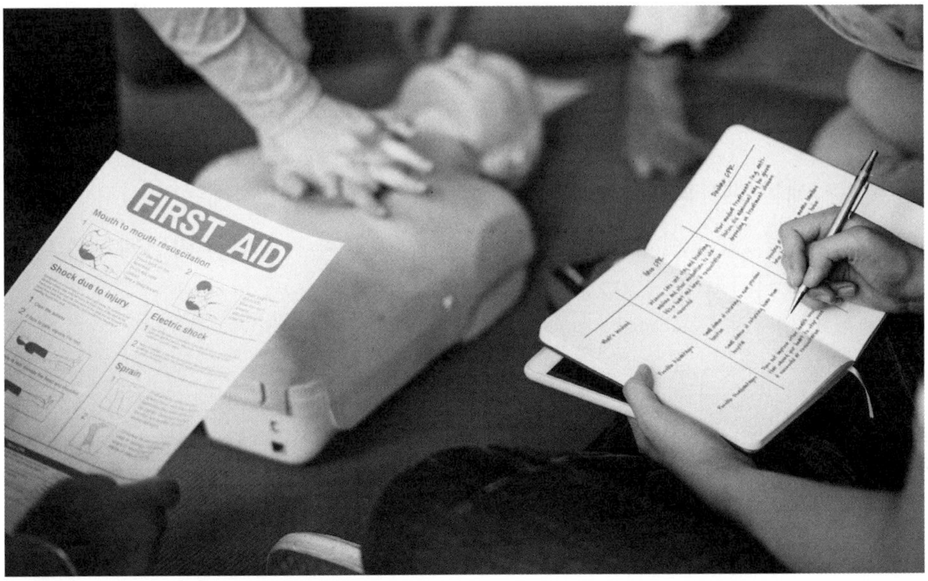

Rawpixel.com/Shutterstock.com

그림 4.5 | ABC 조치 후 실시하는 응급처치

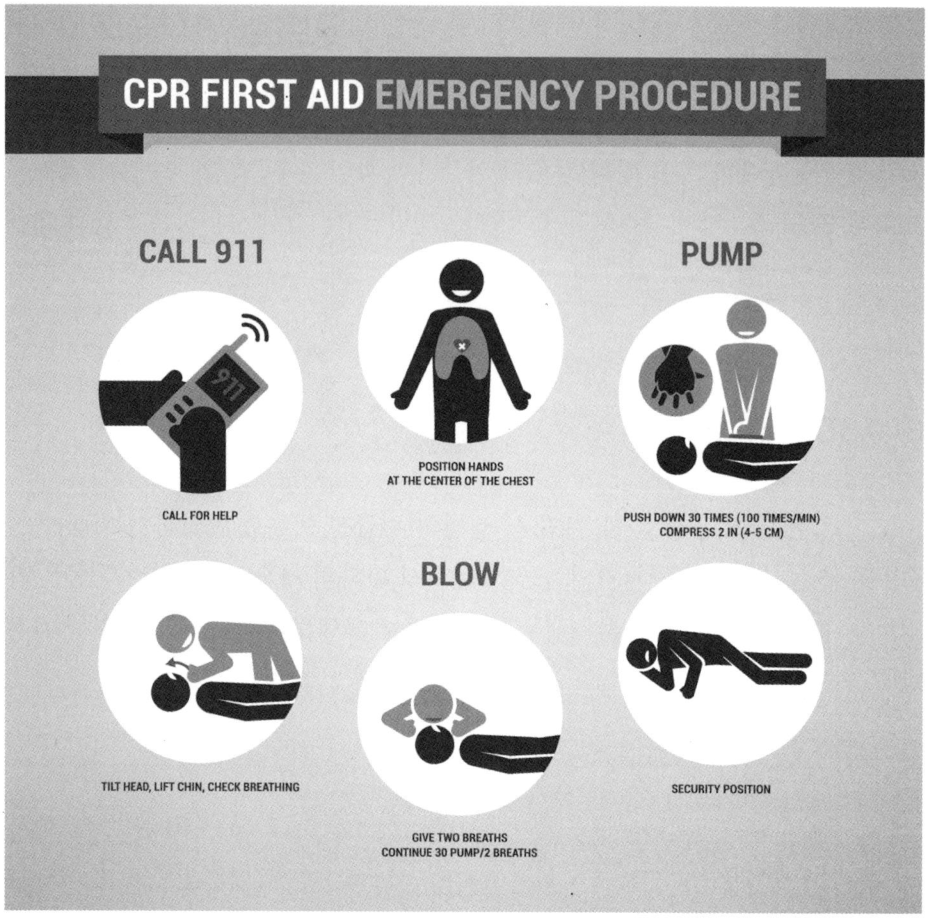

그림 4.6 | 응급 심폐소생술 수행 절차

4) 후속 조치

발병 당시에는 환자의 상태가 위급한 정도가 아니어도 방치해두면 심각한 상황으로 진행될 수 있는 질병이나 부상에 있어서 그 악화 가능성을 미연에 방지하기 위한 절차를 의미하며 그 절차는 다음과 같다.

- 환자 및 주변 승객들과 면담한다.
- 환자의 활력 징후(vital sign. 맥박, 호흡, 체온, 혈압) 및 피부색 변화를 관찰한다.
- 상처, 질병, 건강상태를 계속해서 확인한다.
- 응급처치 내용을 순서별로 기록한다.

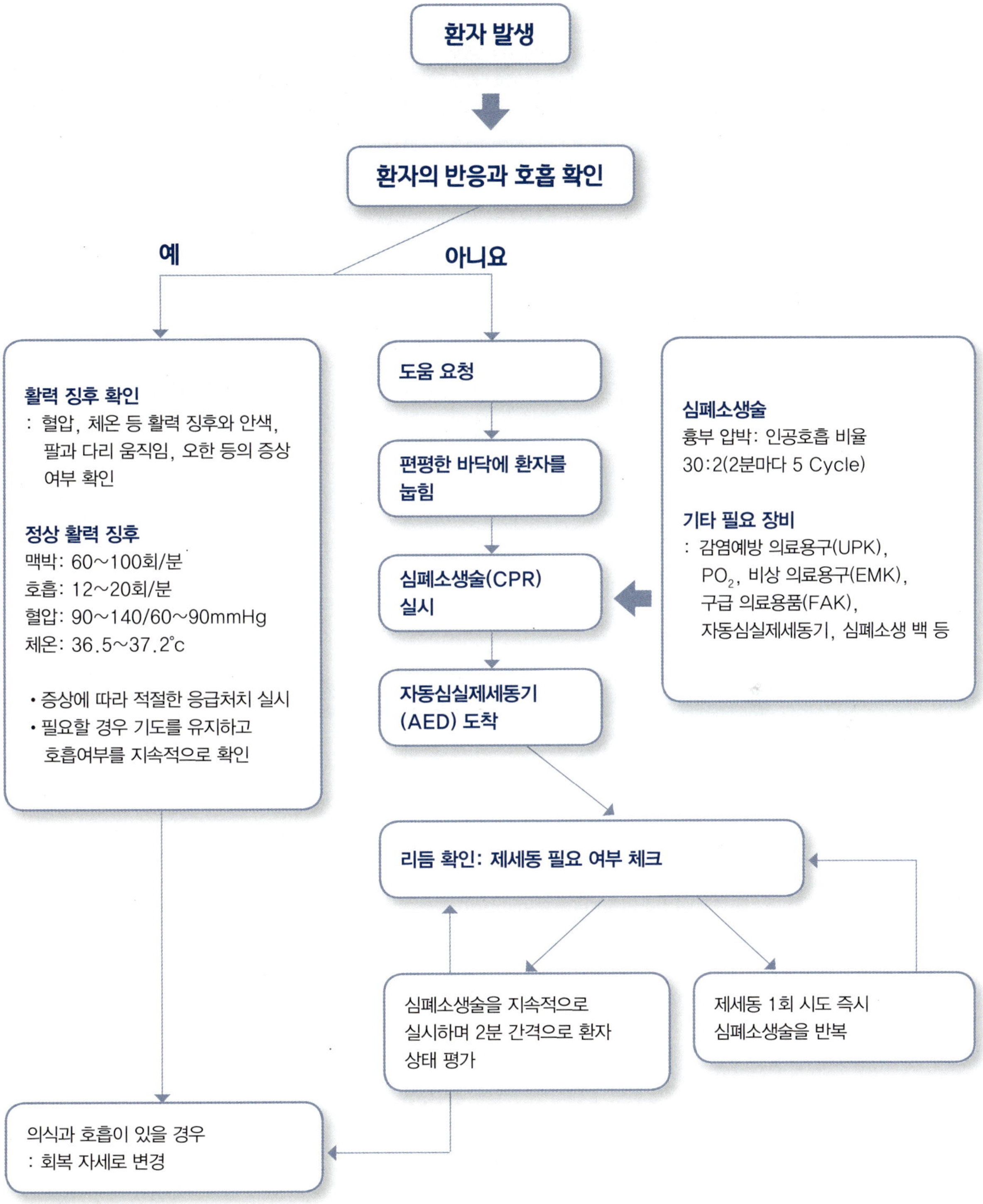
환자 발생
환자의 반응과 호흡 확인
예
아니요
활력 징후 확인
: 혈압, 체온 등 활력 징후와 안색, 팔과 다리 움직임, 오한 등의 증상 여부 확인
정상 활력 징후
맥박: 60~100회/분
호흡: 12~20회/분
혈압: 90~140/60~90mmHg
체온: 36.5~37.2℃
• 증상에 따라 적절한 응급처치 실시
• 필요할 경우 기도를 유지하고 호흡여부를 지속적으로 확인
도움 요청
편평한 바닥에 환자를 눕힘
심폐소생술(CPR) 실시
자동심실제세동기 (AED) 도착
심폐소생술
흉부 압박: 인공호흡 비율 30:2(2분마다 5 Cycle)
기타 필요 장비
: 감염예방 의료용구(UPK), PO2, 비상 의료용구(EMK), 구급 의료용품(FAK), 자동심실제세동기, 심폐소생 백 등
리듬 확인: 제세동 필요 여부 체크
심폐소생술을 지속적으로 실시하며 2분 간격으로 환자 상태 평가
제세동 1회 시도 즉시 심폐소생술을 반복
의식과 호흡이 있을 경우
: 회복 자세로 변경

표 4.2 | 응급처치 흐름도

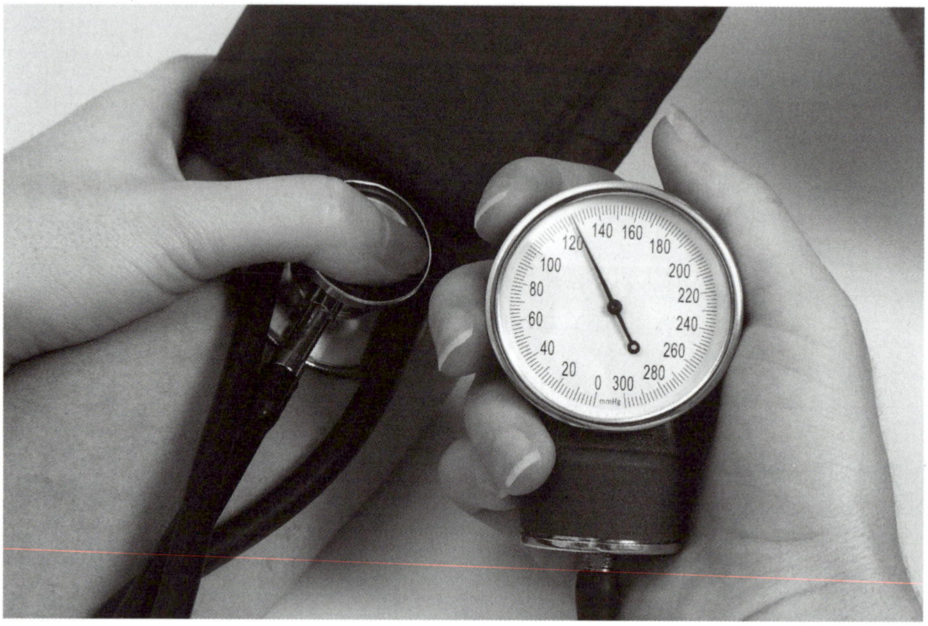

아래의 정상 수치를 벗어난 경우 증상에 따른 응급처치를 실시한다.

활력 징후	비정상 상황
맥박(정상: 60~100회/분)	약하거나 빠르다. 불규칙적이거나 느리다.
호흡(정상: 12~20회/분)	빠르거나 느리다. 얕거나 거칠고 힘들게 숨을 쉰다.
체온(정상: 36.5도~37.2도)	높거나 낮다.
혈압(정상: 90~140/60~90mmHg)	높거나 낮다.

표 4.3 | 활력 징후와 비정상 상황

2. 응급 환자의 심리와 의사소통

1) 응급 환자의 심리적 반응

응급 상황에서의 심리적 반응은 개인의 인격, 과거 경험, 문화, 증상의 심각도 등

그림 4.7 | 일반적으로 응급 상황에서 개인은 불안과 스트레스, 무력감을 느끼게 되며, 의존성이 높아지게 된다.

많은 요인들에 의해 영향을 받는다. 일반적으로 응급 상황에서 개인은 불안과 스트레스, 무력감을 느끼게 되며, 의존성이 높아지게 된다. 어느 정도까지는 정상적인 반응으로 볼 수 있지만, 그 정도가 심하여 응급처치와 기능 회복에 방해가 될 정도가 되면 비정상적인 반응으로 볼 수 있다.

인간의 감정과 신체적 기능은 상호의존적이므로 비정상적으로 심한 심리적 반응은 신체적 증상과 기능을 악화시킬 수 있으므로 항공기 근무자는 응급 환자의 심리반응에 대해 잘 이해하고 이에 대해 적절히 대처하는 것이 중요하다.

(1) 불안 반응

항공기라는 특수한 환경 내에서 갑자기 발생한 자신의 신체적 · 정신적 증상과 변화로 인해 응급 환자는 대부분 극도의 불안과 스트레스라는 불안 반응(anxiety reaction)을 보인다. 이러한 불안과 스트레스는 증상의 경중도와 개인의 대처 양식에 따라 인식의 차이가 있으며, 가벼운 경증 불안(mild anxiety)으로부터 극심한 불안 상태인 공황(panic)에 이르기까지 매우 다양하다.

이러한 불안의 원인은 비행 중인 특수한 환경이므로 자신을 치료하거나 도와줄 전문가가 없거나, 적절한 치료와 관리를 받을 수 없을지도 모른다는 두려움과

그림 4.8 | 환자의 다양한 심리적 반응

교감신경계 (sympathetic nervous system)

일반적으로 긴장이 되는 상황에 처했을 때 활성화되는 인체의 자율신경계(대뇌의 지배로부터 독립되어 우리의 의지와 관계없이 조절되는 신경계)의 하나이다. 자극이 없을 때도 항상 약간 활성화되어있으며 자극을 받으면 활성화의 정도가 높아진다.

함께 스스로 자신의 신체적·정신적 증상을 조절할 수 없음에 따른 무력감에서 기인한다고 볼 수 있다.

불안한 경우 주의집중력과 판단력이 약해지고, 긴장과 초조한 상태가 진행되며, 산만하여 쉬지 않고 빠르게 말을 하거나, 과잉행동을 하기도 한다. **교감신경계**(sympathetic nervous system)가 활성화되므로 맥박, 호흡, 혈압이 상승하고, 몸을 떨거나 발한 등의 생리적 변화도 일어난다. 또한, 계속 울면서도 오히려 거칠게 화를 내는 등의 히스테리적인 반응을 보이거나 신체 일부가 마비되는 심인성 반응을 보이기도 한다. 불안의 가장 극심한 상태인 공황은 스스로 행동을 조절하지 못하며, 순간적으로 정신증적인 상태가 될 수도 있으므로 자해와 타해의 위험으로부터 환자의 안전을 도모하는 것이 가장 중요하다.

(2) 무력감

응급 환자는 자신의 신체적·정신적 증상과 변화에 대해 자신이 어떤 조절 능력을 가질 수 없음으로 인해 상당한 무력감(powerlessness)을 갖게 된다. 이러한 무력감은 불안의 증가와 함께 더욱 상승하게 되며, 말이 없어지고, 멍한 상태로 있거나 눈물을 흘리기도 한다. 신체적·정신적 증상이 호전되고, 자신을 조절하는 능력이 증진되면 대부분의 응급 환자는 무력감에서 벗어나게 된다.

(3) 의존성

응급 환자는 갑작스럽게 발생한 자신의 신체적·정신적 증상으로 인해 의존적이고 수동적인 태도를 보일 수 있다. 이러한 의존성(dependency)은 상황에 대한 현실적 지각 능력이 떨어지고, 스스로 문제해결과 적절한 대처를 할 수 없음으로 인한 것이며, 상황 발생 초기에 치료자가 치료의 전반을 잘 관리할 수 있도록 협조적인 행동으로 나타날 수 있다. 그러나 과도한 의존성은 대량 응급 환자 발생이나 전담 의료요원의 부재 등과 같은 상황에서는 효율적인 응급 환자 관리에 악영향을 줄 수도 있다.

2) 응급 환자의 심리적 반응에 대한 대응 원리

응급 상황에서 객실승무원의 침착하고 신속한 대응은 응급 환자의 불안감을 완화시키고, 무력감에서 회복될 수 있도록 돕는 중요한 역할을 할 수 있다. 많은 응급 상황에서 환자들은 자신의 신체적 증상의 위험을 실제보다 확대하거나 왜곡하여 인지하고 해석하는 경향이 있는데, 이것은 심리적 불안이 큰 경우에 더욱 그러하다. 그러므로 객실승무원은 응급 상황 시 환자의 심리적 반응을 우선적으로 파악하고, 효율적인 의사소통을 통해 환자가 안정감과 신뢰감을 갖도록 하는 것이 무엇보다 중요하다.

(1) 응급 환자의 심리적 반응 확인

응급 환자에게 응급처치를 하는 것은 환자의 질환을 완전하게 치료하는 것이 아니며, 생명을 위협하거나 안전에 위험이 되는 순간을 넘기고, 안전하게 전문적인 치료를 받을 수 있도록 하는 데 우선적인 의미가 있다. 응급 환자는 신체적·정신적으로 긴급하게 치료를 요하는 상황으로 만일 치료를 받지 않을 경우에 매우 큰

그림 4.9 | 객실승무원은 응급 상황 시 환자의 심리적 반응을 우선적으로 파악하고, 효율적인 의사소통을 통해 환자가 안정감과 신뢰감을 갖도록 하는 것이 무엇보다 중요하다.

문제가 될 수 있다. 특히 전문 의료시설과 의료인의 진료를 받을 수 없는 특수한 환경인 항공기 내라는 제한적인 상황에서 응급 환자의 심리적 불안감은 지상에서보다 더욱 커질 수 있어 예측하지 못한 반응과 행동으로 표현될 수도 있다. 따라서 승무원은 응급 환자 발생 시에 우선 환자의 심리적 불안과 무력감, 의존성 등을 포함한 심리적 반응에 대해 알고, 면밀하게 파악할 수 있어야 한다. 응급 상황에서 지속적인 관심과 보살핌을 받고 있다는 확신을 갖게 하는 것과 환자로 하여금 안정감을 주어 불안을 감소시키는 것이 시급하다.

(2) 안정적 신뢰관계 유지와 효율적 의사소통

응급 상황에서 환자는 낯선 사람보다는 객실승무원의 말과 행동에 더욱 신뢰를 갖고 의지하며, 도움과 관심을 호소하게 된다. 객실승무원은 기내의 매뉴얼에 따라 신속하게 조치가 이루어지며, 환자를 위해 어떤 상황이든지 최선을 다해 도울 것이라는 확신을 주도록 해야 한다. 이러한 의지와 확신은 객실승무원의 언어적·비언어적 표현을 통해 환자에게 전달되고, 이를 통해 환자는 안정적 신뢰감을 얻을 수 있게 된다. 그러므로 객실승무원은 응급 환자와의 효율적 의사소통에 대해 알고 수행할 수 있어야 한다.

(3) 대상자에 따른 적절한 대응

항공기를 이용하는 승객은 남녀노소는 물론, 다른 국적과 인종, 건강상태 등을 갖고 있으므로 여러 가지 다양한 응급 상황이 발생할 수 있다. 특히 아동이나 노인, 임산부, 기존 질병으로 인해 의료기구나 의료장치를 보유하고 탑승하는 승객 등 의료 측면에서 취약함이 예상되는 승객의 탑승 시에는 더욱 관심과 주의를 기울일 필요가 있다. 그러므로 객실승무원은 대상자의 특성에 따른 적절한 대응과 의사소통 시의 유의점에 대해 알고 수행할 수 있어야 한다.

아동 응급 환자 대응

아동은 성인보다 낯선 사람이나 환경, 예기치 못한 응급 상황에 대한 불안감이 더 크므로 불안감을 완화시키는 것을 우선순위에 두어야 한다. 보호자가 동반하는 경우에는 보호자와 협조하여 상황에 대응할 수 있어 의사소통이나 불안감 완화가 상대적으로 쉬운 편이지만, 보호자 없이 탑승하는 아동의 경우에는 무엇보다 아동이 안정감과 신뢰감을 가질 수 있도록 객실승무원이 친근하고 부드러운 태도로 아동의 눈높이에 맞는 대화를 해야 한다. 너무 많은 질문은 피하고, 알아듣기 쉬운 직접적인 언어를 사용하며, 필요시 손을 잡아주는 등의 신체적 접촉이 안정감을 주는 데 도움이 될 수 있다.

그림 4.10 | 보호자 없이 탑승하는 아동에게는 특별한 케어가 요구된다. 아동은 성인보다 낯선 사람, 환경, 응급 상황에 대한 불안감이 더 크다.

그림 4.11 | 고령으로 신체적 · 정신적 질환을 동반한 노인 승객이 증가하고 있다.

노인 응급 환자 대응

노인의 경우에는 고령으로 인해 신체적·정신적 질환을 동반하고 있는 경우가 많으며, 일반적으로 항공기 내의 특수 환경에 따른 신체적 기능의 감소나 변화가 발생할 확률이 더 높다. 또한, 이러한 상황의 변화에 더욱 민감하며, 예기치 못한 응급 상황에 대한 불안감이 더욱 크므로 불안감을 완화시키는 것이 필요하다. 노인의 경우에도 보호자가 동반하는 경우에는 보호자와 협조하여 상황에 대응할 수 있어 의사소통이나 불안감 완화가 상대적으로 쉽지만, 혼자 탑승하는 경우에는 우선적으로 따뜻한 관심과 배려를 통해 안정감과 신뢰감을 가질 수 있도록 해야 한다. 노인의 경우에는 감각기관의 기능 감퇴가 동반되는 경우가 많으므로 크고 분명한 목소리로 간단한 문장을 사용하여 대화하는 것이 중요하다.

3) 응급 환자와의 효율적 의사소통 기법

항공기 내에서 갑작스럽게 발생한 신체적·정신적 변화와 이상증상으로 인한 응급 상황에서 환자가 겪는 불안을 감소시키고, 응급처치를 잘 수행하여 위급한 순간을 잘 넘기고 안전하게 치료를 받을 수 있도록 먼저 응급 상황에 있는 환자와 효율적으로 의사소통을 할 수 있어야 한다. 환자의 불안 정도를 우선 확인하고, 환자의 증상 및 요구를 파악하며, 응급처치를 수행하는 과정과 내용에 대한 설명을 하고, 환자가 바르게 듣고 이해하여 치료에 협조할 수 있도록 하려면 효율적인 의사소통 기법이 필요하다.

언어적 의사소통(verbal communication)은 구어(말)와 문서를 통해 이루어지는 의사소통을 말하는 것으로 자신의 생각이나 신념, 지각이나 의미 등의 메시지가 말이나 글의 형태로 전달되는 것이다. 비언어적 의사소통(nonverbal communication)은 의사소통 시 눈으로 관찰 가능한 얼굴, 눈, 손, 발 등으로 표현하는 비언어적 행동과 음성의 음조, 강약, 속도, 크기, 억양 등의 음성적 요소들을 포함한다. 응급 상황의 환자들은 당황함이나 불안으로 인해 대부분 말로 자신의 생각을 분명하고, 원활하게 표현하지 못하므로 상황을 이해하고, 요구를 파악하기 위해서는 그들의 비언어적 행동과 음성적 요소를 잘 파악할 수 있어야 한다.

(1) 응급 환자의 언어적 의사소통 특성

응급 상황에서 환자는 자신의 증상의 경중도와 불안 정도에 따라 비교적 자신의 증상을 분명하게 표현하는 정도에서부터 자신의 의사를 거의 표현하지 못하는 심한 정도까지 매우 큰 차이를 보일 수 있다.

그러나 대부분의 환자는 자신의 평소 인지능력과 판단력보다 기능이 저하되므로 상황을 왜곡하여 말하거나, 자신이 전달하고자 하는 내용을 충분히 말로 표현하기 어려운 상태가 되기 쉽다. 따라서 비언어적인 표현으로 나타나는 비언어적인 메시지에 보다 유의해야 한다.

(2) 응급 환자의 비언어적 의사소통 특성

응급 상황에서 환자의 비언어적 표현은 환자의 메시지를 나타내는 매우 중요한 요소가 된다. 불안감이 증진되므로 환자는 눈을 바로 쳐다보거나 집중하지 못하고, 시선처리에 불안함을 보일 것이며, 멍한 얼굴 표정이나 신체적 고통으로 찡그리거나 당황하는 표정을 보일 것이다. 심한 경우에는 횡설수설하거나, 환자의 현실 인지능력이 왜곡되어 언어적 표현과 일치하지 않는 얼굴 표정을 짓는 언어와 비언어의 불일치를 보이기도 한다. 불안함에 안절부절못하거나 초조하고, 참지 못하고 분노를 표현하거나 목소리와 손발이 떨리며, 음성의 강약과 속도조절 등에도 불안정함과 이상을 발견하게 된다.

wildpixel/Thinkstock.com

그림 4.12 | 능동적 경청이란 상대방의 언어적 · 비언어적 표현에 관심을 집중시키고, 열심히 듣는 능동적이고 적극적인 과정이다.

(3) 응급 환자와의 효과적인 의사소통 기법

객실승무원들은 응급 상황에서 응급 환자들의 언어적·비언어적 의사소통 특성을 이해하고, 적절하게 대응해야 한다.

응급 상황에서 대상자는 긴 내용에 집중할 수 없으므로, 짧고 명확하게 대화를 진행해야 한다. 응급처치의 각 단계에서 응급 환자가 무엇보다 안정을 유지하도록 하는 것이 중요하며, 모든 처치나 신체적 접촉은 사전 설명으로 협조를 구한 후에 수행하도록 한다. 승무원의 처치나 동승한 전문 의료인의 처치가 수행되는 경우에도 환자는 외부 자극이나 처치에 예민한 상태일 수 있으며, 낯선 환경과 낯선 사람이 자신을 처치하고, 신체적으로 접촉하는 데 오해할 수도 있으므로 승무원은 반드시 함께 있으면서 상황을 설명하고 조정해야 한다. 다음은 응급 상황에서 유용하게 활용할 수 있는 언어적·비언어적 의사소통 기법들이다.

능동적 경청

능동적 경청이란 상대방의 언어적·비언어적 표현에 관심을 집중시키고, 열심히 듣는 능동적이고 적극적인 과정이며, 환자의 불안을 이해하고, 요구를 파악하기 위한 응급 환자와의 효율적 의사소통의 기본이 된다.

그림 4.13 | 응급 환자의 말과 행동을 알아들었다는 표현을 언어적 · 비언어적으로 해주는 것이 좋다.

수용하기

수용하기는 비판단적이며, 관심 있는 태도로 대상자를 지지하고, 정보를 받아들이는 것으로서 신뢰감을 형성하고 공감을 발전시키는 데 유용하다. 객실승무원은 온화한 시선과 얼굴 표정으로 고개를 끄덕이며, '아, 네. 그렇군요', '네, 알겠습니다'라고 반응하며, 응급 환자의 말과 행동을 알아들었다는 표현을 언어적·비언어적으로 해주는 것이 좋다.

정보 제공하기

정보 제공하기는 대상자가 원하거나 필요한 경우에 전문인이 알고 있는 지식을 알려주고, 질문에 응답하는 과정으로서 응급 상황에 대한 항공기 내의 매뉴얼에 따라 환자가 신속하고 적절하게 응급처치를 받을 수 있음에 대해 설명하고, 응급 환자 처치에 동의 및 협조, 약물 및 처치 내용 등을 설명할 때 사용한다.

반영하기

반영하기는 대상자의 느낌이나 생각, 태도 등을 전문인의 견해를 섞지 않고 다시 표현해주며 피드백하는 것으로 응급 환자가 자신의 생각과 느낌 등을 분명하게 할 수 있도록 하는 데 목적이 있다.

예 '지금 말씀하시는 중에 계속 주먹을 꽉 쥐고 계시는군요.'
'정말 많이 당황하셨군요.'

명료화하기

명료화하기는 모호하거나 불분명한 말이나 생각을 명확하게 설명할 것을 요구하는 것으로 대상자가 말한 내용을 확실하게 이해하지 못하거나 잘 알아듣지 못하는 내용을 명료하게 이해하고자 할 때 사용하게 된다.

예 '무슨 말씀인지 잘 이해하지 못했는데, 다시 한 번 분명하게 말씀해주시겠어요?'
'왼쪽 가슴이 조여오는 것 같다는 말씀이 맞는지요?'

초점 맞추기

초점 맞추기는 대상자가 불안으로 인해 산만하게 말하는 경우에 우선순위에 따라 한 가지 주제에 집중하도록 하는 것이다. 위급성과 심각도에 따라 우선적인 증상이나 주제에 집중하여 치료를 진행시켜야 하는 경우에 유용하다.

예 '여러 가지 증상 중에서 방금 말씀하신 왼쪽 가슴의 통증부터 좀 더 자세히 말씀해주시겠어요?'

현실감 제공하기

현실감 제공하기는 대상자가 심한 불안 증상으로 비현실감을 호소하거나 인지능력의 왜곡으로 비현실적인 이야기를 하는 경우에 비판하거나 위협적이지 않은 방법으로 사실적인 현실 정보를 제공하는 것이다.

예 '지금 항공기는 정상 운항을 하고 있고, 목적지 도착까지는 1시간 정도 남았습니다. 저는 객실승무원 ○○○이고, 이분은 응급처치에 도움을 주실 의사, ○○○ 선생님입니다.'

(4) 응급 환자 대응 시의 비언어적 표현

응급 상황의 환자에게는 안정과 신뢰감을 주기 위해 친절하면서도 낮고 분명한 어조로 대화하는 것이 좋다. 환자의 이름을 불러주고, 승무원 자신을 소개하며, 항공기 내에서도 응급 상황에 대한 충분한 대응이 가능하다는 점을 설명하여 대상자가 안심하도록 돕는다. 환자와 눈을 맞추면서 불안의 정도를 확인하고, 환자의 비언어적인 표현을 잘 관찰하여 응급처치에 도움이 되도록 해야 한다. 질문도 한 번에 하나씩 하고, 처치에 대한 설명이나 협조 요구도 하나씩 간단명료하게 해야 한다. 노인이나 어린이에게 필요시에는 정서적 지지를 위해 가벼운 신체적 접촉(손을 잡아주거나, 등을 두드려주기 등)이 도움이 될 수 있지만 이 경우에는 문화적 차이를 고려해 '제가 등을 좀 두드려드려도 될까요?'와 같이 말하며 사전 동의를 구하는 것이 좋다.

말의 속도는 대상자의 감정에 맞추어 늦추거나 빠르게 조절하는 것이 좋으며, 대상자를 존중하고, 개방적이며, 주의집중을 하고 있음을 표현하여 적절한 도움을 받을 수 있다는 확신을 갖도록 해야 한다.

ESB Professional/Shutterstock.com

그림 4.14 | 어린이 승객을 돕는 객실승무원

(5) 응급 상황의 환경 조성

응급 상황에 직면한 응급 환자의 불안과 긴장을 완화시키고, 대상자의 프라이버시를 존중하기 위해 객실승무원은 적절한 환경을 조성해야 한다. 항공기 탑승 중이라는 특수한 환경에서 자신에게 일어난 응급 상황이므로 대상자는 자신이 낯선 많은 사람들에게 공개되는 것을 두려워할 것이고, 개방된 공간에서 자신의 신체가 노출되거나 자신에게 중요한 문제에 대해 대화하는 것을 원하지 않을 것이다. 가능한 한 대상자의 프라이버시가 존중될 수 있는 공간을 확보해주는 것이 필요하며, 산만하지 않고, 안정된 조용한 환경을 조성해줄 수 있어야 한다.

4) 응급 환자의 불안 관리

응급 상황에서 응급 환자의 불안을 관리하는 것은 신체적·정신적 증상의 완화는 물론, 응급처치를 용이하게 하고, 긍정적인 예후에 기여할 수 있다. 객실승무원이 중재할 수 있는 간단하고도 유용한 불안관리 방법에는 심호흡과 점진적 근육이

완이 있다. 이러한 방법은 전문 의료인이 아니더라도 배우고 훈련을 통해 실제에 활용할 수 있으며, 그 효과도 비교적 좋은 편이다.

(1) 심호흡

심호흡(deep breathing)은 폐 내의 호흡을 가능한 한 다량으로 출입시키도록 가슴 또는 배를 펴고 길고 크게 하는 호흡을 말한다.

응급 상황에서는 교감신경의 활성화로 인한 호흡 수 증가나 과호흡, 또는 호흡 곤란 등의 다양한 호흡기 증상이 발생하게 되며, 불안의 증가는 이를 더욱 악화시킬 수 있다. 안정적인 호흡 양상은 환자의 긴장과 불안을 감소시키는 데 중요하므로 조용한 환경에서 편안한 자세를 유지하고, 목을 누르거나 호흡에 방해되는 꽉 조인 옷을 풀게 하고, 깊은 숨을 들이마신 후에, 천천히 내쉬도록 구령을 붙여주면서 지지해준다.

허리를 곧게 펴고 코로 3~5초 정도 깊게 숨을 들이마신 후, 가슴이 시원해지면 잠시 숨을 멈추게 하고, 입을 살짝 벌려서 천천히(들이마시는 시간의 2배 정도 되도록 함) 숨을 내쉬도록 하는 심호흡을 하도록 하는데, 이러한 심호흡을 3~5회 정도만 실시해도 10~15초의 호흡 주기로 호흡수가 안정되고, 심박수와 혈압이 낮아지며, 불안과 긴장이 감소됨을 관찰할 수 있다.

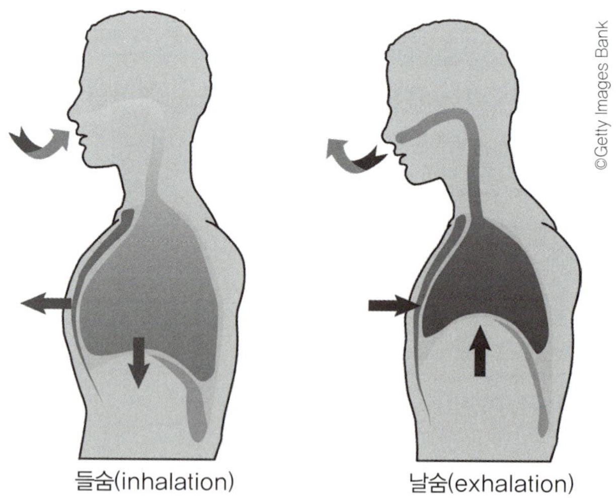

그림 4.15 | 호흡에 따른 가슴 움직임의 변화

(2) 점진적 근육이완

점진적 근육이완(progressive muscle relaxation) 요법은 미국의 Edmund Jacobson 박사가 1929년에 주창한 이완요법으로 긴장과 불안을 효과적으로 감소시킬 수 있다. 단독으로 사용되기도 하며, 심호흡이나 명상, 또는 전문적인 인지행동치료나 지지적인 정신치료와 함께 사용될 수도 있다. 근육의 긴장은 불안과 관련되어 있으며, 긴장된 근육이 이완되면 불안이 감소될 것이라는 전제에 기반을 둔다. 점진적인 근육이완법은 몸 전체가 이완될 때까지 순차적으로 **수의근**(voluntary muscle)의 긴장과 이완을 반복하는 것이다. 대상자로 하여금 안락한 의자와 편안한 자세를 취하게 하고 깊은 숨을 들이쉬고 천천히 내뱉는 심호흡으로 시작하는 것이 일반적이다. 대상자가 주로 많이 사용하는 팔부터 시작하는데, 이는 자주 사용하는 근육이므로 이완감각도 잘 느낄 수 있다고 보기 때문이다. 해당 근육을 우선 5~7초간 긴장시킨 후에 한 번에 힘을 빼서 20~30초간 이완되는 것을 확실하게 느끼도록 하는 것으로 양손과 팔, 얼굴, 목, 어깨, 흉부, 배, 등, 다리, 전신으로 이완의 범위를 확대해나갈 수 있다.

응급 상황에서 전신으로의 수축과 이완에는 여러 가지 제약이 있을 수 있지만, 양손, 얼굴, 목 등의 협조 가능한 근육의 일시적 수축과 이완의 반복연습은 환자에게 긴박한 상황에서의 불안 감소에 긍정적인 효과를 줄 수 있다. 심호흡과 달리 점진적 근육이완 방법은 대상자의 반복연습을 통해 이완의 효과가 증대되므로 응급 상황에서는 대상자의 상황과 대처능력을 잘 평가하여 협조가 가능한 경우에 한하여 부분적으로 실시해볼 수 있다.

수의근
(voluntary muscle)
운동신경으로 지배되어 개인의 의지에 의해 움직일 수 있는 근육을 의미하며, 인체 내의 골격근(뼈나 힘줄에 붙은 근육), 피부근육 등이 포함된다.

요약

- 객실 승무원은 근무 중 서비스와 함께 담당 구역 승객의 건강상태를 주의 깊게 관찰하고 응급 환자 발생 시 상황 판단, 커뮤니케이션, ABC 조치(ABC survey), 후속 조치(secondary survey)의 단계로 신속하고 효과적인 응급 환자 관리를 실시한다.
- 기내에서 응급 환자가 발생하였을 경우 우선적으로 최초 발견자의 신속하고 정확한 상황 판단이 요구된다.
- 모든 실무자와 관계 의료진의 소통과 발생 상황에 대한 면밀한 파악이 승객의 생명과 직결되어있다.
- ABC 조치란 최초 응급 환자 발견 시 질병의 위급성 여부를 파악하기 위해 객실 승무원이 실시하는 응급처치의 기초 단계로서 환자의 기도, 호흡, 심장 운동을 확인하는 절차이다.
- 후속 조치란 환자의 상태가 위급한 정도가 아니어도 방치해두면 심각한 상황으로 진행될 수 있는 질병이나 부상에 있어서 그 악화 가능성을 미연에 방지하기 위한 절차이다.
- 일반적으로 응급 상황에서 개인은 불안과 스트레스, 무력감을 느끼게 되며, 의존성이 높아지게 된다.
- 객실승무원은 응급 상황 시 환자의 심리적 반응을 우선적으로 파악하고, 효율적인 의사소통을 통해 환자가 안정감과 신뢰감을 갖도록 하는 것이 무엇보다 중요하다.
- 응급 상황에서 지속적인 관심과 보살핌을 받고 있다는 확신을 갖게 하는 것과 환자로 하여금 안정감을 주어 불안을 감소시키는 것이 시급하다.
- 아동이나 노인, 임산부, 기존 질병으로 인해 의료기구나 의료장치를 보유하고 탑승하는 승객 등 의료 측면에서 취약함이 예상되는 승객의 탑승 시에는 더욱 관심과 주의를 기울일 필요가 있다.
- 응급 상황의 환자들은 당황함이나 불안으로 인해 대부분 말로 자신의 생각을 분명하고, 원활하게 표현하지 못하므로 상황을 이해하고, 요구를 파악하기 위해서는 그들의 비언어적 행동과 음성적 요소를 잘 파악할 수 있어야 한다.
- 응급 상황에서 응급 환자의 불안을 관리하는 것은 신체적·정신적 증상의 완화는 물론, 응급처치를 용이하게 하고, 긍정적인 예후에 기여할 수 있다.
- 객실승무원이 중재할 수 있는 간단하고도 유용한 불안관리 방법에는 심호흡과 점진적 근육이완이 있다.

CHAPTER

05 응급 환자 초기 대응하기 I

학습목표

1. 객실 서비스 및 객실 안전 규정에 따라 응급처치를 할 수 있다.
2. 객실 서비스 및 객실 안전 규정에 따라 환자의 응급 상태를 확인하고, 탑승 의사와 의료진을 신속하게 찾을 수 있다.
3. 객실 서비스 및 객실 안전 규정에 따라 응급 치료 장비를 탑승 의사의 협조를 구해 활용할 수 있도록 조치할 수 있다.

출처: NCS 국가직무능력표준 홈페이지, 항공객실서비스 능력 단위 중 '응급 환자 대처'

1. 응급 환자 초기 대응 기본원칙

응급 상황 발생 시, 객실 승무원은 필수적인 응급처치를 실시한다. 전문 의료인에게 환자를 인계하기 전까지 기본적인 응급처치를 하며 필요시 응급의료 콜 시스템(EMCS)에 의한 항공 의료센터의 자문을 구하며 하기 시까지 적절한 의료지원 서비스를 제공한다.

1) 기내 의료인에 의한 응급처치

자신이 의사임을 밝히는 승객이 있으면 가능한 경우 의사임을 입증할 수 있는 신

그림 5.1 | 탑승 의사 프로그램으로 기내 응급 상황 시 진료하도록 하는 외국 항공사

분증명서 또는 명함 등을 요청하고 확인한 후 의료 행위를 시작하도록 하며 입증할 수 있는 방법이 없을 경우는 기장의 판단에 따른다.

기내 의료인에 의해서 응급처치하는 경우 객실승무원은 기내 탑재된 의료 장비와 약품을 제공하고 응급처치에 협조하며 항공기 도착 후 공항 의료진에게 환자가 인도되기 전까지 담당 객실승무원은 환자 옆에서 적절한 도움을 제공한다. 루프트한자 항공 경우는 의사가 항공 여행을 하는 경우 탑승 전 체크인 시 항공사에 등록해서 기내 응급 상황 발생 시 진료하도록 하는 특별한 '탑승 의사(doctors on board)' 프로그램을 운영하고 있다.

2) 기내 의료인 부재 시

기내 의료인이 없는 경우 응급처치의 기본 원칙에 따라 승무원이 직접 응급처치를 실시한다. 필요시 응급의료 콜 시스템(EMCS)을 활용하여 항공의료센터 의사로부터 자문을 받는다. 응급의료 콜 시스템에 연락할 때에는 원활한 의사소통을 위해 심폐소생 백(resuscitator bag) 내 탑재된 '승객 건강상태 체크리스트'에 인적사항, 의식 상태, 현재 주 증상, 활력 징후, 기저 질환, 최근 입원·수술 경험, 소지 약품, 처치 내용 등을 작성하여 기장에게 전달한다.

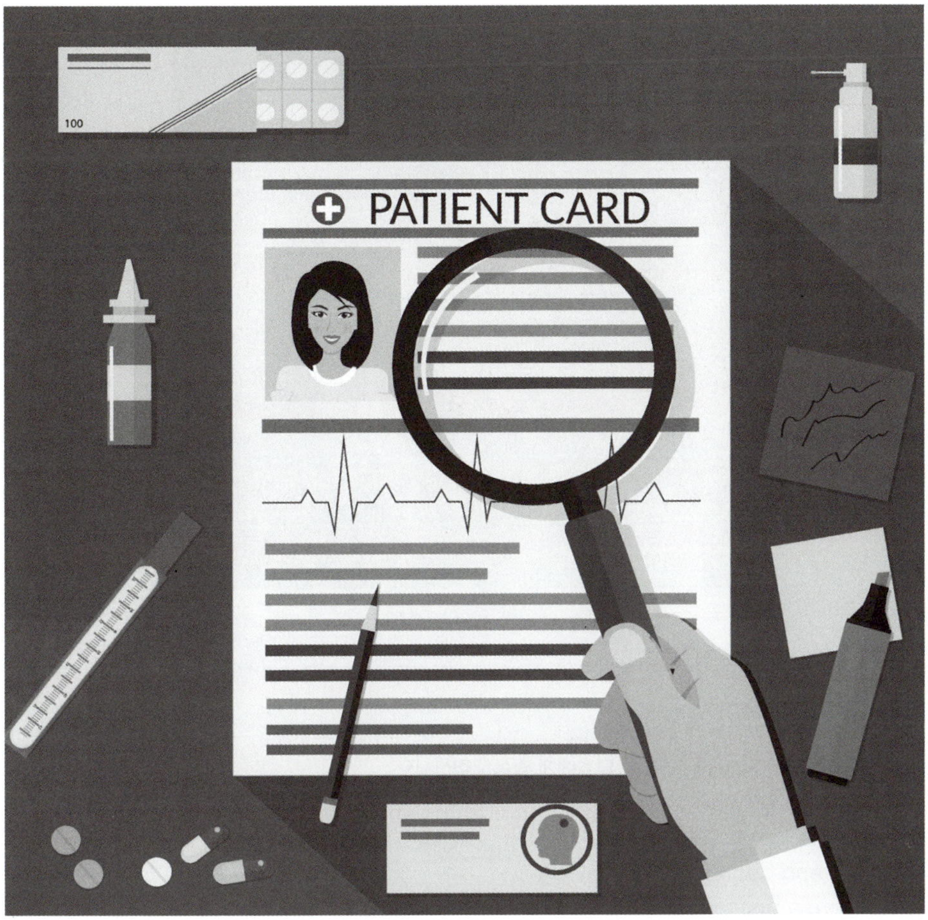

AlexeyevaJulia/Thinkstock.com

그림 5.2 | EMCS 활용 시 의사소통을 위해 승객 건강 상태 체크리스트를 작성한다.

3) 관련 기내 방송

(1) 의사 호출 및 방송

응급 환자가 발생하거나 기내에서 질병 및 부상이 발생하여 전문적인 진단 및 치료가 필요하다고 판단될 경우, 의사 호출(doctor paging)을 실시하고 기장에게 보고한다. 1차 방송 시는 '의사' 또는 'doctor'라는 용어를 사용하여 호출하며, 2차에는 '의료인', '응급구조사' 또는 'medical professional'이라는 용어를 사용해서 실시한다.

©Getty Images Bank

안내 말씀 드리겠습니다.
지금 기내에 응급 환자가 발생했습니다.
손님 중에 의사가 계시면 저희 승무원에게 말씀해주십시오.
감사합니다.

Ladies and gentlemen.
We have a passenger in need of emergency medical care.
If there is a doctor on board, please make yourself known to a member of the crew immediately by pressing your call bell.
Thank you.

표 5.1 | 의사 호출 1차 방송문 내용

다시 한 번 안내말씀 드리겠습니다.
지금 기내에 응급 환자가 발생해 도움을 필요로 하고 있습니다.
손님 중에 의료인이나 응급구조사가 계시면 승무원에게 말씀해주십시오.
감사합니다.

Ladies and gentlemen.
We have a passenger in need of emergency medical care.
If there is a medical doctor or other medical professional on board, please contact one of our crew immediately.
Thank you.

표 5.2 | 의사 호출 2차 방송문 내용

(2) 착석 협조 방송

게이트(gate)에 도착 시 도착지 공항의 응급 의료진이 해당 승객에게 신속히 접근할 수 있도록 나머지 승객들은 착석해줄 것을 요구하는 기내 방송(Public Announcement: PA)을 실시한다.

안내 말씀드리겠습니다. 기내에서 발생한 응급 환자를 우선적으로 모시고자 합니다. 손님 여러분께서는 좌석에 앉아 잠시만 더 기다려주시기 바랍니다. 감사합니다. Ladies and gentlemen. We have a passenger who needs emergency medical care. Please remain seated while until we ask you deplane. Thank you.

표 5.3 | 하기 지연 시 응급 환자 우선 하기 방송문 내용

4) 초기 대응 일반 기본 원칙

- 환자가 의식과 호흡이 있는지 없는지를 정확히 판단해서 응급처치를 실시하며 과거 병력을 확인한다.
- 응급 상황에 효율적으로 대처하기 위해 최초 발견자(환자의 상태를 파악해 응급조치를 실시하는 승무원), 협조자 1(조종실과 의사소통을 하는 승무원), 협조자 2(기내 의료장비를 가지고 오는 승무원)를 주요 역할별로 구분하여 조직적으로 상호 협조한다.

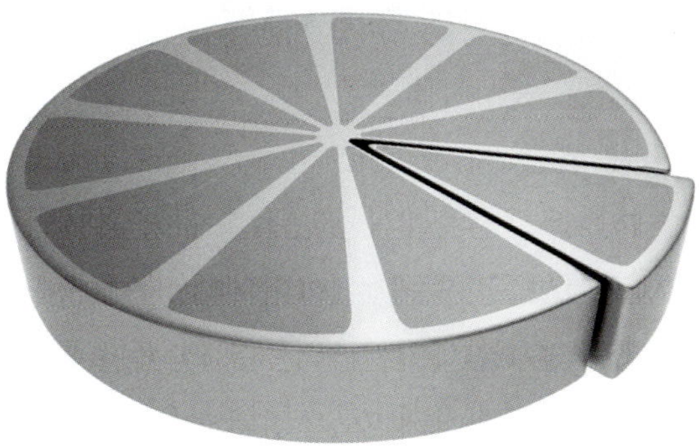

maksymmo/Shutterstock.com

- 상황을 판단하는 동안 승객에게 심리적 안정을 주기 위해 상태에 대한 모든 표현에 주의를 기울이며 다른 승객들의 불필요한 접근을 차단한다.
- 응급처치 시 반드시 필요하다고 판단되는 시점까지는 가급적 환자 이동을 피하며 상황 발생 위치에서 환자의 상태나 상처에 맞는 적합한 자세를 취하도록 하며 일정한 공간이 필요한 상황에는 객실 내 적절한 공간을 마련한다.
- 승무원이 승객에게 각종 주사 처치를 할 수 없으며 약품은 승객 요청이 있을 때 해당 약품에 대한 부작용과 과거 병력, 기저 질환을 확인한 후 제공하며 일체의 진단과 처방은 불가하다.
- 응급처치를 하는 동안 환자의 혈압, 맥박, 호흡, 체온의 활력 징후 및 증상, 관찰되는 상황에 대하여 기록하며 기장에게 지속적으로 보고한다.

2. 응급 환자 상황별 응급처치

1) 심장 및 순환기계 증상

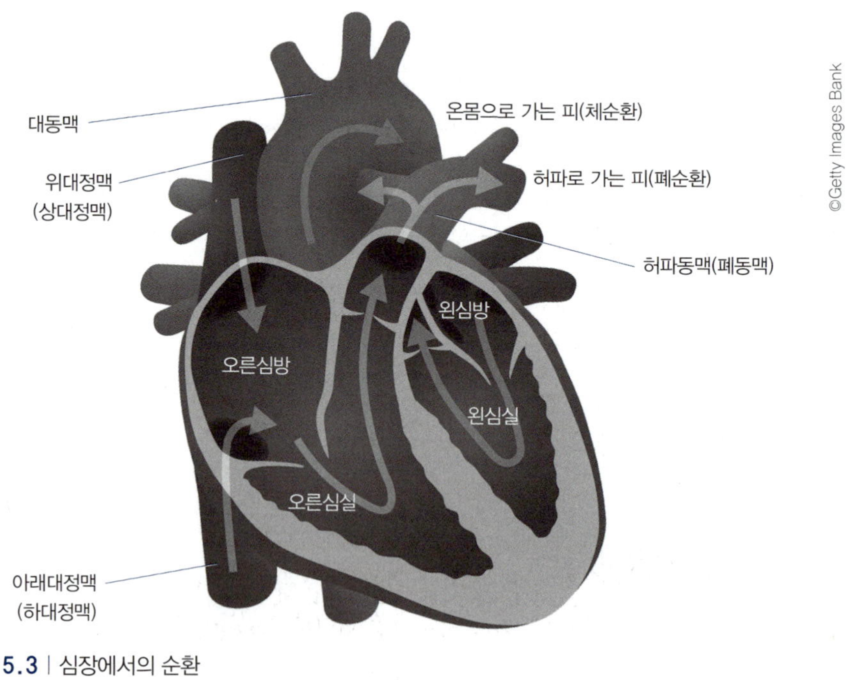

그림 5.3 | 심장에서의 순환

심장은 혈액을 신체의 각 부분에 보내기 위한 펌프 작용을 하는 인간의 생명유지에 가장 중요한 기관 중의 하나이다. 성인은 분당 60~80회(평균 72회) 정도 박동하는데, 분당 박출되는 혈액의 양은 약 5L에 달한다. 순환되는 혈액은 항상 일정한 방향으로 혈관을 도는데, 심장의 오른심실에서 출발하여 폐동맥을 통해 폐에서의 가스 교환을 하고 왼심방으로 순환하는 폐순환과 왼심실에서 출발하여 대동맥을 통해 전신으로 산소와 영양소를 공급하고 오른심방으로 순환하는 체순환이 이루어진다.

심장 및 순환기의 이상 증상은 매우 위급한 것으로, 항공기 내에서 발생하면 환자의 생명유지를 위해 발견 즉시 응급처치가 필요한 증상들이다. 협심증, 심장마비, 출혈, 쇼크, 실신, 심부정맥 혈전증, 화상 증상과 응급처치에 대해 알아본다.

(1) 협심증

심장은 크게 3개의 심장혈관(**관상동맥**. coronary artery)에 의해 산소와 영양분을 받고 활동한다. 동맥경화증, 혈전증, 혈관의 수축 및 연축(spasm) 등의 원인에 의해 3개의 관상동맥 중 어느 한 곳에서라도 급성이나 만성으로 협착(수축 등의 원인에 의해 혈관 등 통로의 지름이 감소하는 것)이 일어나는 경우, 심장의 전체 또는 일부분에 혈류 공급이 감소하면서 산소 및 영양 공급이 급격하게 줄어들어 심

관상동맥
(coronary artery)
심장동맥이라고도 하며, 심장근육에 산소와 영양분을 공급하기 위해 심장을 둘러싸고 있는 동맥 혈관을 말한다.

©Getty Images Bank

그림 5.4 | 협심증으로 인한 흉통

허혈 상태
(ischemic state)

인체 내의 조직이나 장기가 필요로 하는 산소 필요량에 비해 그 공급원인 혈액의 흐름이 절대적 또는 상대적으로 부족한 상태를 말한다.

대식세포
(macrophage)

혈액과 전신의 조직에 분포해있는 면역 담당 세포로서 침입한 세균 등을 직접 공격하여 잡아먹는 기능을 갖고 있다.

장근육이 이차적으로 **허혈 상태**(ischemic state)에 빠지게 된다. 이러한 상황을 협심증(angina pectoris)이라고 한다.

관상동맥의 내피세포가 손상되고 기능이 떨어지면 관상동맥 안을 흘러가던 혈액 속에 포함된 혈소판 및 **대식세포**(macrophage)가 활성화되면서 만성적으로 동맥경화증이 진행되고, 이에 더하여 동맥경화반이 파열되면 급성으로 혈전증이 잘 생기게 된다. 이러한 협착에 의해 관상동맥의 70% 이상이 막히게 되면 심근의 일부가 허혈 상태에 빠지게 되고 관상동맥의 혈류가 원활하지 않아 흉통 등의 증상을 일으키게 되는 것이다.

협심증을 유발시킬 수 있는 위험 인자로는 고령, 흡연, 비만, 운동 부족, 고혈압, 당뇨병, 허혈성 심장질환 가족력 등이다. 협심증도 항공기 내에서 발생하는 경우라면 위급한 응급 상황이 되므로 항공 승무원들은 이에 잘 대응할 수 있어야 한다.

증상 및 징후

협심증 환자는 대부분 급성 통증 또는 운동이나 활동 시에 발생하는 통증을 호소한다. 대개 '가슴을 쥐어짜는 듯하다', '가슴이 싸한 느낌이 든다'고 호소하며, 주로 가슴의 정중앙 또는 약간 좌측 부위에 통증을 호소하는 경우가 많다.

흉통은 호흡곤란을 동반하는 경우가 많으며, 좌측 어깨 또는 좌측 팔의 안쪽으로 퍼지는(방사) 경우도 있다. 대개는 운동이나 활동을 할 때, 감정적인 스트레스를 받을 때 유발되는 경우가 많지만 관상동맥의 협착 정도가 아주 심하거나 급성으로 혈전이 생기는 경우에는 휴식 시에도 유발될 수 있으므로 이와 같은 경우는 특별한 주의가 요구된다. 흉통의 지속 시간은 대개 5분 이내이고, 30분 이상 지속되는 경우는 거의 없다.

- 가슴 중앙이나 좌측 부위의 급성 통증을 호소한다.
- 가슴을 쥐어짜는 듯한 통증이 5분 이내로 지속된다.
- 좌측 어깨나 좌측 팔의 안쪽으로 방사되는 통증을 호소한다.
- 대개 운동이나 활동 시, 스트레스가 많을 때 통증이 나타난다.
- 흉통으로 인해 호흡곤란을 호소한다.

응급처치

항공기 내에서 처음으로 협심증이 발현한다면 환자는 매우 당황하고 불안할 것이다. 그러나 허혈성 심장질환 과거력을 가지고 있거나 현재 치료 중으로 응급 시

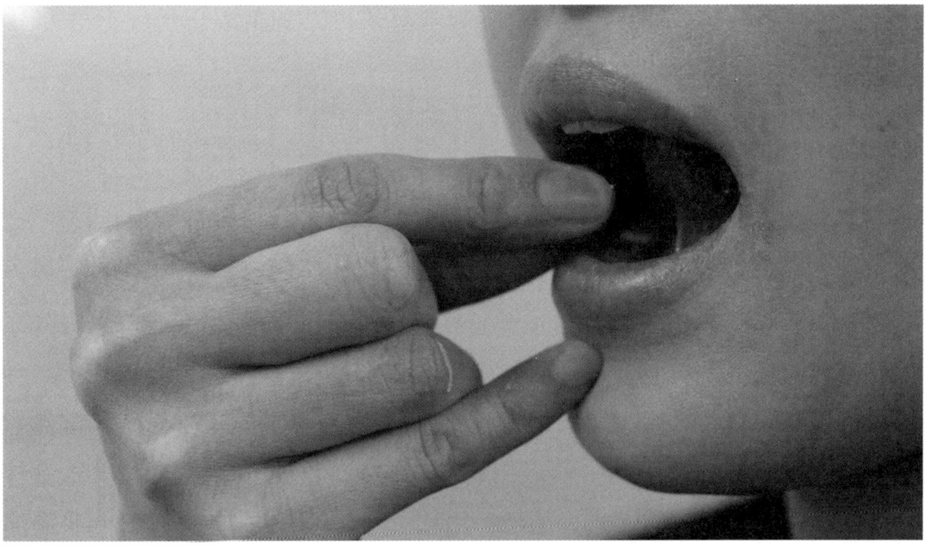

그림 5.5 | 니트로글리세린 복용

의 약물을 소지하고 있는 경우라면 이러한 증상에 대해 잘 인지하고 있을 것이다. 따라서 처음 협심증 증상이 발현한 환자에게는 불안을 감소시키면서 전문 의료인을 호출한다. 드물지만 경우에 따라서는 흉통을 호소하면서 갑작스런 실신이나 심장마비로 진행될 수 있으므로 만일의 경우를 대비하여 심폐소생술(CPR)과 기내 자동심실제세동기(AED), 구급 의료용품(FAK)을 준비하도록 한다.

만약 환자가 협심증 치료제인 니트로글리세린(nitroglycerin)을 소지하고 있다면, 즉시 혀 밑에 투여하도록 도와주어야 한다.

- 환자의 협심증, 심장질환을 포함한 병력에 대해 질문한다.
- 환자가 협심증 치료제(니트로글리세린)를 소지한 경우에는 즉시 혀 밑에 넣어 녹여서 복용하도록 한다.
- 환자를 진정시키고 벨트나 압박하는 옷을 느슨하게 풀어준다.
- 신속하게 의료인에게 도움을 요청한다.
- 갑작스런 심장마비 시에는 즉시 심폐소생술을 실시한다.
- 기내 비치된 자동심실제세동기/구급 의료용품을 준비한다.

(2) 심장마비

심장마비(heart attack)는 심장의 기능이 갑자기 중단된 것을 의미하며, 이로 인해

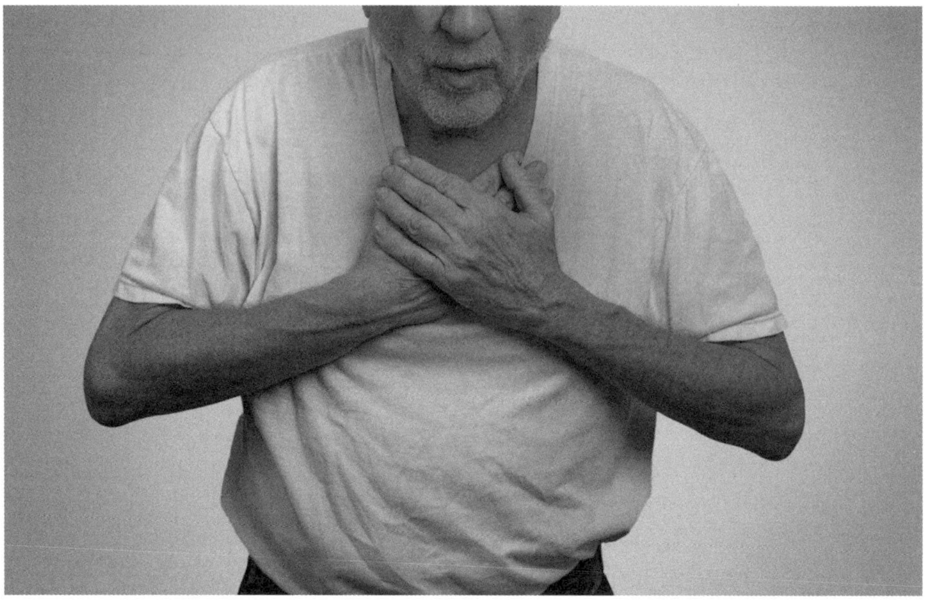

그림 5.6 | 심장마비 시의 가슴 압박과 심계항진

뇌손상을 입거나 사망하게 된다. 일반적으로 원인불명의 급사 내지 급성 심장사를 심장마비로 일컫는 경우가 많은데 학술적인 용어는 아니다. 원인으로서는 협심증, 급성 심근경색, 대동맥 파열, 심장파열, 여러 가지 원인에 따른 급성 심장기능 상실, 부정맥, 쇼크 등이 있으며 원인이 불확실한 경우도 있다.

증상 및 징후

심장마비가 오는 전구증상으로 주로 가슴의 압박감이나 흉통, 심계항진(가슴이 두근거림)이 나타나는 것이 일반적이다. 이러한 증상과 함께 땀을 흘리거나 현기증이 나고 피로감과 무력감이 동반된다. 의식이 있더라도 적절한 응급처치가 행해지지 않으면 1시간 이내에 심장이 정지되고 의식이 소실되어 사망할 수 있다.

- 가슴의 통증, 압박감, 심계항진, 호흡곤란이 나타난다.
- 땀을 흘리며, 어지럽고 현기증이 난다.
- 초조하고 집중력이 저하된다.
- 속이 매스껍고 기침이 나온다.
- 의식 수준의 저하나 의식 소실이 온다.

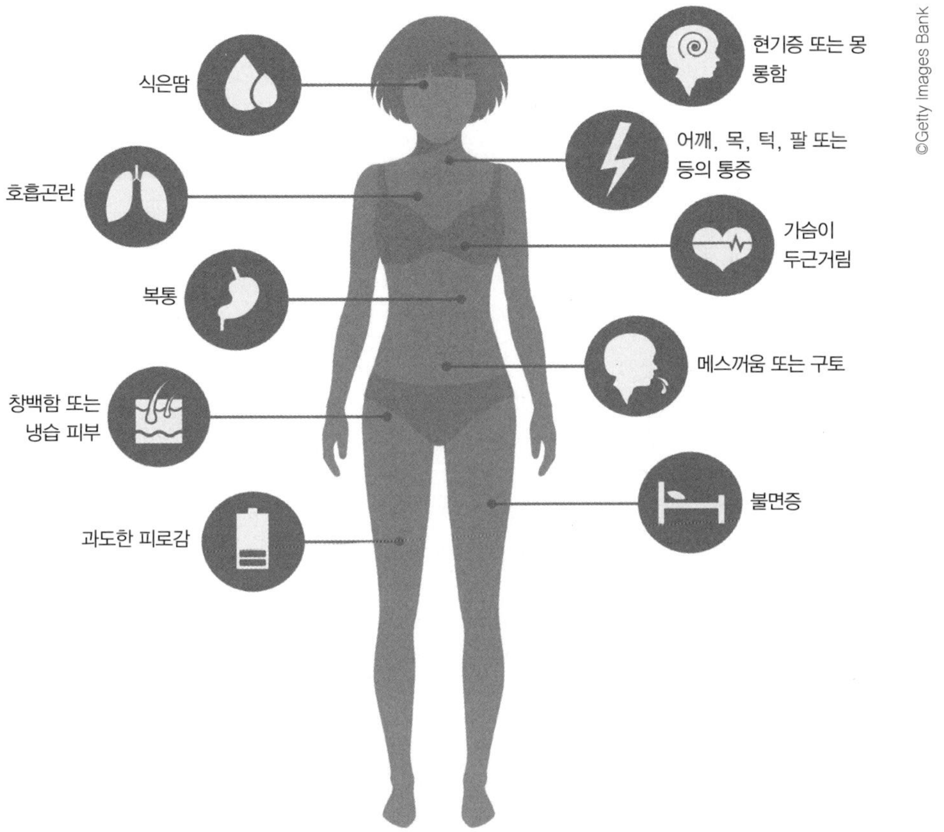

그림 5.7 | 심장마비 증상 및 징후

응급처치

환자가 심장마비의 **전구 증상**(premonitory symptoms)을 보이며, 의식이 있는 경우라면 환자의 심장 관련 병력이나 복용 중인 약에 대해 물어보고, 소지하고 있다면 복용하도록 돕는다. 증상이 심해져 심장 정지와 의식불명인 경우라면 응급 심폐소생술(CPR)을 즉시 실시해야 한다. 심폐소생술은 모든 항공 승무원이 내용과 방법을 잘 숙지하여 언제든지 수행할 수 있도록 연습을 통해 숙련되어 있어야 하므로 6장에서 자세히 다루기로 한다.

전구 증상 (premonitory symptoms)
질병의 정확한 진단은 내리기 어려운 사전 단계이나, 질병을 예측할 수 있는 신호나 증상이 나타나는 것을 의미한다.

환자가 의식이 있는 경우

- 환자의 심장질환을 포함한 병력에 대해 질문한다.
- 관련 질환으로 복용 중인 약을 소지한 경우라면 즉시 복용하도록 한다.
- 환자를 진정시키고 벨트나 압박하는 옷을 느슨하게 풀어준다.
- 신속하게 의료인에게 도움을 요청한다.

| 환자가 심장이 정지되어 의식이 없는 경우

- 신속하게 전문 의료인을 호출한다.
- 즉시 심폐소생술(CPR)을 실시한다.
- 기내 비치된 자동심실제세동기/구급 의료용품을 준비한다.

| 응급 심폐소생술을 C-A-B의 순서로 시행

- 흉부 압박(Compression) - 기도유지(Airway) - 인공호흡(Breathing)

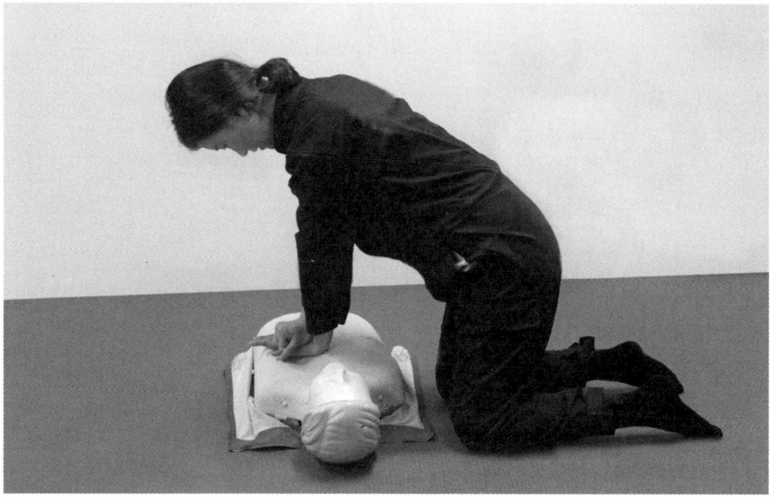

▲ 흉부 압박(C)

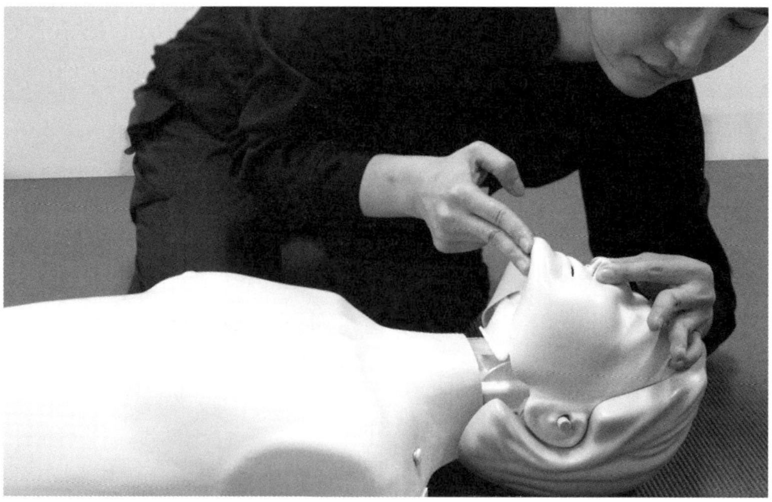

▲ 기도유지(A)

그림 5.8 | C-A-B의 순서로 하는 응급 심폐소생술(CPR)(계속)

▲ 인공호흡(B)

그림 5.8 | C-A-B의 순서로 하는 응급 심폐소생술(CPR)

(3) 출혈

출혈(bleeding)이란 손상에 의해 혈액이 혈관(동맥, 모세혈관, 정맥)으로부터 밖으로 유출되는 것을 의미한다. 지속적인 출혈은 혈압 저하 등을 유발하여 생명에 위험을 주기 때문에 다양한 방법으로 혈관에서 혈액이 유출되는 것을 막아야 하는데 이것이 지혈이다. 정상 성인은 약 70ml/kg에 해당하는 혈액을 체내에 보유하고 있으며 전체 혈액량의 10% 이상이 출혈로 소실되면 위험해지기 시작하고 약 30%(1500cc) 이상의 심한 출혈은 생명을 잃게 할 수 있다. 따라서 출혈 시 즉각적이면서도 정확한 지혈법이 시행되어야 한다.

증상 및 징후

- 외상으로 인한 출혈
  - 동맥 출혈의 경우 선홍색을 띠며, 박동성으로 다량 분출된다.
  - 정맥 출혈의 경우 암적색을 띠며, 지속성으로 다량 흘러내린다.
  - 모세혈관 출혈은 적색을 띠며, 삼출성으로 느리게 소량 나온다.
- 마찰에 의해 긁힌 찰과상(abrasion)
- 압력에 의한 타박상(contusion)
- 날카로운 단면에 의한 절개(incision)
- 뾰족한 도구에 찔려서 뚫린 상처(puncture)
- 규칙적이거나 불규칙적인 양상으로 찢어진 파열(laceration)

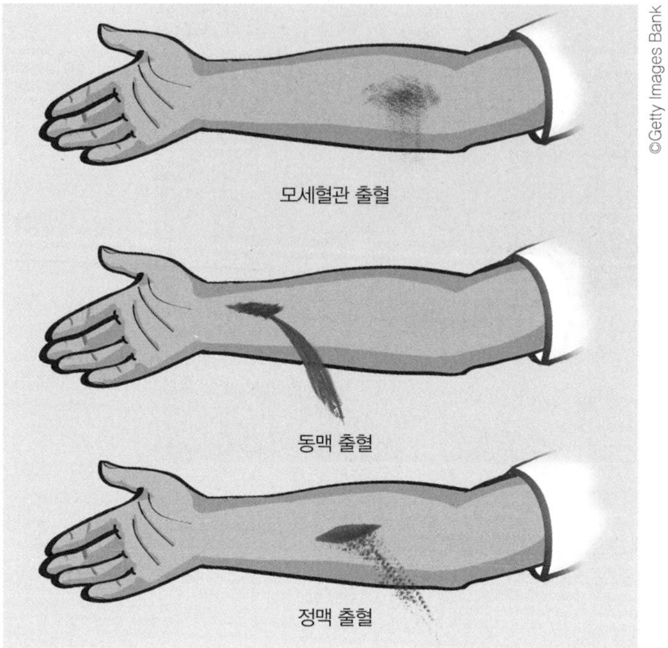

그림 5.9 | 혈관 종류에 따른 출혈 양상

- 신체 내부(복강, 흉강, 골반강)의 출혈(internal bleeding)은 육안으로 관찰이 어렵다.

응급처치

- 감염 예방을 위해 장갑을 반드시 착용한다.
- 알코올 솜으로 상처를 소독한다.
- 소독 거즈로 상처 부위를 덮은 후에 직접 압박을 한다.
  - **직접 압박:** 상처 부위에 응급처치용 압박 붕대나 거즈, 손가락 또는 바닥으로 균등하게 압력을 가한다. 심한 출혈인 경우에도 5~10분간 직접 압박을 시행하면 대개 지혈이 되며 가장 쉽고 안전할 뿐 아니라 효과적이다. 따라서 모든 출혈에 있어서 우선 상처에 대하여 직접 압박을 실시해야 한다. 출혈이 어느 정도 멎고 나면 거즈는 압박 붕대로 고정시켜준다.
- 출혈 부분을 심장 높이 보다 위로 향하게 한다(elevation).
  - **국소 거양:** 출혈이 심한 국소 부위를 심장보다 높여주어서 출혈의 속도를 늦추기 위한 시도이다.
- 직접 압박으로 지혈이 안 될 때 압박점을 찾아 압박 지혈을 한다.
  - **동맥 압박점 압박:** 의료인에 한하여 수행하는 것이 보편적이며, 직접 압박법

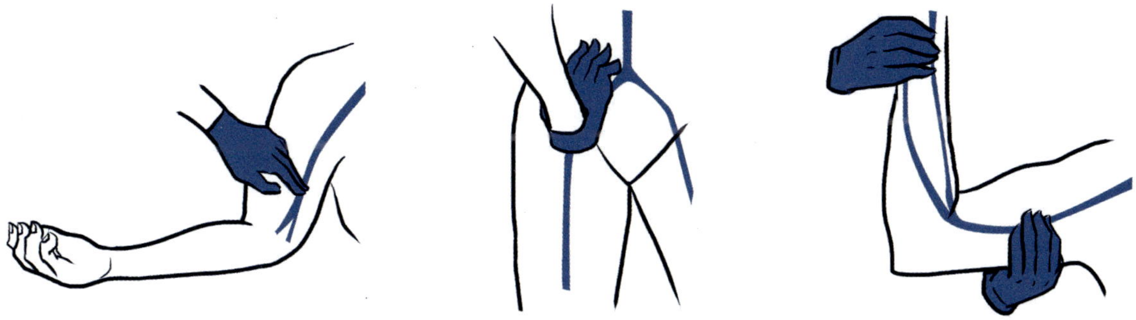

▲ 상완동맥 압박점　　▲ 대퇴동맥 압박점　　▲ 직접 압박과 동맥점 압박, 거상

그림 5.10 | 동맥 압박점 압박 지혈

으로 상처 출혈을 조절할 수 없을 경우에 가까운 동맥을 찾아 압박하는 방법이다. 이것은 동맥의 위치를 잘 숙지해야 할 뿐 아니라 대개 출혈 부위는 하나의 동맥보다 여러 개의 동맥에 의해 혈액 공급을 받으므로 일시적인 효과밖에 없다. 상지의 경우 상완동맥, 하지는 대퇴동맥을 압박하지만, 단독으로 사용하는 것은 부적절하며, 직접 압박과 함께 실시한다.

- 경미한 출혈은 멸균 드레싱을 하고 밴디지로 덮는다.
- 심각한 상황의 출혈은 신속한 의료진의 도움이 반드시 필요하다.
- 직접 압박법이나 동맥 압박법으로 지혈이 안 될 때 필요시 지혈대를 사용할 수 있다.
  - 사지에만 사용하되 관절 부위에 직접 적용하지 않는다.
  - 출혈 부위로부터 약 5~10cm 떨어진 상단부의 근육이 많은 곳에 감는다.
  - 삼각건 등의 폭이 넓은 지혈대를 사용하여 2회 감는다.
  - 막대기를 사용하여 지혈대를 조이도록 한다.
  - 팔, 다리와 지혈대 사이에 부드러운 패드를 대어 지혈대를 조이는 동안 피부가 손상되지 않도록 한다.

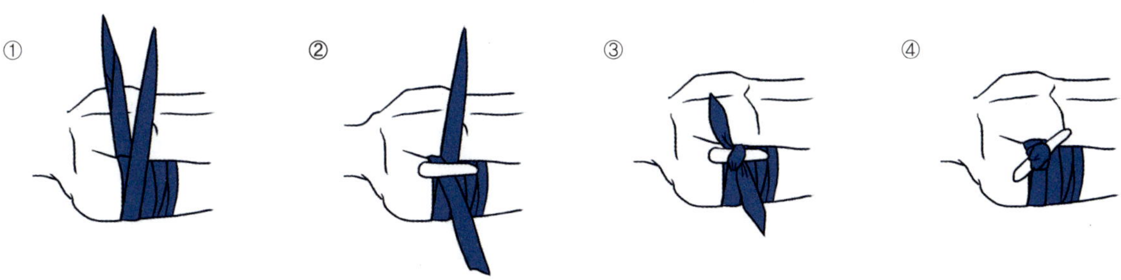

그림 5.11 | 지혈대 사용법

- 지혈대를 사용한 환자는 눈에 잘 띄는 곳에 적용 시간을 표시한다.
- 지혈대는 일정한 시간마다 풀어주며 조직 괴사를 방지해야 한다.
- 지혈대는 그 밑의 조직을 압박하고 신경 및 혈관의 치명적인 손상을 야기하며, 결국 사지를 절단할 수도 있으므로 극히 제한된 환자에서만 적용되어야 한다.

(4) 쇼크

쇼크(shock)는 급성 질환이나 상해로 인해 신체의 주요 기관에 충분한 혈액이 공급되지 않는 급성 순환 장애에 의하여 조직 혈류가 감소하여 조직 세포의 정상 기능과 대사에 필요한 산소와 여러 물질의 부족이 발생하고, 이산화탄소나 각종 대사 산물이 축적을 일으킨 상태를 말한다.

쇼크는 원인과 발생에 따라 다음과 같이 구분될 수 있다.

- **저혈량성 쇼크:** 체액이나 혈액의 급격한 소실로 혈관 내로 흐르는 혈액의 양이 감소하여 발생한다.
  예 외상으로 인한 내부 및 외부 출혈, 심한, 구토, 설사 등
- **심장성 쇼크:** 심장의 부적절한 기능으로 인해 정상적으로 혈액을 말초혈관으로 보내지 못하는 경우이다.
  예 급성 심근경색증, 부정맥, 심장판막 질환, 급성 심부전증
- **신경성 쇼크:** 척추 손상의 경우(특히 경추 손상) 자율신경계를 차단하여 혈관에 있는 근육을 이완시킬 수 있는데, 이완된 혈관으로 갑자기 많은 양의 혈액이 유입되므로 혈압이 저하되어 발생한다.
  예 척추 손상
- **패혈성 쇼크:** 세균 감염이 심한 경우에 병원균의 독소가 감염된 신체조직에서 생성될 수 있고 이것에 의하여 쇼크가 발생한다.
  예 다발성 손상, 수술 후 감염
- **과민성 쇼크:** 과거에 어떤 물질의 지속적인 투여나 접촉으로 그 물질에 감작되어서 발생하는 과민반응으로서 특정 항원에 접촉한 후 수분 내지 수 시간 만에 쇼크가 발생한다.
  예 일부 약물 주사(페니실린 등), 벌에 쏘임, 흡입(꽃가루 등), 섭취

증상 및 징후

쇼크의 종류에 따라서 증상이 다양하게 나타날 수 있기 때문에 활력 징후 및 임상 증상 등을 종합하여 판단해야 한다.

- 불안감(가장 초기 증상)
- 차갑고 끈적끈적한 피부
- 식은땀을 흘리며 창백함
- 빠르고 불규칙한 호흡
- 약하고 빠른 맥박과 저혈압
- 갈증, 구역질, 구토
- 어지러움, 정신 혼미함, 마비

응급처치

- 상의와 허리띠를 느슨하게 해주어 편안한 자세를 유지해준다.
- 환자 밑에 담요를 제공하여 따뜻하게 보온하되, 뜨겁게 해서는 안 된다.
- 머리를 낮추고 다리를 심장보다 높이는 쇼크 방지 자세를 취하기 위해 환자를 눕히고 다리를 30cm 이상 올려준다.
- 머리, 목이나 가슴에 손상을 입었다면 다리를 똑바로 해준다.
- 환자가 토하는 경우, 몸을 옆으로 굴려 입안의 물질이 기도로 넘어가지 않게 유

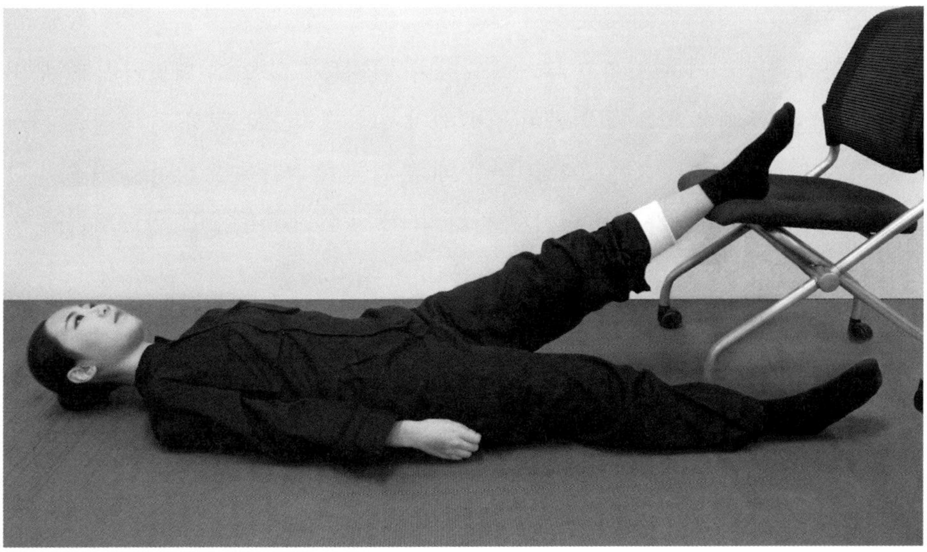

그림 5.12 | 쇼크 방지 자세

지해준다.

- 과호흡이 있는 경우, 비치된 구토대를 사용하여 천천히 호흡하도록 한다.
- 환자의 맥박, 혈압 등의 활력 증상을 5~10분 간격으로 관찰한다.
- 출혈이나 골절이 동반된 경우, 지혈과 부목을 각각 적용한다.
- 심한 경우에는 의료인의 도움으로 혈액순환 유지를 위해 수액을 투여한다.

(5) 실신

©Getty Images Bank

그림 5.13 | 실신

실신, 또는 졸도(fainting, syncope)는 급작스런 뇌혈류의 감소로 인해 일시적으로 의식을 잃고 쓰러지는 증상이다. 실신의 전 단계로 갑자기 근육의 힘이 빠지면서 어지럽고 곧 졸도할 것 같은 느낌만 나타나는 것을 실신 전 증상(presyncope)이라고 한다.

실신은 수축기 혈압이 60mmHg 이하로 떨어지거나 뇌혈류가 6~10초 이상 중단될 때 나타난다. 증상은 비교적 갑자기 시작되고 지속기간이 짧으며 자연적으로 완전히 회복되므로 특별한 소생술은 필요하지 않다.

증상 및 징후

- **실신하기 전:** 속이 메스껍고 무기력해지며, 현기증으로 인해 휘청거리고, 쓰러질 것 같은 두려움과 함께 얼굴이 창백해지거나 잿빛으로 변하고, 얼굴과 전신에 식은땀을 흘린다. 침이 고이고 위쪽 배 부위에 불편감을 느끼며 구역질이 나고 일부에서는 구토가 동반되기도 한다. 환자는 이러한 증상을 완화시키기 위하여 하품을 하거나 한숨을 쉬거나 숨을 크게 쉬기도 한다. 이러한 증상은 수 초에서 수 분간 지속되는데 만약 이 기간에 환자가 재빨리 누우면 회복될 수 있다.
- **실신한 후:** 여전히 땀을 흘리고, 호흡이 약하며, 의식이 없어진다. 환자에 따라서는 의식을 완전히 잃지 않고 말소리를 듣거나 주위 사람의 형체를 희미하나마 알아보기도 하지만, 의식을 잃고 전혀 반응이 없어지는 경우가 더 흔하다. 환자는 움직임이 전혀 없이 누워있고 골격근은 모두 이완된 상태지만 조임근(항문 및 요도 괄약근)의 조절은 거의 모든 환자에게서 유지된다. 동공은 확대되고

맥박은 느리고 약하거나 감지하기 힘들다. 수축기 혈압이 60mmHg 이하로 떨어지고 호흡도 감지하기 어렵다. 일단 수평으로 누우면 혈액순환이 회복되면서 맥박이 다시 강해지고 안색이 정상으로 회복된다. 의식을 회복하면 환자는 곧바로 주변을 알아보지만 힘이 빠지고 녹초가 된 느낌이 드는 경우가 많다.

응급처치

- 허리 벨트나 몸을 압박하거나 조이는 옷을 느슨하게 해준다.
- 뇌 혈류량을 최대로 늘리기 위해 의자에 앉아 있는 경우에는 머리를 무릎 사이로 넣어 내리는 자세를 취해준다.
- 머리를 심장 위치보다 낮추어 눕히고, 담요나 낮은 의자를 사용하여 발을 높이는 쇼크 방지 자세를 취해준다.
- 머리를 측면으로 돌려 혀가 기도를 막지 않도록 한다.

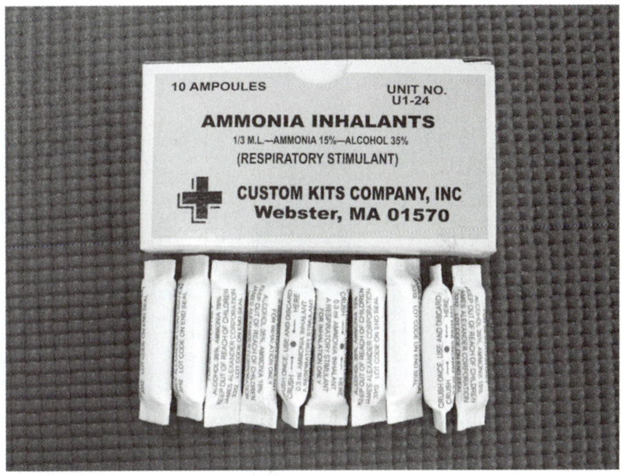

그림 5.14 | 암모니아 흡입제

- 머리에 냉찜질을 해준다.
- 의식을 잃은 경우, 호흡과 맥박이 유지되고 있다면 암모니아 흡입제를 흔들어 코 밑에 대어 의식을 회복할 수 있도록 돕는다.
- 의식이 돌아오면 따뜻한 음료를 제공하고, 관찰한다.

(6) 심부정맥 혈전증

심부정맥 혈전증(Deep Vein Thrombosis: DVT)은 하지 내 정맥의 혈류 장애로 인해 정체된 혈액이 응고되어 혈전이 발생하는 질환이다. 흔히 장거리 비행 시 좁은 좌석에 앉은 승객에서 자주 발생하는 질환이라 하여 '이코노미 클래스 증후군(economy class syndrome)'이라고 부르기도 한다. 오랜 기간 동안 침상에 누워 있거나, 외상이나 수술 후, 임신이나 비만, 혈전이 생기기 쉬운 질환(유전, 악성 종양 등)이 있는 경우에 하지의 정맥혈이 정체되어 심부(깊은 부위)의 정맥에 혈전이 생기는 것을 말한다. 또한, 심부정맥 혈전증으로 인해 떨어져 나온 혈전이 오른심방, 오른심실을 거쳐 폐동맥으로 흘러가 폐동맥을 막으면 폐색전증을 유발할 수 있어 큰 위험을 초래할 수도 있다.

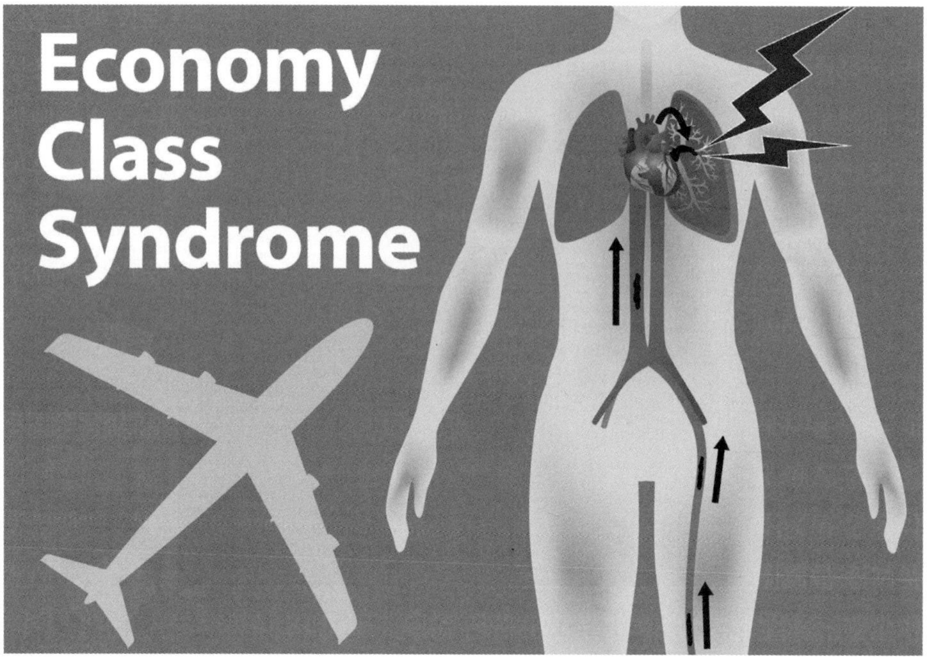

chombosan/Thinkstock.com

그림 5.15 | 좁은 좌석의 장거리 여행 승객에게 자주 발생하는 심부정맥 혈전증

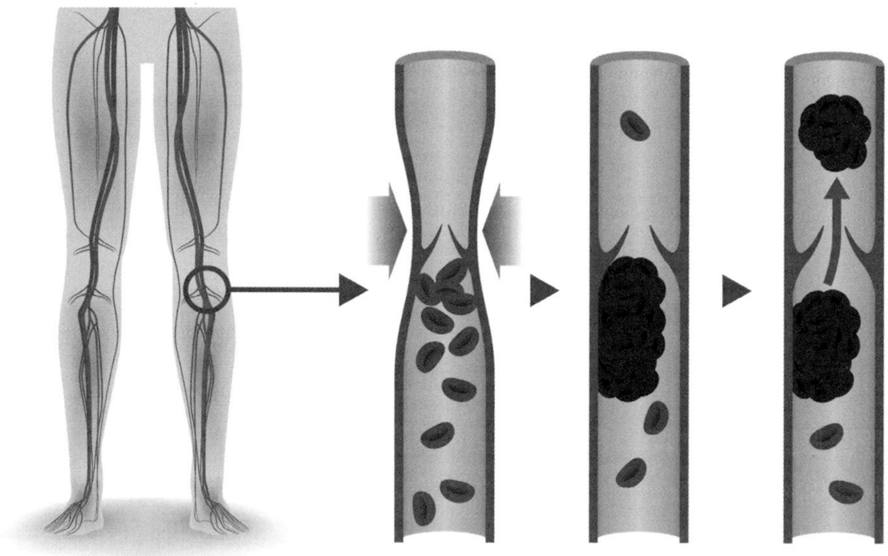

chombosan/Thinkstock.com

그림 5.16 | 심부정맥 혈전의 생성 과정

증상 및 징후

- 하지의 피부색이 변한다.
- 갑작스런 하지 부종이 생긴다.
- 보행 시에 장딴지 통증이 동반될 수 있다.

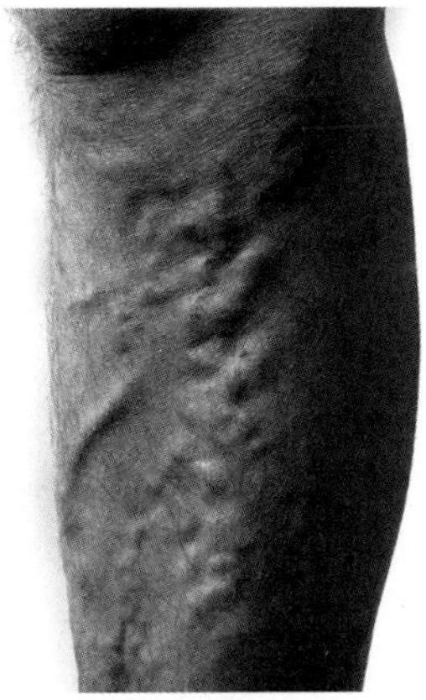

▲ 심부정맥 혈전증

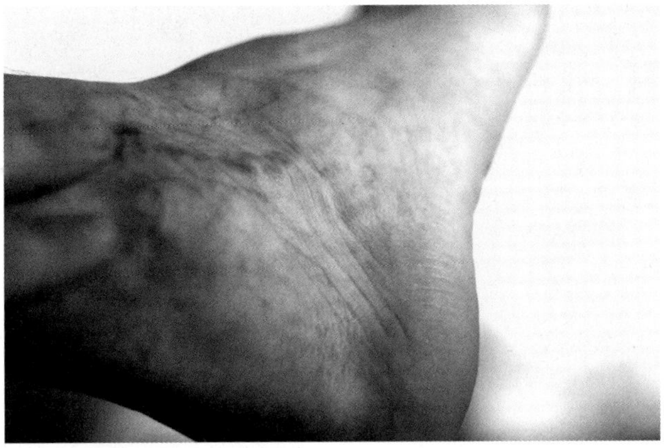

▲ 하지부종과 피부색 변화

그림 5.17 | 심부정맥 혈전증의 여러 증상

- 혈전증이 생긴 정맥의 주행 방향(핏줄 속에서 피가 흐르는 방향)을 따라 압통(누르면 생기는 통증)이 있을 수 있다.
- 피부에서 혈관이 만져지는 경우도 있다.

응급처치

- 계속 좌석에 앉아있지 말고, 약 1시간 간격으로 일어나 걷도록 한다.
- 자주 발과 다리의 스트레칭과 자세 변화를 하도록 한다.
- 몸을 웅크린 채로 장시간 잠들지 않도록 한다.
- 여행 전후로 충분한 수분 섭취와 운동을 권장하도록 한다.
- 심부정맥 혈전증의 위험이나 과거력이 있는 경우에는 의료용 탄력 스타킹(압박 스타킹)을 착용하여 혈류가 정체되는 것을 줄이도록 권장한다.

(7) 화상

화상(burn)은 불이나 뜨거운 물, 화학물질 등에 의해 피부 및 조직이 손상된 것을 말하며, 일반적으로 증상에 따라 1도, 2도, 3도로 구분한다. 화상의 정도를 파악할 때는 화상을 입은 넓이와 깊이에 따라 중등도를 결정한다.

피부는 표피, 진피, 피하조직의 3층으로 구성되는데, 표피는 피부의 가장 바깥층으로서 피부 표면의 세포가 단단히 결합하여 방수막을 형성한다. 진피에는 피지선, 땀샘, 모낭, 혈관과 신경말단이 분포하고 있다. 피하조직은 지방세포로 구성

그림 5.18 | 화상으로 인한 피부 손상

된다.

보통 진피를 기준으로 하여 진피 위쪽이면 1도, 진피는 2도, 진피 이하는 3도라고 한다. 1도 화상을 입으면 피부가 발갛게 부으며 아프지만 물집과 흉은 생기지 않고 1주일 내 대략 3~4일이면 치유된다. 2도 화상은 표재성과 심재성으로 구분

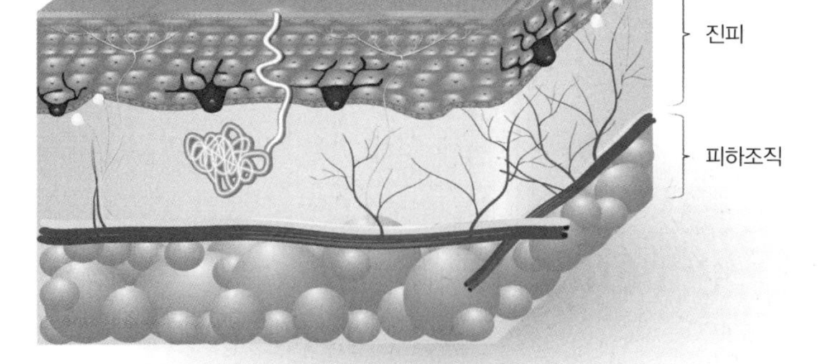

그림 5.19 | 피부의 구조

하는데, 표재성은 진피의 위쪽까지 손상된 것으로 분홍색이고 누르면 허옇게 되며 물집이 생기고 진물이 나기도 한다. 바늘로 찌르면 상당히 아프며 대략 3주 정도 지나면 옆의 표피나 밑의 모낭과 피지선에서 표피세포가 자라나와 치유가 되며, 흉터도 적은 편이다. 심재성은 표면이 창백하고 눌러도 허옇게 되지 않으며 심지어는 바늘로 찔러도 아프지 않고 치유가 한 달 이상 아주 오래 걸리기도 하는데, 흉터가 심하고 비후성 반흔이 많이 생긴다. 3도 화상은 표피와 진피가 모두 파괴된 것으로 사람에 따라서는 치유에 한 달 이상 걸리면 3도 화상으로 보기도 한다. 회복이 어렵고 대부분 피부이식을 해야 하며 상처가 수축하는 경우가 많다.

화상의 범위는 신체 부위를 머리, 상지, 하지, 가슴 등, 생식기로 구분하여 백분율(%)을 산정한 '9의 법칙(rule of 9)'을 적용하며, 화상에 의해 생기는 쇼크에 대비하는 수액요법의 기준이 된다. 예를 들어, 두 팔과 얼굴에 화상을 입은 성인의 경우라면 9+9+9=27로 계산하여 화상의 범위를 27%라고 본다.

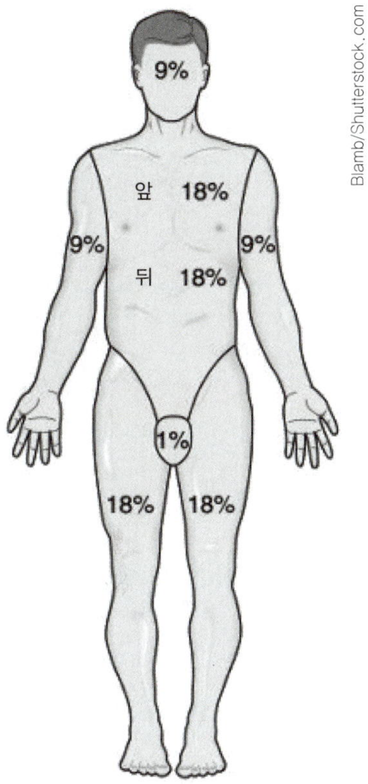

그림 5.20 | 화상의 범위(9의 법칙)

증상 및 징후

- 1도 화상은 화상 부위의 피부가 붉게 부어오르며 통증을 느낀다.
- 2도 화상은 화상 부위에 수포가 생기고 심한 통증을 느낀다.
- 3도 화상은 화상 부위가 검게 타거나 피부 조직의 손상으로 뼈가 드러나고, 신경손상으로 통증을 느끼지 못하거나, 주위에 남은 손상 조직에 의해 극심한 통증을 느끼기도 한다.

	1도 화상	2도 화상	3도 화상
깊이	표피층	표피 + 진피층	피부 전층
병변 색깔	홍반	좀 더 짙은 홍반	회색 또는 갈색, 흑색
수포	없다.	있다.	없다. 피부가 가죽처럼 탈수되어있다.
감각	통증	터지면 물이 흐른다.	무감각
치유과정	상피화에 의해 1주 내에 치유된다.	심한 통증	자연 치유되지 못한다.

표 5.4 | 1도, 2도, 3도 화상의 증상

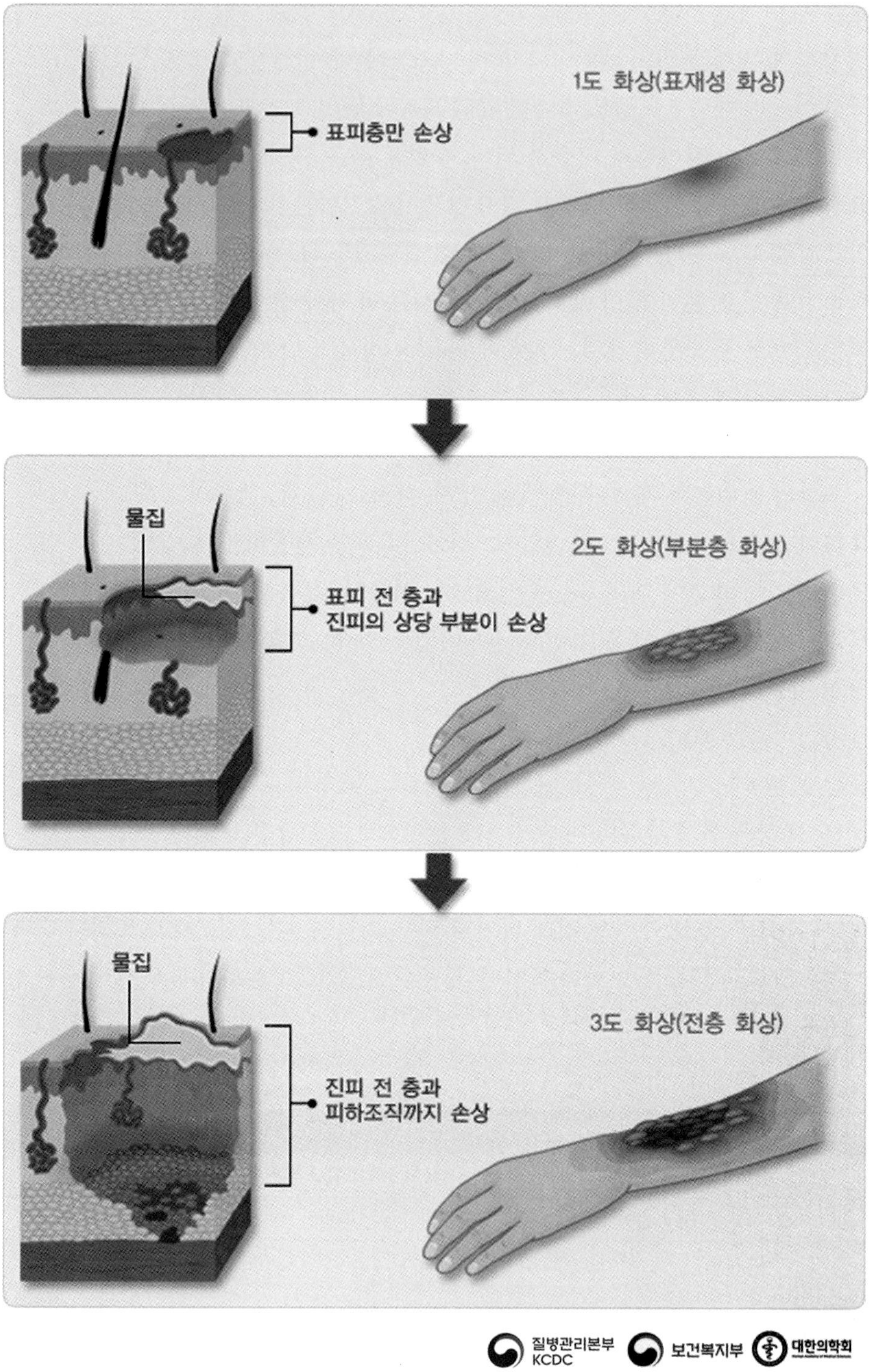

그림 5.21 | 손상 깊이에 따른 화상의 분류

응급처치

화상 환자의 응급처치 목표는 통증 감소와 감염 예방, 쇼크를 방지하는 것이다.

- 열화상인 경우에는 먼저 열이 있는 곳에서 벗어나는 것이 중요하며 환자의 옷을 전부 벗기고 반지, 팔지 등을 뺀다. 화학물질로 인한 화상을 입었으면 물로 충분히 헹궈야 한다.
- 화상 부위를 냉각시킨다. 찬 물수건을 대면 통증이나 국소 작열감이 완화된다. 냉수는 진통 효과뿐 아니라 화상을 입은 지 10분 이내라면 그 이상의 열로 인한 조직 손상이 진행되지 못하도록 막아준다. 전체 몸 1/4 이하에 화상을 입으면 찬 물수건을 대주는 것이 좋다.
- 수포를 터뜨리려고 하지 말고 보존하는 것이 중요하다.
- 환자를 안정시키기 위해 필요시 진정제를 주입한다.
- 신체 15% 이상의 화상 시에는 수액 요법이 필요하다.
- 사고 병력, 심장호흡계의 상태, 화상 정도, 동반 손상 유무, 탈수 정도 등을 면밀히 살핀다.
- 살균작용과 저자극성 화상연고제(silvadene)를 도포한다.
- 항생제, 파상풍 예방 접종을 고려한다.
- 화상의 정도와 범위에 따라 처치한다.

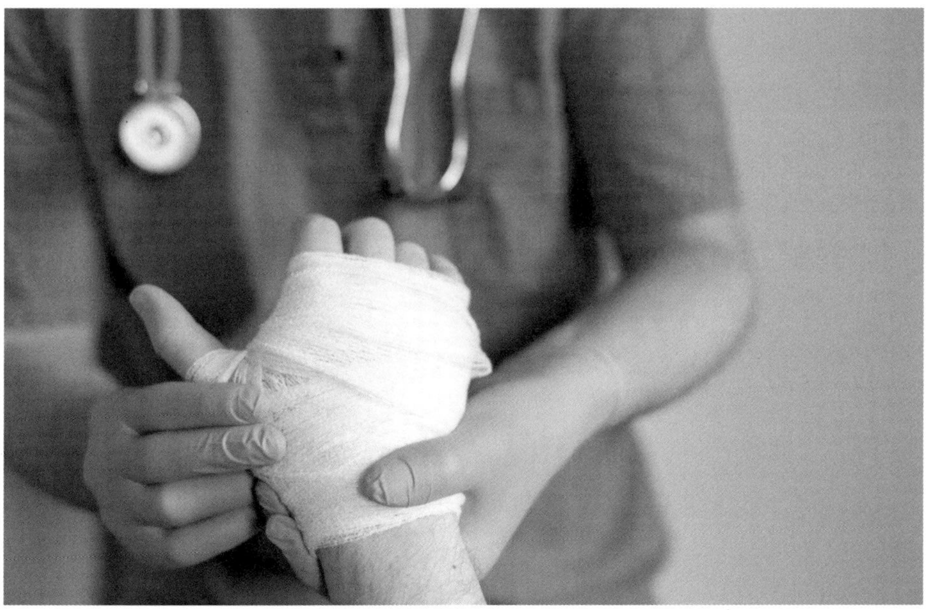

tommaso79/Thinkstock.com

그림 5.22 | 화상연고나 멸균 습윤거즈를 댄 후 붕대를 느슨하게 고정한다.

- **1도 화상**은 크게 심각하지는 않지만, 처치가 적절하지 않으면 악화될 수 있다. 착용하고 있는 장신구를 벗기고 화상 부위를 노출시킨 후, 생리식염수나 흐르는 수돗물에 식혀서 화상의 부위와 범위를 축소시키는 것이 좋다. 포비돈 면봉으로 화상 부위를 소독하고, 화상 전용 연고나 멸균 습윤거즈를 댄 후에 느슨하게 붕대를 감아 유지한다.
- **2도 화상**은 1도 화상의 응급처치와 동일하지만, 형성된 수포를 터뜨리지 않고 보존하는데 이는 2차 감염을 예방하기 위함이다.
- **3도 화상**은 1도, 2도 화상의 응급처치를 따르되, 화상으로 인해 피부에 달라붙어 있는 옷이나 물질은 조직 손상을 우려하여 무리하게 제거하지 않는다. 또한, 화상 부위를 식히기 위해 얼음이나 차가운 수건을 사용하지 말아야 하는데, 이는 화상 부위에 동상을 유발할 수 있기 때문이다. 3도 화상 환자라면 쇼크 상태일 수도 있고, 체액 손실로 인해 쇼크에 대비해야 하며, 쇼크 발생 시에 즉각 대처해야 한다.

2) 호흡기계 증상

기도
(airway)
공기가 폐로 전달되기 위한 통로이며, 코에서 인후를 거쳐 기관과 기관지에 이르는 통로를 말한다.

호흡기계는 공기 중의 산소를 흡입하고 에너지 대사의 결과로 발생한 이산화탄소를 배출하는 기능을 하는 계통이다. 해부학적으로 호흡기계는 **기도**(airway), 허

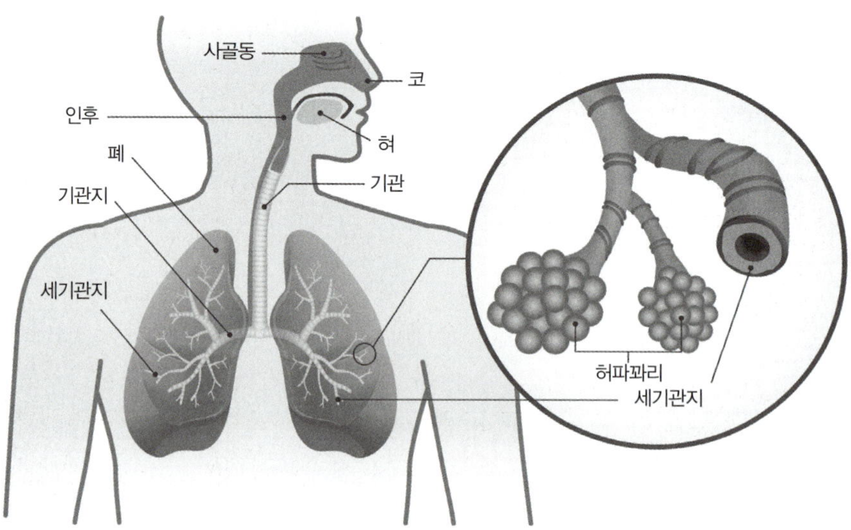

그림 5.23 | 호흡기계의 구성

파(폐), 호흡근, 가슴우리(흉곽)로 이루어져 있으며 가스 교환은 허파의 가장 기본 단위인 허파꽈리 공간에서 폐포모세혈관막(alveolar-capillary membrane)을 통해서 이루어진다. 들숨(흡기)과 날숨(호기)은 가로막을 포함한 호흡근과 갈비뼈의 움직임을 통해서 압력차에 의한 공기 흐름이 발생하고 평상시에 들숨은 능동적 운동에 의해서, 날숨은 수동적으로 탄력반동(elastic recoil)에 의해서 이루어진다. 호흡기계의 가장 중요한 기능은 가스 교환으로 공기 중의 산소를 흡입하여 허파꽈리에서 폐포모세혈관막을 통해서 산소는 흡수하고 이산화탄소는 배출하여 몸 밖으로 내보내는 기능을 한다.

항공기 내에서 발생할 수 있는 호흡기 관련 응급 증상으로는 저산소증, 과호흡, 기도폐쇄, 천식이 있다. 이들에 대한 증상 및 징후, 응급처치에 대해 알아본다.

(1) 저산소증

저산소증(hypoxia)은 호흡 기능 장애로 숨쉬기가 곤란하여 신체적·정신적 기능을 정상적으로 유지할 수 있는 산소의 양이 부족할 때 생기는 현상이다. 의료적으로는 체내 **산소 분압**(oxygen tension)이 떨어진 상태로 동맥혈 가스 검사를 시행했을 때 산소 분압이 60mmHg 미만이거나 **산소 포화도**(oxygen saturation)가 90% 미만일 경우를 말한다. 항공기 내는 기압 차이와 많은 인원이 한정된 공간에서 호흡하는 상황이므로 심폐기능이 약한 사람에게 저산소증이 발생할 수 있다.

산소 분압 (oxygen tension)
혈액 내에 용해된 산소량은 온도가 일정하다면 산소 분압과 비례하여 증가하므로 동맥혈 검사로 측정한 산소 분압은 혈액 내의 산소량을 나타내는 지표가 된다. 정상 동맥혈 산소 분압은 대략 90~100mmHg이다.

산소 포화도 (oxygen saturation)
적혈구 중 헤모글로빈의 산소 결합 능력 가운데 산소가 실제로 결합하고 있는 비율을 %로 표시한 것을 말한다. 혈액에 용해된 산소량은 산소 분압과 비례하기 때문에 산소 분압이 높아지면 그에 비례하여 산소 포화도도 증가한다. 정상인은 보통 97% 이상 유지된다.

©Getty Images Bank

그림 5.24 | 기내 급성 저산소증 환자

증상 및 징후

저산소증은 특히 중추신경계 영역의 변화를 일으키며, 급성 저산소증의 경우 급성 알코올의존증과 비슷한 판단력 장애, 운동 실조 등의 증상을 유발할 수 있다. 항공기 탑승이나 고산병의 경우, 저산소증으로 뇌혈관 확장에 따른 이차적 두통과 위장관 증상, 어지러움, 불면증, 피로감, 졸림 등의 증상을 나타내고 폐부종이나 뇌부종을 초래하며, 저산소증이 심해지면 결국은 호흡곤란에 의해 사망하게 될 수도 있다.

- 두통 및 현기증과 나른함을 느끼게 된다.
- 피로하고, 졸리며, 기력이 없어진다.
- 차분하지 못하고 불안해진다.
- 심장 박동이 급속히 빨라지거나 느려지는 불규칙성을 보인다.
- 시야가 흐릿해지고, 판단력이 저하된다.
- 심하고 오래 지속되면 안면과 손톱 등에 청색증이 나타난다.
- 심한 경우, 의식 수준의 저하가 온다.

응급처치

산소요법은 가장 기본적인 치료 중 하나로 비강이나 마스크를 통해 공급하는 방법과 특수 벤투리마스크(venturi mask)를 이용한 방법이 있다. 산소요법의 가장 큰 목적은 저산소증으로 인해 손상에 가장 취약한 뇌와 심장의 기능을 보전하는 것이다. 호흡성이 원인인 경우 폐 내의 단락의 경우를 제외하고는 대부분 100% 산

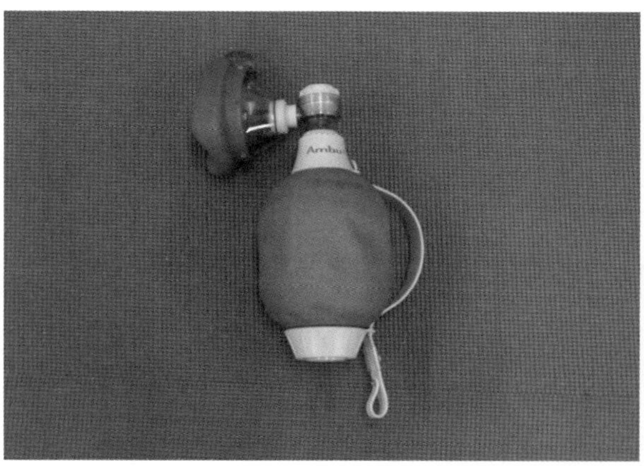

▲ 인공호흡을 위한 앰부백(ambu bag)

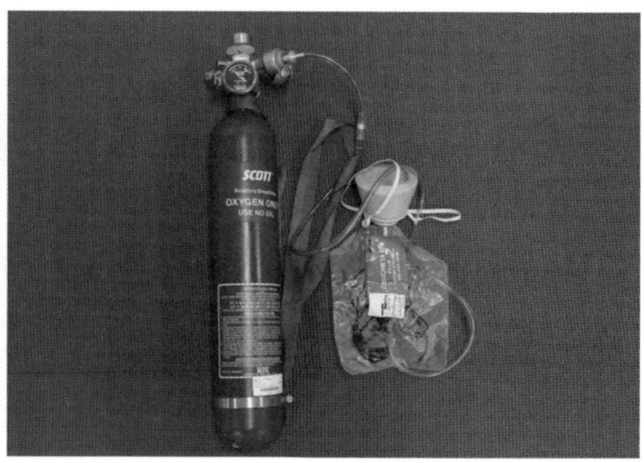

▲ 휴대용 산소통과 안면용 마스크

그림 5.25 | 응급처치 의료용품

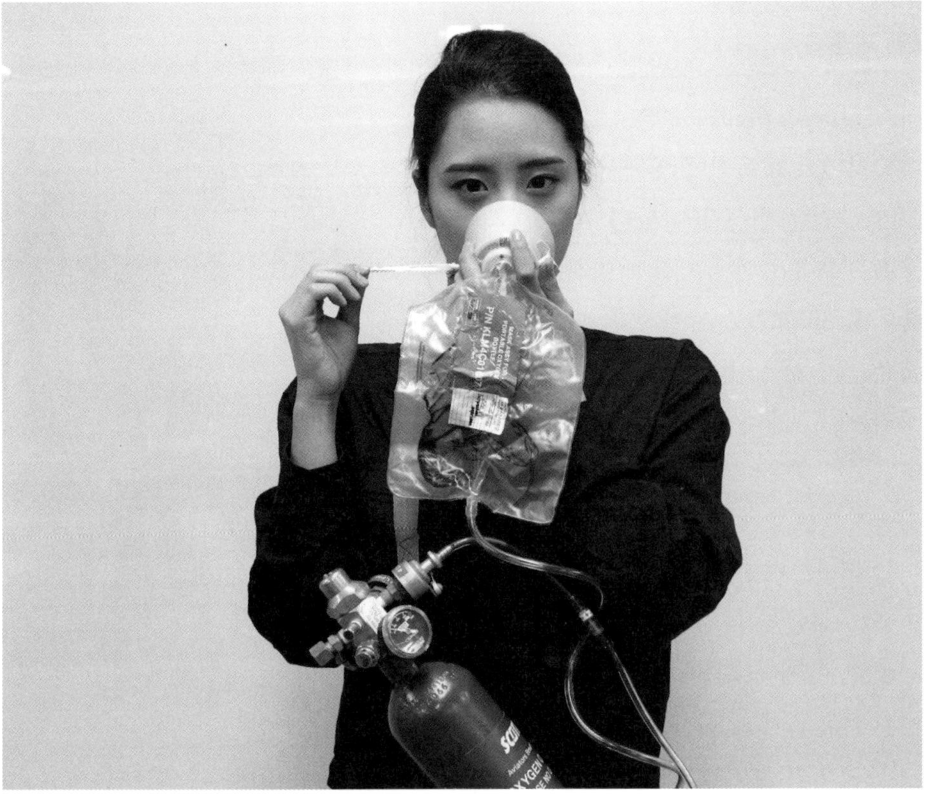

그림 5.26 | 안면용 마스크를 착용한 모습

고탄산혈증 (hypercapnia)

인체의 혈액 내에 이산화탄소가 비정상으로 증가한 상태를 말하며, 호흡저하나 호기(呼氣)의 재흡입 등에 의하여 일어날 수 있다.

비재호흡 마스크 (nonrebreathing mask)

기도에 공기와 혼합한 고농도의 산소를 공급하기 위해 코와 입에 설치하는 일회용 마스크. 2개의 한 방향 밸브(흡기 시에 폐쇄하여 리저버 백 내의 산소에 실내 공기가 흡입하는 것을 막는 것과 호기 시에 폐쇄하여 호기 가스가 리저버 백에 유입하는 것을 막는 것)를 갖추고 있어 가장 고농도의 산소를 공급할 수 있는 형태이다.

소를 공급해주면 교정이 된다. 그러나 만약 응급 환자가 만성 폐쇄성 폐질환을 가진 환자라면 만성적인 저산소증에 적응되어있는데, 급성 악화 시 부적절한 산소 요법에 의해 **고탄산혈증**(hypercapnia)이 초래되는 경우도 있어 숙련된 의료진의 처방이 필요하다.

- 증상으로 인해 불안한 환자를 안정시킨다.
- 즉시 항공기에 비치된 산소를 공급한다.
  - 항공기에 비치된 휴대용 산소통(portable oxygen bottle)과 안면용 마스크(고농도 산소 투여와 호흡기 점막을 건조시키지 않는 장점이 있음, **비재호흡 마스크**(nonrebreathing mask)의 경우에는 가장 고농도의 산소 투여가 가능함)를 사용하여 분당 5~10L의 산소를 공급해준다.
- 감압 현상 시 저산소증이 발생할 수 있으므로 징후를 계속 관찰한다.
- 산소는 화기나 전기제품과 멀리하여 사용해야 한다.

(2) 과호흡

과호흡(hyperventilation)은 산소 부족 및 이산화탄소의 축적에 의해서 호흡이 깊고 빨라지는 현상을 말한다. 이러한 과호흡은 호흡수의 증가를 의미하는 빈호흡(tachypnea)으로 이어진다. 환기는 호흡운동의 진폭 및 호흡수에 의해서 결정되는데, 과호흡이 이상하게 심해지면 호흡곤란(dyspnea)이 발생한다. 인체는 정상적으로 호흡을 통해 산소를 받아들이고 이산화탄소를 배출시키며, 동맥혈의 이산화탄소는 37~43mmHg 범위에서 그 농도가 유지된다. 어떠한 이유에서든 호흡을 통해 이산화탄소가 과도하게 배출되어 동맥혈의 이산화탄소가 정상 범위 아래로 떨어지는 상태를 과호흡 증후군이라 한다. 다양한 신체적 이상에 의해서도 일어나지만, 신체적으로 건강한 사람에게서도 정신적인 원인에 의해 나타날 수도 있다.

그림 5.27 | 과호흡 환자의 응급처치

증상 및 징후

- 호흡이 깊고 빨라진다.
- 손발이 저리고 뻣뻣해지거나 무감각해진다.
- 현기증이 나고 시야가 흐려진다.
- 흉통과 부정맥이 나타날 수 있다.
- 얼굴이 상기될 수 있다.
- 근육이 무력해지고, 균형감각을 상실할 수 있다.
- 심한 경우 경련이나 실신, 혼수상태에 이를 수도 있다.

응급처치

신체적·정신적 원인에 의해 항공기 내에서 발생한 과호흡 환자는 저농도의 이산화탄소를 흡입하면 증상이 호전된다. 비닐봉지를 입과 코에 대고 자신이 내쉰 숨을 다시 들이 마시게 하는 이 치료법은 혈중의 이산화탄소를 보충해줌으로써 알칼리화되었던 신체를 다시 회복시켜 증상을 사라지게 한다. 이러한 급성기 치료(알칼리증 교정) 후에는 과호흡 증후군의 원인이 된 질환이나 상태를 치료하도록 권고한다.

- 환자에게 허리벨트나 꽉 조이는 옷을 풀어 느슨하게 해준다.
- 천천히 심호흡을 하도록 코로 숨을 들이마시고, 입을 오므려 천천히 내쉬도록 유도한다.
- 항공기 내에 비치된 구토대나 비닐봉투 등을 입과 코에 대고 숨을 천천히 쉬도록 유도한다.
- 자신이 날숨에서 배출한 이산화탄소를 다시 들이마시도록 한다.
- 산소 부족을 호소하면서 흥분된 상황이면 심리적 안정을 위해 산소마스크를 씌워주기도 하지만, 산소통은 작동시키지 않는다.

(3) 기도폐쇄

기도폐쇄(respiratory obstruction, chocking)는 어떤 원인에 의해서 기도가 막히는 것을 말하며, 항공기 내에서는 주로 식사 도중에 음식물이 목에 걸려 발생하거나 어린이가 이물질을 삼켜서 기도의 일부나 완전폐쇄로 인해 호흡이 이루어지지 않는 위급한 상황이 있을 수 있다.

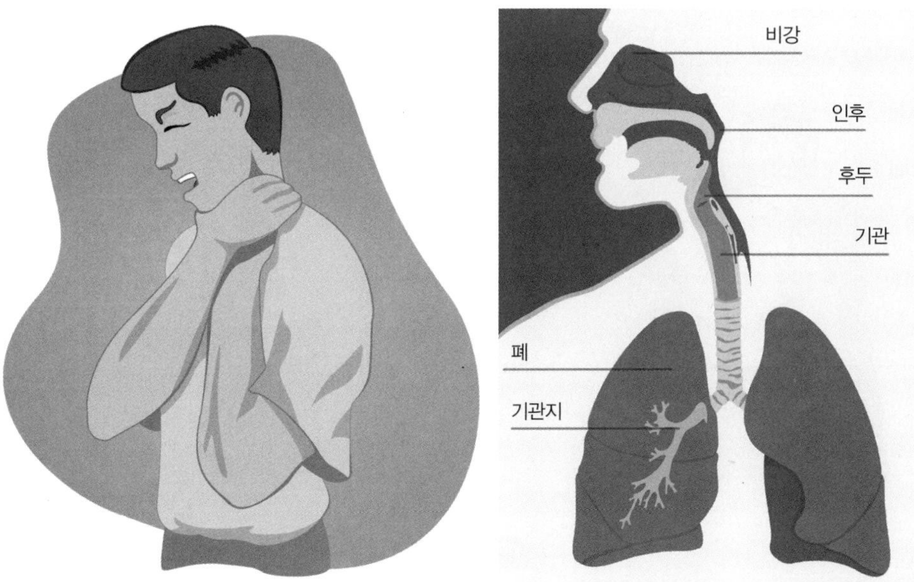

그림 5.28 | 기도폐쇄와 호흡기계 구조

증상 및 징후

일반적으로 심한 호흡곤란이 일어나고, 호흡하기 위해 목이나 배 부위 근육을 사용하게 되며, 기도를 통하는 공기가 감소하기 때문에 피부가 창백해진다. 호흡할 때 쌕쌕거리는 소리가 들리는 등 비정상적인 호흡음이 발생하고, 심한 경우 쇼크를 일으키기도 한다. 완전 기도폐쇄가 일어나면 청색증이 나타나면서 특징적으로 양쪽 손으로 목을 감싸쥐는 '초킹사인(chocking sign)'을 하게 된다. 부분 기도폐쇄가 생기면 환자는 기침을 하면서 말은 하지만 안절부절못하는 모습을 보인다.

- 부분폐쇄는 경증으로 기침을 많이 하고, 말과 호흡은 가능하다. 기침으로 인해 얼굴이 붉어질 수 있고, 안절부절못한다. 비정상적인 호흡음이 발생할 수 있다.
- 완전폐쇄는 중증이며, 얼굴이 청색으로 변하고, 자신의 목을 양손으로 잡고 힘들어하는 초킹사인을 보인다. 말과 호흡이 모두 힘들며, 이물질이 제거되지 않으면 3~4분 이내에 죽음에 이를 수도 있다.

성인 기도폐쇄의 응급처치

- 호흡상태가 정상이고 의식이 있는 경증의 경우에는 계속 기침을 하도록 유도한다. 그래도 이물질이 나오지 않거나 위험하다고 판단되면 즉시 응급의료 체

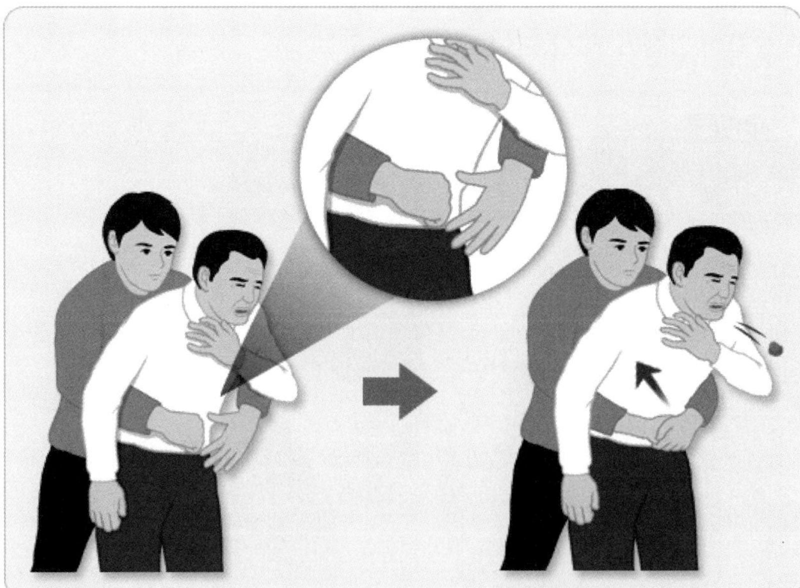

질병관리본부 KCDC 보건복지부 대한의학회

그림 5.29 | 이물에 의한 기도폐쇄를 치료하기 위한 복부 밀어내기 방법

계에 연락을 취해야 한다. 주의할 점은 이물질을 꺼낼 때는 손가락으로 잡지 말고 손가락 끝으로 훑는 것이 좋다.

- 부분폐쇄인 경우, 환자를 안심시키고, 상복부 압박법(하임리히법, 복부 밀어내기)을 사용한다. 응급처치자가 주먹을 쥔 손의 엄지를 환자의 배꼽과 검상돌기 중간에 놓는다. 다른 한 손으로 주먹을 쥔 손을 감싸고 빠르게 위로 밀면서 올리는데, 이물질이 나올 때까지 또는 환자가 의식을 잃을 때까지 시행한다.
- 완전폐쇄인 경우, 변형된 하임리히법(Heimlich maneuver)을 시행하는데, 먼저 환자를 바닥에 똑바로 눕힌 다음, 응급처치자는 환자의 허벅지 쪽에 무릎을 꿇고 앉는다. 한 손을 이용해서 환자의 배꼽과 명치 사이에 손을 놓고 위로 젖힌 뒤 다른 한 손을 포개어 4~5회 빠른 속도로 민다. 이 동작을 4~5회 실시한 다음 입안에서 이물질을 꺼낸다.
- 의식이 없으면 즉시 호흡을 살펴본다.
- 호흡이 없으면 즉시 심폐소생술(CPR)을 실시한다.

영아 기도폐쇄의 응급처치

영아 기도폐쇄인 경우, 얼굴이 위로 향하도록 하여 팔 위에 올려놓고 손으로는 영아의 머리와 목 부분이 고정되도록 잡은 다음, 다른 팔을 영아의 얼굴이 아래로 향하도록 돌려서 턱을 잡은 손으로 영아를 받친다. 다른 쪽 손바닥으로 영아의 어깨뼈 사이의 등을 5회 정도 연속해서 두드린 다음 다시 앞으로 돌려서 양쪽 가슴

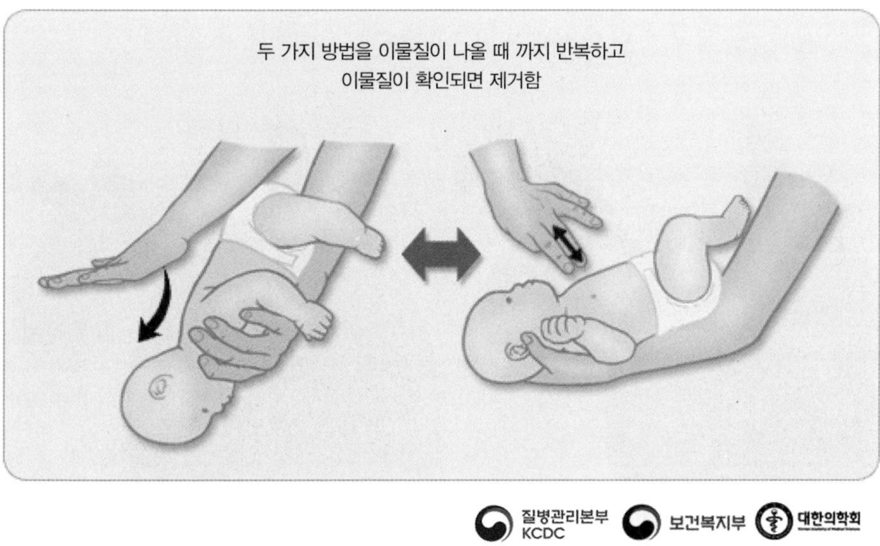

그림 5.30 | 영아의 기도폐쇄의 처치 방법

선 밑에 두 손가락을 올린다. 그 다음 이 부위를 압박하는데, 5회 정도 반복한다. 입안의 이물질이 보이면 제거하고, 없으면 등 두드리기부터 동작을 반복한다.

(4) 천식

그림 5.31 | 천식 환자

천식(asthma)이란 폐 기관지의 알레르기 염증 반응 때문에 발생하는 알레르기 질환이다. 기관지가 아주 예민해진 상태로서 때때로 기관지가 좁아져 숨이 차고 가랑가랑하는 숨소리가 들리면서 반복적이고 발작적인 기침을 심하게 하는 질환이다. 천식은 유전적 요인과 천식 유발인자와 같은 환경적 요인이 합쳐져서 나타나는 경우가 많다. 천식을 유발하는 원인물질(allergen)로는 먼지, 진드기, 꽃가루, 동물 털이나 비듬, 바퀴벌레, 식품, 약물 등이다. 천식을 악화시키는 요인은 감기, 담배연기와 실내오염, 대기오염, 식품첨가제, 운동 등 신체적 활동, 기후 변화, 황사, 스트레스 등이 있다. 항공기는 밀폐된 장소에 다수의 승객이 존재하는 환경으로 실내의 먼지나 산소부족, 스트레스, 불안 등에 의해 천식이 발현되거나 악화될 수 있으므로 이에 대한 응급처치가 필요하게 된다.

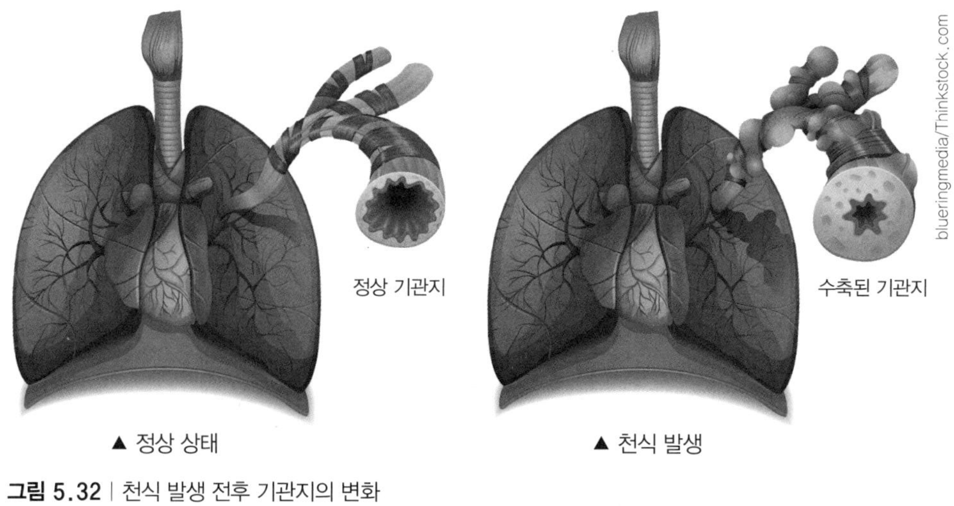

그림 5.32 | 천식 발생 전후 기관지의 변화

증상 및 징후

천식의 대표적인 증상은 호흡곤란, 기침, 천명음(쌕쌕거리거나 휘파람 같은 거친 숨소리)이다. 이러한 증상이 반복적으로, 발작적으로 나타나는 경우가 대부분이지만 마른기침만 반복적으로 나타나거나, 가슴이 답답하고 흉부 압박감을 호소하는 경우 또는 목구멍에 가래가 걸려있는 것 같은 증상만을 호소하는 경우도 있다. 일반적으로 감기에 길린 후에 호흡곤란이 악화되거나, 날리기 같은 운동 후에 호흡곤란, 거친 숨소리 증상 들이 많이 나타난다. 천식은 공기가 흐르는 길인 기관지의 염증으로 기관지 점막이 부어오르고 기관지 근육에 경련(convulsion)을 일으키면서 기관지가 막혀서 숨이 차게 된다.

천식의 증상이 매우 심하고 죽을 것 같은 공포를 느끼는 상태인 천식발작이 일어나는 경우에는 즉각적인 응급치료가 필요하다.

- 가슴이 답답하고, 호흡이 곤란함을 호소한다.
- 호흡 시에 기관지 천명음(쌕쌕거리거나 휘파람 같은 거친 숨소리)이 들린다.
- 반복적이고 심한 기침을 한다.
- 입술과 얼굴에 청색증이 생긴다.

응급처치

천식은 알레르기 질환으로 평소에도 천식증상이 있어 약물요법을 하고 있는 환자일 경우에는 자신이 위험성을 빨리 인지할 수가 있고, 상시 복용 약물을 소지하고 있는 경우가 많다. 환자가 자신의 비상 약물을 소지하고 있다면 환자를 진정시키고, 약물을 복용할 수 있도록 도와주어야 한다.

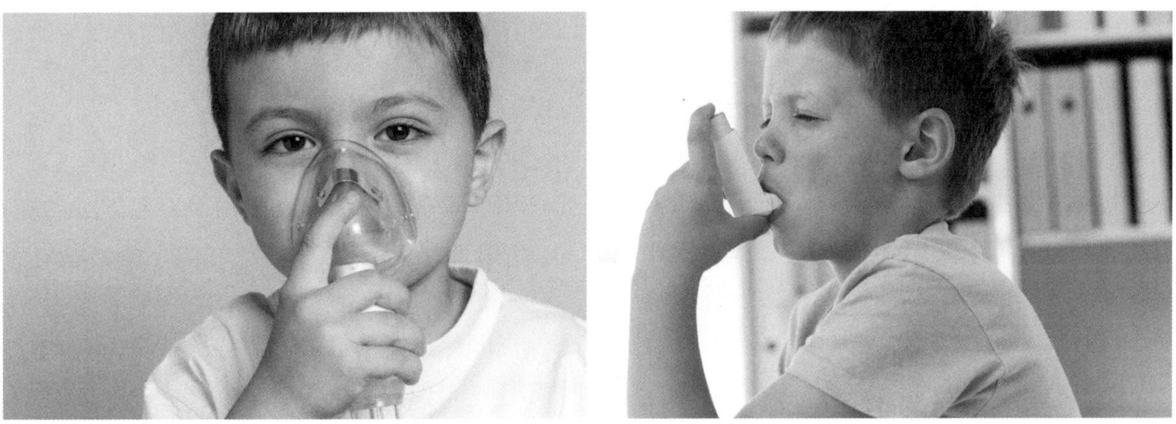

그림 5.33 | 벤톨린 흡입제 사용

- 천식 환자가 소지한 약물이 있는 경우 즉시 복용하도록 도와준다.
- 심한 경우 산소통과 산소마스크를 사용하여 산소를 공급하도록 한다.
- 필요시 의료진의 처방에 따라 기내 비치된 비상 의료용구(EMK) 내의 **벤톨린(ventolin) 흡입제**를 사용하도록 제공한다.
  - 벤톨린 흡입제는 분무기를 통해 약물을 흡입하는 치료제로 빠르게 반응하는 교감신경 β2 수용체 작용제이며 중증의 급성 천식과 만성 폐쇄성 폐질환 환자들의 기관지 경련을 가라앉히는 데에 사용되는 약물이다.

3) 근골격계 증상

근골격계는 인간의 근육과 골격을 이루는 기관을 말하며, 특히 골격계는 206개의 뼈로 구성되어있으며, 몸의 형태를 유지하고, 운동과 동작을 가능하게 하며, 중요한 내부 장기를 보호하는 기능을 갖는다. 또한, 골수에서는 적혈구를 생성하며, 칼슘, 인산 등의 저장소 역할을 하기도 한다. 항공기 내에서 발생하는 주요 근골격계 응급 상황으로는 골절, 염좌와 타박상이 있다. 가장 심한 근골격계 외상인 뼈가 부러지는 골절은 염좌와 타박상을 당연히 동반하며, 인대가 파열되는 정도의 외상인 염좌에서도 타박상은 동반되므로 우선 골절의 여부를 판단한 후에 염좌와 타박상을 구분하게 된다.

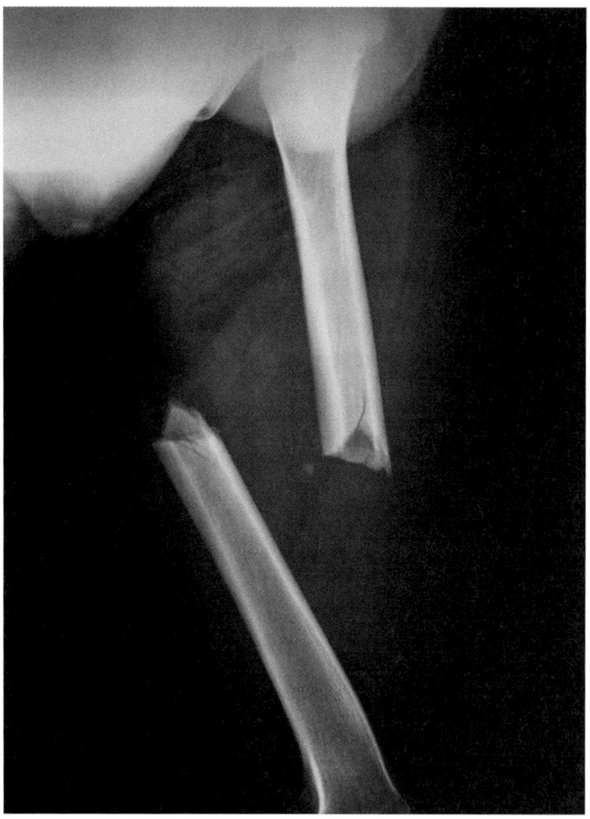
ⓒGetty Images Bank

(1) 골절

골절(fracture)은 근골격계의 외상 중에서 가장 심한 증상으로, 외부로부터의 물리적 충격이나 압박으로 인해 뼈의 연속성이 파괴되는 현상, 즉 뼈가 부러지는 것을 말한다. 골절은 심한 통증 및 부종을 동반하는 응급 상황이라고 볼 수 있다. 개방상처가 동반되는지에 따라 개방성과 폐쇄성 골절로 분류된다.

- **개방성 골절**(open fracture): 골절 부위에 찢어진 상처가 있어 뼈가 밖으로 노출된 경우로 날카로운 골절 편이 안에서 밖으로 피부를 뚫고 나가거나, 피부와 연부 조직이 손상되어 밖으로부터 안쪽으로의 골절이 발생하여 나타나기도 하며, 감염의 기회가 높아 치료에 주의를 요한다.
- **폐쇄성 골절**(closed fracture): 개방된 상처가 없는 일반적인 골절을 말한다.

증상 및 징후

골절의 확진을 위해서는 엑스레이(X-ray) 촬영이 필수적이지만 응급 상황에서는 환자의 손상 기전 및 증상, 징후를 통해 판단한다. 골절 부위의 통증과 압통(누르면 통증을 느낌)이 일반적 증상이며, 골절 부위와 신체 부분을 움직이기 힘들고, 움직일 때 뼈를 비비는 것 같은 느낌을 호소한다.

- **통증 및 압통**(pain & tenderness): 신경 기능이 정상인 사람에서의 골절은 정도의 차이는 있지만 통증을 유발한다. 또한, 외상 환자 발생 시 압통을 느끼는 부위가 있다면 환자가 불편하더라도 반드시 확인해야 한다.
- **변형**(deformity): 대부분의 골절에서는 골절로 인한 통증 및 뼈의 지렛대 역할 소실로 인해 기능 장애가 나타난다.
- **운동 제한**(limit of motion): 손상 부위를 움직이기 힘들다.
- **부종 및 반상출혈**(swelling & ecchymosis): 손상 부위가 상당히 부어있으며 피하 출혈도 동반된다.
- **노출된 뼈 조각**: 개방성 골절인 경우에는 손상된 피부에서 부러진 뼈가 관찰된다.
- **뼈 마찰음**(crepitus): 골절 부위에서 비정상적인 운동으로 골절된 조각들이 부딪혀 소리가 난다.
- **가성 운동**(false motion): 관절이 아닌 부위에서 굴절, 회전 등이 발생한다.

응급처치

골절 환자의 대부분이 다발성 외상 환자에서 발생하므로 전반적으로 외상 환자의 기본 처치기법인 기도유지, 호흡, 순환에 따른 환자의 처치를 우선 실시한 후에 골절 부위에 대한 지혈, 상처 소독, 고정의 처치를 실시한다.

- 환자를 함부로 움직이지 않는다.

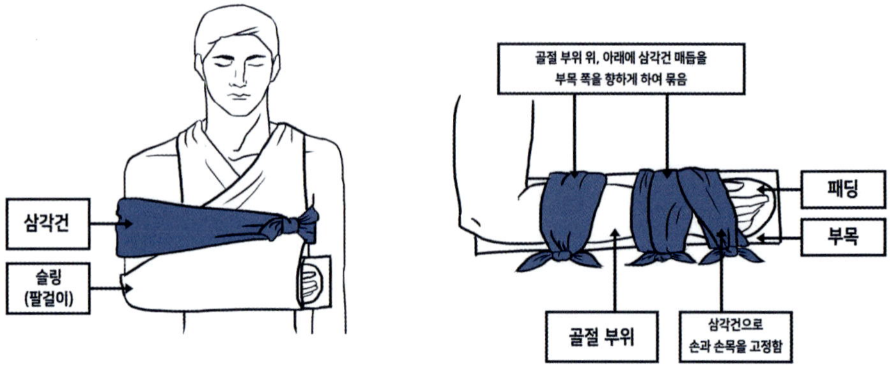

▲ 전박부 골절과 부목 및 삼각건 고정

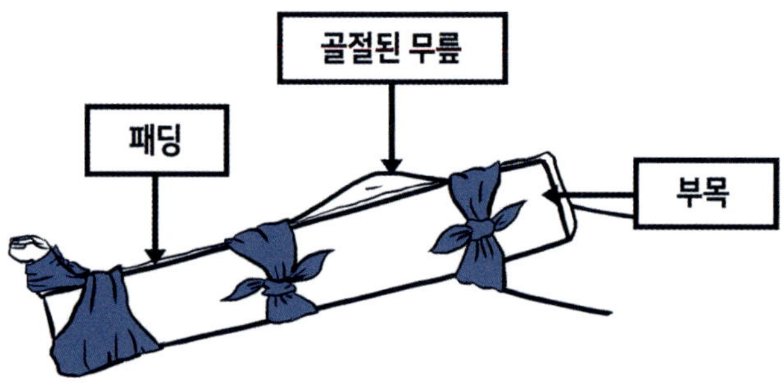

▲ 무릎 부위 골절과 부목 및 삼각건 고정

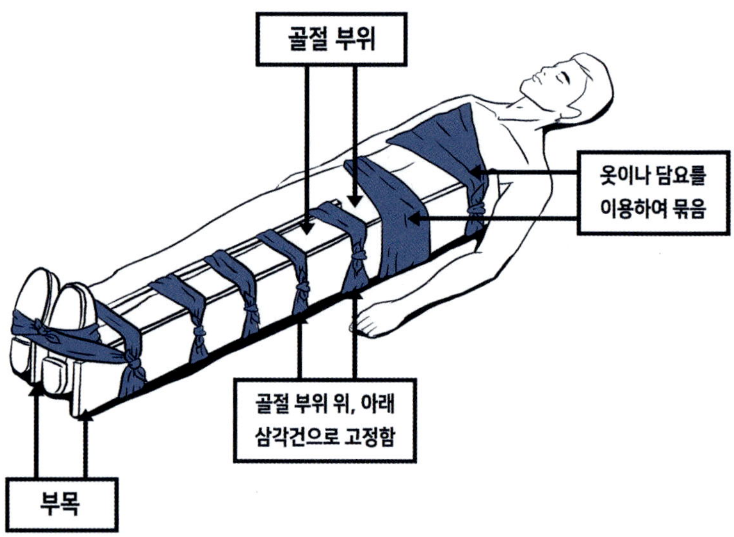

▲ 대퇴골 골절과 부목 및 삼각건 고정

그림 5.34 | 부위별 골절과 부목 및 삼각건 고정 예시

- 출혈이 있는 경우 즉각 지혈한다.
- 심한 통증이 있을 때는 진통제를 사용한다.
- 부목을 대어 고정해야 한다.
  - 통증이나 불편함을 주지 않는 범위에서 부목을 대어준다.
  - 부목을 댄 후에 반드시 혈액순환 상태를 관찰해야 한다.
  - 통증으로 인한 쇼크 예방을 위해 통증을 지속적으로 확인한다.

(2) 염좌와 타박상

염좌(sprain. 삠)는 뼈를 지지하는 인대의 부분 또는 완전 파열을 말하며, 완전 파열 시 관절의 불안정성을 초래할 수 있다. 또한, 타박상(contusion)으로 인해 생긴 멍(brusing)은 피부 밑의 피하출혈로 혈액이 조직으로 스며 나와 피부색이 변화된 상처를 말한다.

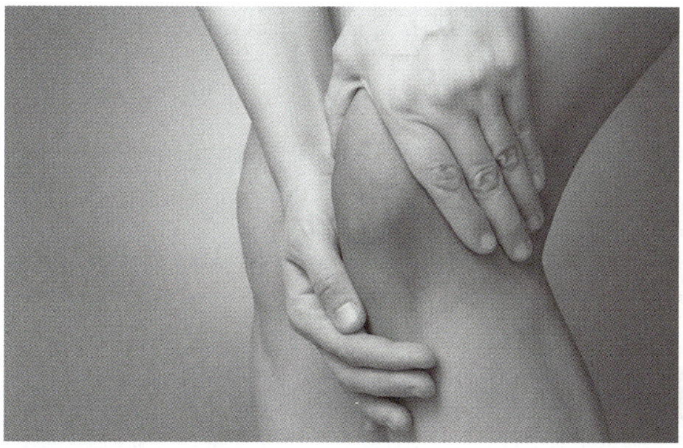

▲ 무릎 염좌

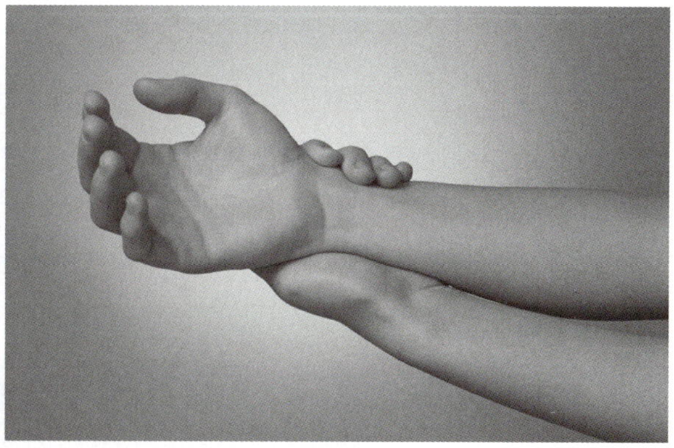

▲ 손목 염좌

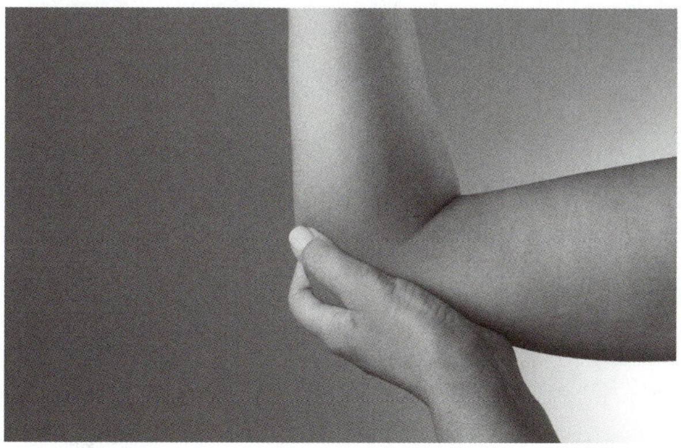

▲ 팔꿈치 염좌

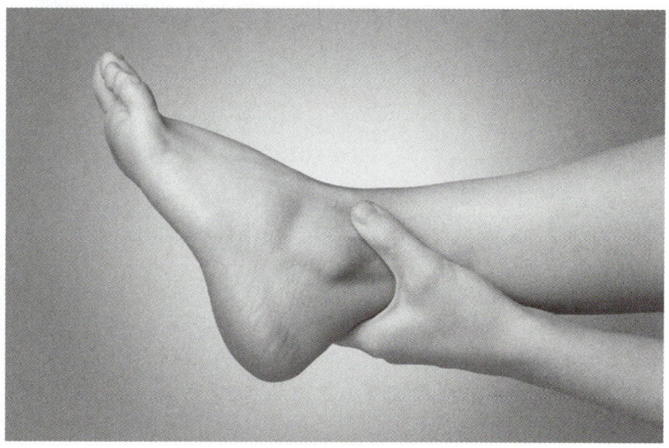

▲ 발목 염좌

그림 5.35 | 여러 부위의 염좌

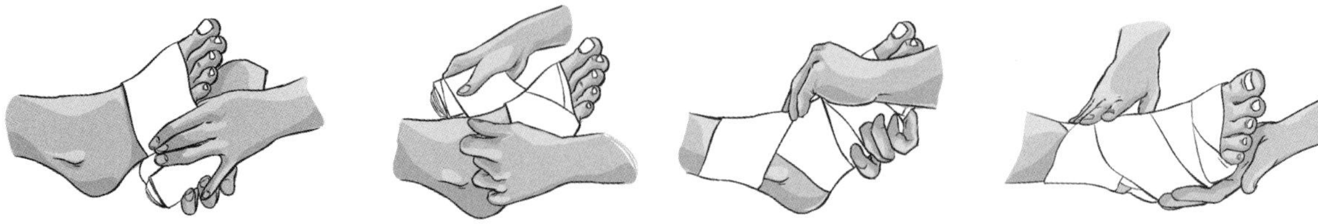

corbac40/Thinkstock.com

그림 5.36 | 압박붕대 감는 법

증상 및 징후

염좌가 발생하면 해당 부위가 붉게 부어오르고 통증과 압통을 느끼며, 멍이 들고 해당 부위에 힘이 없어지고, 피부색이 변하게 된다.

응급처치

염좌의 기본처치는 RICE요법을 적용하는 것이 원칙이다. RICE요법은 염좌 부위 통증과 운동 제한으로 인한 충분한 휴식(rest)과 멍든 부위의 통증과 부종 감소를 위한 냉찜질(ice), 그리고 부종 감소를 위한 압박 붕대(compression)와 심장보다 높게 거상하는(elevation) 방법을 말한다. 한편, 운동 전에 충분한 스트레칭을 함으로써 사전에 염좌를 예방해야(protection) 한다는 관점에서 PRICE요법이라고도 한다. 냉찜질의 경우에는 부상 부위 피부에 직접 닿지 않도록 반드시 천을 대고 얼음주머니를 20분씩 1일 5~8회 정도 적용하여 과도한 냉찜질로 인한 동상을 예방해야 한다. 염

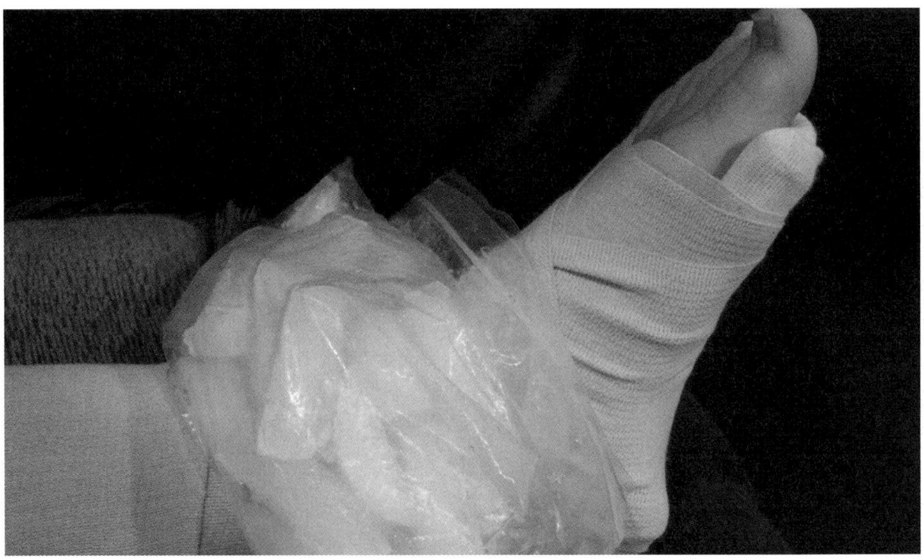

SEASTOCK/Thinkstock.com

그림 5.37 | 발목 염좌의 RICE요법

좌 발생 후 2~3일간은 냉찜질이 효과적이며, 그 후로는 온찜질이 권장된다.

- 멍든 부위를 냉찜질하여 혈류를 감소시키고 부종을 최소화시킨다.
- 부상 부위를 압박하여 거상(들어올림) 상태로 편안하게 지지한다.

4) 신경계 및 정신 증상

신경계는 생명조건을 유지하기 위하여 신체의 내부와 외부에서 일어나는 여러 가지 정보를 받아들이고 이를 종합, 분석하여 기능이 다른 수많은 세포의 활동을 조절함으로써 신체 활동을 상황에 알맞도록 조절, 통제하는 고도로 발달된 특수 조직계통이다. 중추신경계와 말초신경계로 나눌 수 있으며, 중추신경계는 뇌와 척수로 구성되며 말초신경계는 뇌와 척수에서 들어오고 나가는 신경다발들로 구성된다. 말초신경계는 신체 내외의 정보를 중추신경계로 보내는 역할을 맡고 있으며, 중추신경계는 이를 종합, 분석하여 신체가 적절한 반응을 일으킬 수 있도록 해준다. 인간의 뇌는 고도의 정신기능과 사고, 감정, 행동의 중추로 어떤 기관보다 중요한 역할을 하고 있다. 또한, 정신건강의학 측면에서 보면 현대 사회로 갈수록 스트레스와 불안으로 인한 정신과적 질환의 유병률은 상승하고 있다. 항공기 내에서 발생하는 신경계 및 정신 증상으로 뇌졸중과 경련 및 발작, 불안 및 공황에 대해 알아본다.

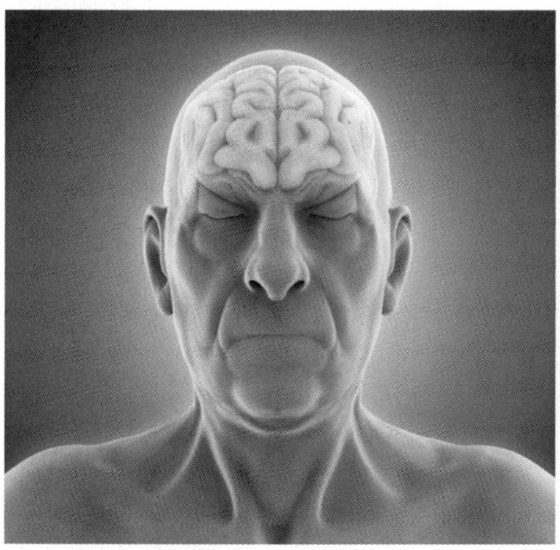

▲ 인간의 뇌

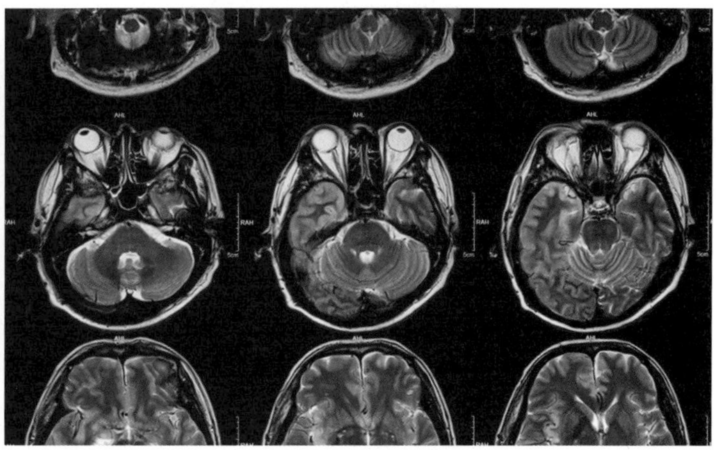

▲ 뇌의 컴퓨터 영상

그림 5.38 | 인간의 뇌는 고도의 정신기능과 사고, 감정, 행동의 중추로 어떤 기관보다 중요한 역할을 하고 있다.

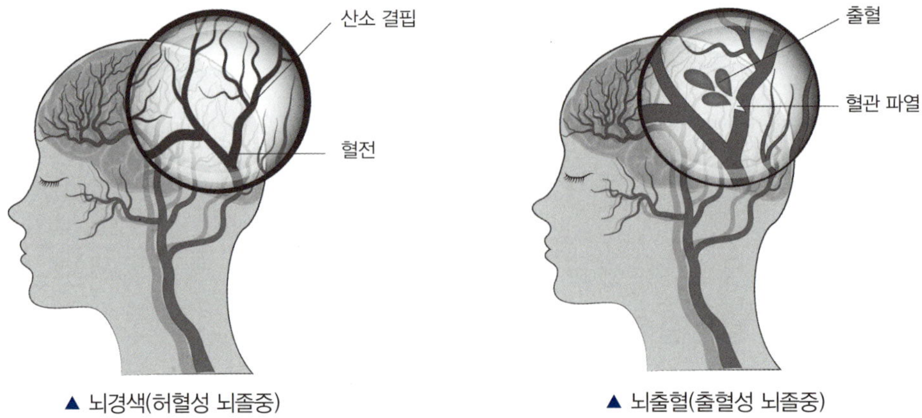

그림 5.39 | 뇌경색(허혈성 뇌졸중)과 뇌출혈(출혈성 뇌졸중)

(1) 뇌졸중

뇌졸중(stroke)은 뇌에 혈류 공급이 중단되어 빠른 시간 내에 뇌세포가 죽게 되고 돌이킬 수 없는 신체의 일부나 반신 마비, 의식장애를 초래할 수 있는 응급질환이다.

뇌졸중은 뇌에 혈액을 공급하는 혈관이 막혀서 발생하는 뇌경색(허혈성 뇌졸중)과 뇌로 가는 혈관이 터지면서 출혈이 발생하는 뇌출혈(출혈성 뇌졸중)이 있다.

증상 및 징후

뇌졸중은 발생 즉시 심각한 증상을 느끼고 응급실을 찾게 되기도 하지만 발생 후 수개월 지나서 병원을 방문할 정도로 애매한 증상을 가진 경우도 있고, 어지러움, 운동장애, 뇌전증(간질), 치매와 같은 다른 신경과적 문제로 방문하여 뇌 촬영 결과 뇌경색이 발견되는 경우도 있다. 항공기 내에서 뇌졸중이 발생한다면 정확한 검사나 응급처치에 한계가 있지만, 증상의 악화를 막기 위해 가능한 응급처치를 해야 한다.

- 신체의 일부나 반신에 무감각이나 마비가 나타난다.
  - 한쪽 뇌혈관에 병변(질병으로 인해 일어난 신체적, 생리적 변화)이 생겨 혈액공급이 중단되면 그 반대쪽의 팔, 다리 및 안면의 하부에 갑자기 마비가 발생한다.
- 심한 두통과 반복적인 오심(메스꺼움) 및 구토가 나타난다.

supershabashnyi/Thinkstock.com

그림 5.40 | 신체 일부의 무감각과 마비

  - 출혈성 뇌졸중 환자에서 주로 나타나는 증상으로 심한 두통과 반복적인 구토에 이어 의식장애가 나타나는 것을 많이 볼 수 있는데, 이는 뇌압이 높아져서 발생하는 것이다.
- 어지럽고 몸의 균형을 잡기 어렵다.
  - 신체의 평형을 담당하는 소뇌와 이와 연결되는 뇌간에 혈액공급이 부족할 때 올 수 있는 증상으로 몸의 균형을 잡지 못하게 된다.
- 발음이 어렵고, 언어 표현력이 둔해진다.
- 경련이 일어나고, 반쪽 얼굴근육이 마비되어 잘 움직이지 않는다.
- 시각장애나 시야의 결손, 복시(물체가 두 개로 보임)가 나타난다.
- 뇌간이나 광범위한 대뇌 영역의 뇌졸중인 경우 의식저하나 소실이 온다.

응급처치

뇌졸중은 뇌의 비가역적(상태를 돌이킬 수 없는) 손상을 최소화하는 것이 목표이며, 증상이 발현하면 빨리(늦어도 3시간 이내 병원 도착이 효율적임) 응급실로 후송하는 것이 원칙이지만, 항공기 내에서 발생하는 경우에는 즉시 전문 의료인을 호출하여 도움을 받아야 한다. 뇌졸중도 환자가 뇌혈관 관련 질환에 따른 혈전 용해제나 다른 치료제를 소지하고 있다면 즉시 약을 복용하도록 권고한다.

- 환자를 안정시키고 따뜻하게 해준다.

- 저산소증이 동반될 수 있어 기도를 유지하고 필요시 산소 공급을 한다.
- 환자와 지속적으로 함께 있어주고 천천히 대화를 유도한다.
- 복용 중인 혈전 용해제나 항응고제, 항혈소판 제제를 소지하고 있는 환자는 치료제를 복용하도록 돕는다.
- 의식이 소실된 환자는 즉시 기도를 유지하고 산소를 공급한다.
- 상태를 관찰하며, 전문 의료인을 호출하여 도움을 받는다.

(2) 경련 및 발작

뇌전증(간질, epilepsy)이나 여러 신체기관의 마비가 일어날 때 경련(convulsion)이나 발작(seizure)이 일어날 수 있다. 원인은 여러 가지가 있지만, 대부분 환자 자신의 의식이 분명하지 못하므로 주위 사람들의 응급조치가 필요하다.

뇌전증 발작은 뇌 피질 세포의 기능 이상에 의해 발생하는 증상이므로, 신경세포의 기능 이상을 초래할 수 있는 여러 가지 뇌의 병리적(질병을 유발할 수 있는) 변화나 뇌손상 또는 유전적 요인들이 위험 인자로 작용한다.

Imageegami/Thinkstock.com

그림 5.41 | 경련 및 발작

증상 및 징후

경련 및 발작은 뇌손상을 일으키는 여러 가지 원인들로 인해 발생하며, 발작의 형태도 다양하다. 일반적으로 가장 많이 목격하게 되는 뇌전증의 발작 형태는 전신강직간대발작(대발작. generalized tonic-clonic seizure, grand mal)인데, 발작 초기부터 갑자기 정신을 잃고, 호흡곤란, 청색증, 고함 등이 나타나면서 전신이 뻣뻣해지고 눈동자와 고개가 한쪽으로 돌아가는 강직 현상이 나타난다. 강직이 일정 시간 지속된 후 팔다리가 규칙적으로 떨리는 간대성 운동이 나타난다. 입에서 침과 거품이 나오고, 턱의 간대성 발작 때 혀를 깨물기도 한다. 발작 중에 소변이나 대변을 통제하지 못한다. 발작 후에는 대개 깊은 수면이 뒤따르고, 일시적인 의식 장애가 나타나기도 하며, 일정 기간 동안의 기억 소실이 동반된다.

- 근육이 경직되고 30초 정도 지속된 후 경련을 일으킨다.
- 호흡이 중단될 수도 있으며, 혀를 깨물기도 한다.
- 대소변을 통제하지 못한다.
- 청색증이 나타나며, 입가에 거품을 내뿜는다.
- 기억소실과 의식장애가 나타나기도 한다.
- 10분 이상 경련이나 발작이 계속되면 전문 의료인의 도움을 받아야 한다.

응급처치

경련 및 발작이 있는 환자를 물리적 충격으로 인한 외상으로부터 보호하고, 안전하게 개인의 프라이버시가 보호될 수 있도록 해야 한다. 의식소실이 있으므로 기도 유지와 산소 공급 등을 실시하고, 환자가 임산부이거나 당뇨병 환자일 경우 더욱 위험할 수 있으므로 반드시 전문 의료인에게 도움을 요청해야 한다.

- 음식물을 제공하거나 손가락을 입에 넣지 않는다.
- 구토를 할 경우 질식의 위험이 있으므로 옆으로 눕혀서 기도를 확보한다.
- 경련이나 발작 중에 움직이지 못하도록 붙잡지 않는다.
- 허리벨트나 꽉 조이는 옷은 느슨하게 풀어준다.
- 경련이나 발작으로 인해 다치지 않도록 근처의 위험 요소를 제거한다.
- 환자의 프라이버시가 보호되도록 스크린을 해준다.
- 경련이나 발작이 종료되었더라도 지속적 관찰이 필요하다.
- 필요시 산소 공급을 해준다.

• 임산부, 당뇨병 환자는 반드시 전문 의료인에게 도움을 요청한다.

(3) 불안 및 공황

불안(anxiety)은 원래 내·외적인 자극이나 상황에 대한 인간의 정상적인 정서 반응 중의 하나지만, 정상적 범위를 넘어서면 정신적 고통은 물론, 신체적 증상을 초래하게 된다. 불안은 교감신경을 흥분시켜 두통, 심장 박동 증가, 호흡수 증가, 위장관계 이상 증상과 같은 신체적 증상이 나타나고, 정도가 심해져 극심한 불안으로 악화되면 공황(panic) 상태에 빠지게 되어 매우 위험한 상태에 직면하게 될 수 있다.

증상 및 징후

- **경미한 불안**: 감각이 예민해지고, 신체적 증상은 나타나지 않는다.
- **중등도 불안**: 지각 영역이 좁아져 선택적인 부주의가 일어난다. 근육의 긴장이나 집중력, 주의력이 약해진다.
- **중증 불안**: 지각 영역이 현저하게 축소되고, 교감신경 활성화로 인한 신체적 증상이 증가하게 된다. 맥박, 혈압, 호흡수가 증가하고, 심한 발한, 긴장 및 초조를 나타낸다.

그림 5.42 | 긴장 · 초조를 동반하는 중증 불안

©Getty Images Bank

그림 5.43 | 극심한 불안인 공황 상태

- **공황**: 극심한 불안으로 죽을 것 같은 공포와 함께 스스로의 행동을 조절할 수 없고, 무력감을 느끼며 순간적인 정신증적 상태가 될 수 있다. 오랜 긴장이 갑작스럽게 절정에 이르러 공황 발작으로 나타나면 행동의 예측이 어렵고 자신이나 타인을 해할 위험도 있어 즉각적인 처치가 없으면 사망을 초래할 수 있다.

응급처치

항공기 탑승 중에 불안 증상이 발생하는 데는 여러 가지 원인이 있을 수 있는데, 자신에게 나타난 신체적인 위험 증상들(협심증, 심장마비, 천식 및 호흡곤란 등)의 발현이 가장 주된 요인이 될 수 있다. 또한, 높은 스트레스와 수면부족 등으로 신체의 컨디션이 저조한 상태이거나 고소공포(acrophobia) 및 폐쇄공포(claustrophobia)와 관련이 있을 수도 있다. 경증 및 중등도 불안 환자의 경우에는 심호흡과 간단한 근육이완을 유도하는 것이 도움이 되고, 따뜻한 음료를 제공하고 정서적 지지를 하는 것이 좋다. 공황 발작의 경우에는 우선적으로 환자의 안전과 프라이버시를 지켜주는 것이 필요하다. 환자를 덜 자극하는 장소로 이동하고, 부드럽고 조용한 목소리로 안전을 지키기 위한 간단한 지시를 할 수 있다. (예 'OOO 님, 주위를 보세요. 지금 여기는 안전합니다. 아무 일도 일어나지 않을 겁니다. OOO 님을 돕기 위해 승무원들이 함께 여기에 있을 겁니다. 이제부터 제가 지시하는 대로 심호흡을 한번 따라 해보시겠어요? 깊게 숨을 들이마셔 보세요. 하나, 둘, 셋……', '네, 잘 하고 계십니다. 이제 좀 편해지시나요? 불안이 좀 가라앉은 것 같으시죠?') 승무원들의 효율적인 의사소통이 불안 감소에 도움을 줄 수 있으며, 공황 상태는 전문 의료인의 도움을 받아야 한다.

- 공황 상태 시 예측 불가한 행동에 대한 안전을 도모하기 위해 가능하다면 자극이 적고, 안전하고 분리된 공간으로 이동시킨다.
- 부드럽고 조용한 목소리로 불안을 감소시키기 위한 효율적인 의사소통을 한다.
- 불안 감소를 위한 심호흡과 간단한 근육이완을 유도한다.
- 호흡곤란이 심한 경우에는 산소 공급을 한다.
- 심한 불안이 통제되지 않는 경우에는 즉시 전문 의료인의 도움을 받아야 한다.

5) 노약자 및 임산부

노약자나 임산부의 경우에는 각 항공사마다 탑승 허가에 대한 기준과 규정을 마련하여 기내에서의 건강상의 문제나 위험이 발생하는 것을 근본적으로 방지하고자 하고 있지만, 노년기 인구의 항공기를 이용한 여행 증가 추세로 인해 예기치 못한 응급 상황이 발생할 확률이 높아지고 있어 노인 승객을 비롯한 약자나 임산부에 대한 특별한 관심과 응급 상황에서의 대처에 대해 준비되어있어야 한다.

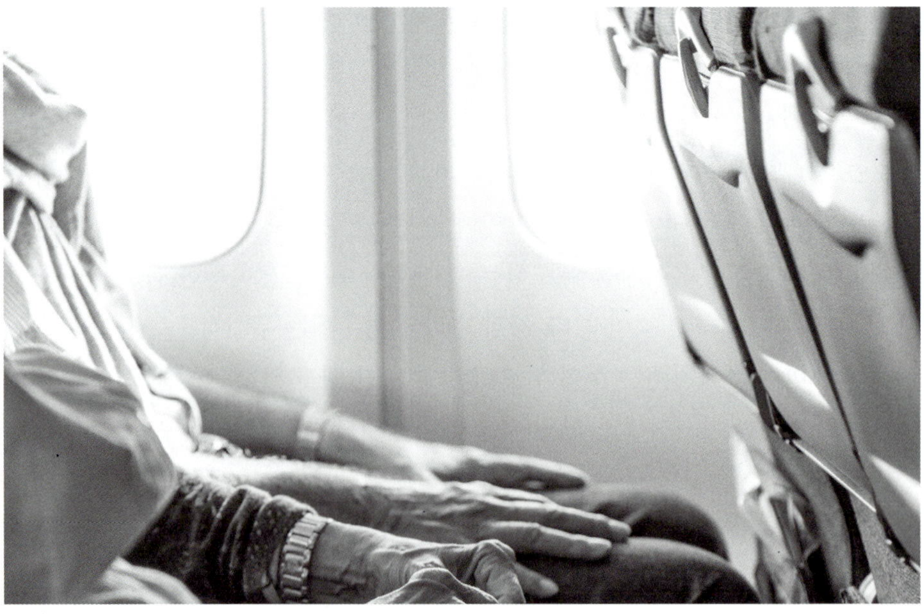

Meinzahn/Thinkstock.com

그림 5.44 | 노인 승객

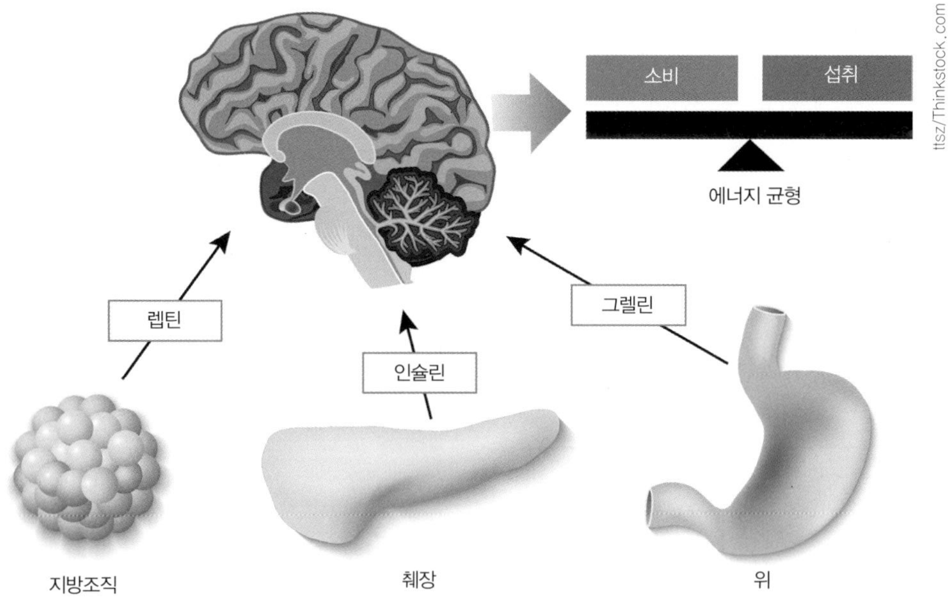

그림 5.45 | 음식 섭취의 통제

(1) 당뇨병 및 저혈당

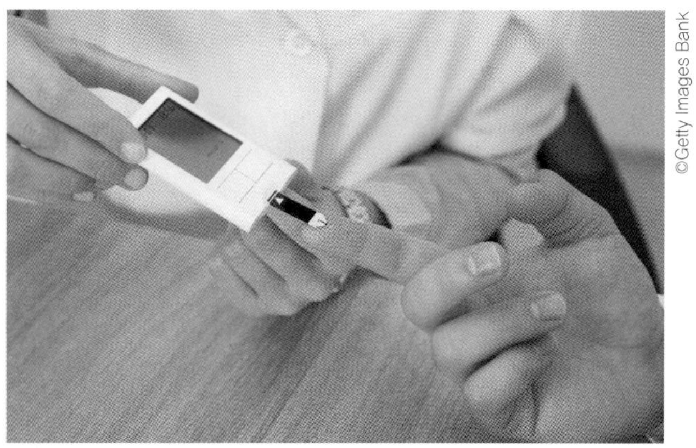

그림 5.46 | 혈당 수치 측정 방법

당뇨병(diabetes mellitus)은 인슐린의 분비량이 부족하거나 정상적인 기능이 이루어지지 않는 등의 대사질환의 일종으로, 혈중 포도당 농도가 높은 것이 특징인 질환이다. 당뇨병은 2개 유형으로 구분되는데, 제1형 당뇨병은 인슐린을 전혀 생산하지 못하는 것이 원인이며, 제2형 당뇨병은 인슐린이 상대적으로 부족한 인슐린 저항성(insulin resistance. 혈당을 낮추는 인슐린 기능이 떨어져 세포가 포도당을 효과적으로 연소하지 못하는 것)이 특징이다.

당뇨병 환자의 경우에 높아진 혈당을 낮추기 위해 인슐린이나 경구용 혈당 강하제를 투여하다 보면 혈당이 에너지 대사의 필요량 이하로 지나치게 낮아지는 저혈당이 발생할 수 있다. 저혈당(hypoglycemia)은 음식을 거르거나 너무 적게 먹은 경우, 심한 운동이나 술을 많이 먹은 경우, 인슐린 주사 양이 너무 많은 경우에 나타날 수 있다. 공복 혈당 정상수치는 100mg/dL를 넘지 않는 것이 정상이며, 126mg/dL를 넘을 경우 당뇨병으로 본다.

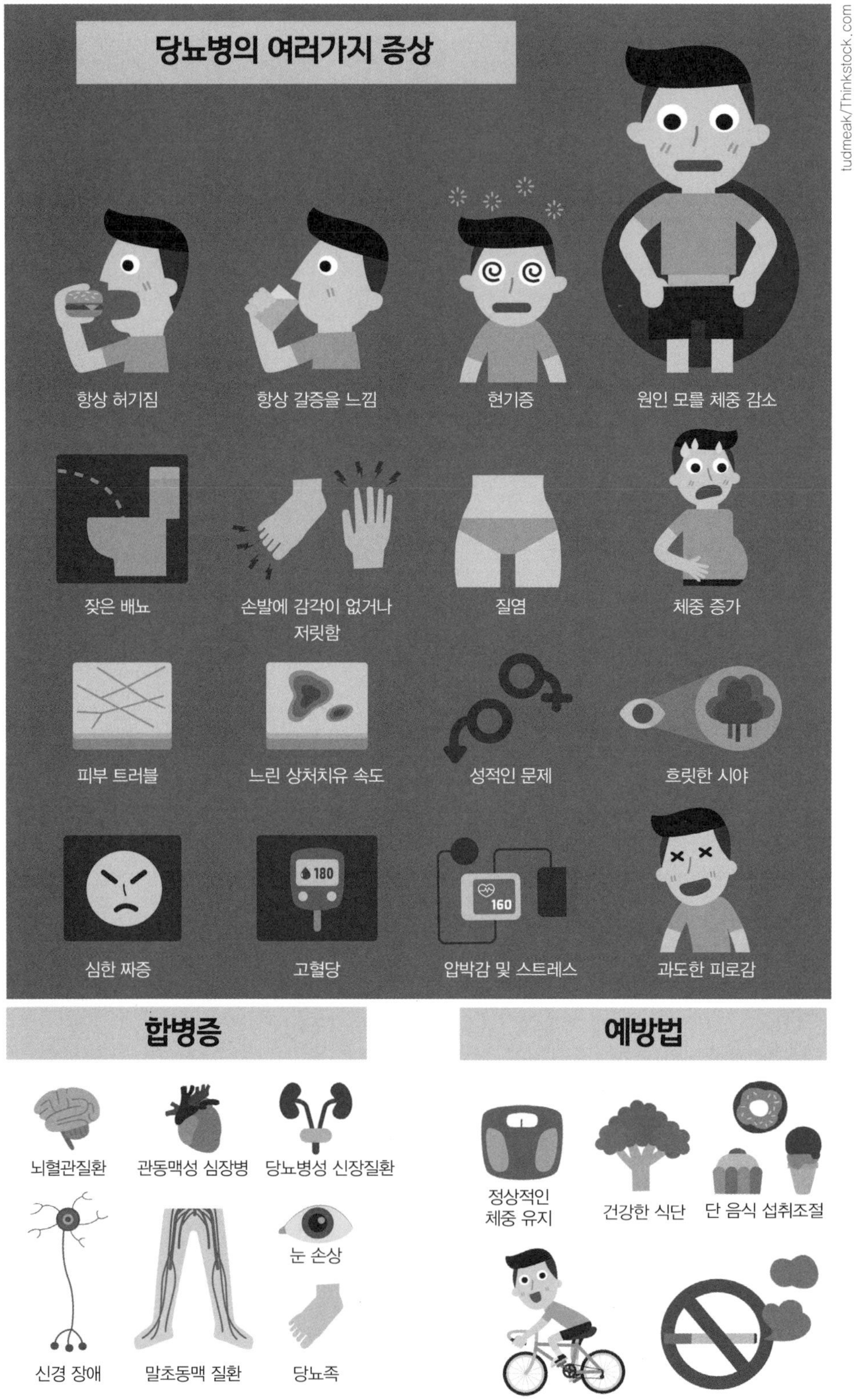

그림 5.47 | 당뇨병의 증상과 예방법

항공기에 탑승한 당뇨병 환자가 저혈당에 빠지게 되는 경우 쇼크에 이르는 위험이 초래될 수 있으므로 응급 상황에 대한 대응이 필요하다.

증상 및 징후

당뇨병 환자에서 저혈당이 발생하면 식은땀이 나고 공복감을 느끼며 손이 떨리고 맥박이 빨라지고 집중력이 저하되며 심한 경우 의식을 잃거나 생명을 잃을 수도 있다.

- 식은땀이 나고, 공복감을 느낀다.
- 복통 및 구토 증상이 나타난다.
- 피부가 축축해지고 끈적거리는 땀이 난다.
- 두통, 현기증, 집중력이 저하된다.
- 몸이 떨리고, 맥박이 빨라진다.
- 불안과 혼란으로 공격적 성향이 생긴다.
- 의식이 희미해지거나 소실된다.

응급처치

저혈당에 대한 응급처치로 혈당을 빨리 올릴 수 있는 사탕, 설탕, 오렌지 주스 등 당질이 포함된 음식을 섭취해야 한다. 당질 15~20g 정도가 들어있는 식품으로는 꿀 한 숟가락, 주스 반 잔, 요구르트 1개, 사탕 3~4개, 콜라 반 캔, 아이스크림 1개 정도가 있다. 당질 5g은 혈당을 약 15mg/dL 상승하게 하므로 가벼운 저혈당 증상의 경우 쉽게 회복될 수 있다. 만일 10~15분이 지나서도 저혈당 증상이 반복될 경우에는 다시 당질 식품을 섭취하도록 한다.

항공기 내에서 당뇨병 환자의 저혈당 증상이 나타나면 즉시 당분을 섭취하도록 해야 하고 환자가 의식을 잃으면 즉시 포도당을 정맥 주사해야 한다.

- 승객의 병력을 반드시 확인하고, 치료중인 약물을 소지하고 있다면 치료 약물을 복용하도록 돕는다.
- 혈당 측정기로 혈당을 체크하여 저혈당 여부를 확인한다.
  - 정상 혈당 수치: 70~100mg/dL
  - 저혈당 수치: 50mg/dL
- 의식이 있는 경우

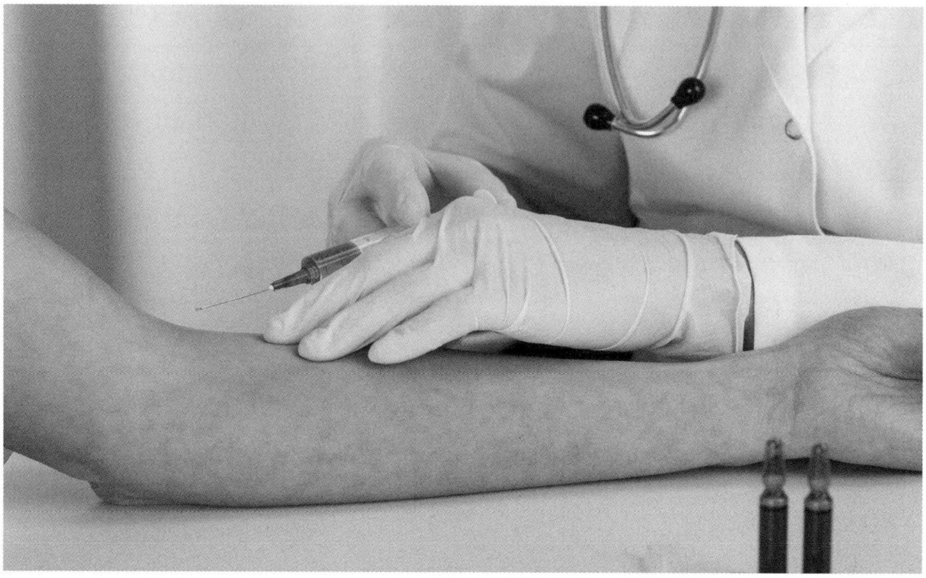

그림 5.48 | 의식이 없는 당뇨 환자는 전문 의료인의 도움을 받아야 한다.

- 당분이 많이 함유된 주스나 사탕을 제공하여 섭취하도록 돕는다.
- 지속적으로 관찰하고, 증상이 지속되면 주스를 추가로 제공한다.

• 의식이 없는 경우
  - 의식 저하나 소실이 있는 경우 전문 의료인의 도움을 받도록 조치한다.
  - 비치된 포도당 정맥주사가 있다면 의료인이 처치할 수 있다.
  - 승객을 옆으로 눕히고 혀 밑에 하이포스톱(hypostop), 글루코젤(glucogel)을 제공할 수 있다.
  - 탑재되지 않는 약품이라면 바닥에 가까운 쪽의 뺨 안쪽에 설탕을 넣어주고 흡수되도록 뺨의 바깥쪽에서 문질러준다.
  - 필요한 경우에는 산소를 제공하고, 전문 의료인의 도움을 받을 수 있도록 한다.

(2) 출산

출산(분만. child birth)이란 자궁 내 태아와 태반을 포함한 그 부속물이 진통과 복압에 의한 만출력에 의해 산도를 통과하여 임산부의 체외로 배출되는 현상을 말한다. 보통 임신 37주 이후 분만이 이루어지는 것이 만삭 분만이고, 임신 37주 이전에 분만하는 경우는 조기 분만, 임신 42주 이후에 분만이 이루어지는 것을 과숙

©Getty Images Bank

그림 5.49 | 자연분만과 신생아

분만이라고 한다. 항공기 내에서의 분만은 드문 일이지만, 산모와 태아에게 심각한 문제가 있지 않는 자연분만의 경우라면 크게 두려워할 일은 아니다. 항공 승무원은 의사나 간호사, 조산사의 도움을 받아 분만 절차를 진행할 수 있도록 도와야 한다.

또한, 기장에게 주요 사항(산모의 성명/나이, 초산 여부, 출산 예정일, 진통 주기, 진통 지속 시간, 산모의 현재 상태)을 제공하여 지상의 의료진과 연락을 취할 수 있도록 보고해야 한다.

증상 및 징후

출산 경험이 있는 경산모는 초산모에 비해 분만 경과가 좀 더 순조롭고, 소요 시간이 적은 것이 보통이나, 초산모가 자연 분만하는 경우에는 진통이 활성화된 시점(3~4분 정도의 진통이 시작되고, 자궁경부가 3~4cm 정도 열림)으로부터는 9시간 정도, 진통 시작으로부터의 총 소요 시간은 16~18시간 정도이다.

| 이슬

이슬은 자궁경부를 막고 있던 점액으로 끈끈하고 흰색이며, 피가 조금 섞인 분비물의 형태로 흘러나오게 된다. 이슬이 보인다고 항상 바로 진통이 시작되는 것은 아니지만, 대부분 이슬이 출산의 시작을 알리는 신호가 된다.

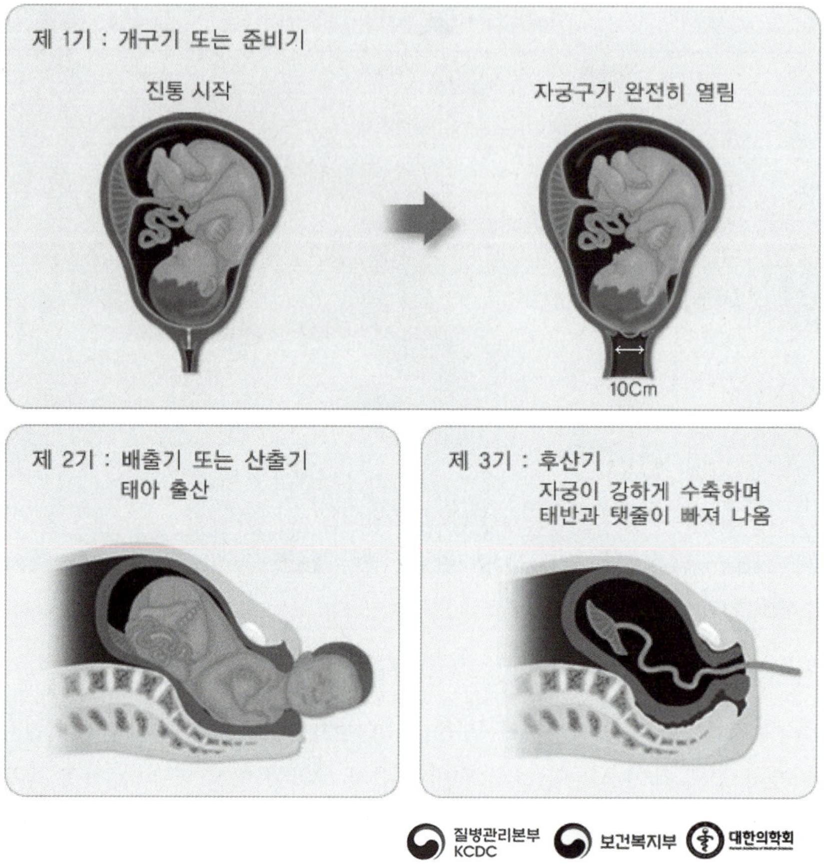

그림 5.50 | 출산의 진행 단계

| 진통

진통은 자궁의 수축과 함께 진행되며 처음에는 20~30분 간격으로 10~20초간 지속되다가, 점점 진통과 진통 사이의 간격이 짧아져 10분 이내로 오면서 진통 강도가 심해진다.

| 파수

파수는 출산이 임박했음을 알리는 신호로서 따뜻한 물과 같은 액체가 질을 통해 흘러나오는 현상으로 양막이 파열되었다는 증거이다. 자궁구가 열리는 순간에 태아와 양수를 싸고 있던 양막이 찢어지면서 양수가 흘러나오게 된다. 대부분은 진통이 시작되고 분만이 진행되면서 파수되는 것이 보통인데, 20~30%에서는 진통이 없이 양수가 먼저 흐르는 조기 파수를 경험할 수도 있다. 조기 파수인 경우에는 태아와 양수가 감염될 우려가 있으므로 산모용 생리대를 즉시 착용하고 전

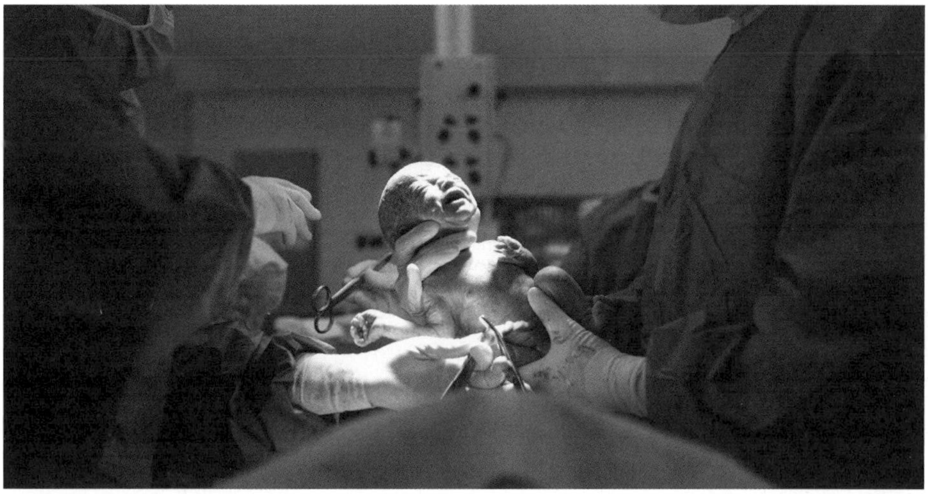

©Getty Images Bank

그림 5.51 | 신생아 출산

문 의료인의 도움을 받아야 한다.

출산은 개구기, 배출기, 후산기로 나누며, 개구기부터 진통이 시작되어 자궁구가 10cm 완전히 열리면 태아가 임산부의 체외로 배출되는 배출기로 진행된다. 각 단계에서 진통과 복압으로 인한 자연적인 힘인 만출력이 경관 및 자궁구를 열게 하여 태아 및 태반을 체외로 배출시키게 된다.

응급처치

- 착륙 후 태아 분만을 할 수 있는 시간이 확보되면 도착 후 기내에 탑승할 의료진이 신속한 조치를 취할 수 있도록 산모를 객실 앞쪽으로 이동시킨다.
- 환자의 불안을 감소시키며, 프라이버시를 지켜주기 위해 조치한다.
- 진통이 있을 때 편한 자세를 위해 부드러운 담요나 베개 등을 적용해준다.
- 산모의 화장실 출입을 제한한다.
- 산모의 회음부 조직이 상할 수 있으니 무리하게 힘을 주지 않도록 안내한다.
- 진통주기가 2~3분 간격이라면 기내 출산을 위한 준비를 해야 한다.

출산 준비

준비 물품

- 비상 의료용구(EMK)
- 구급 의료용품(FAK)
- 감염예방 의료용구(UPK)

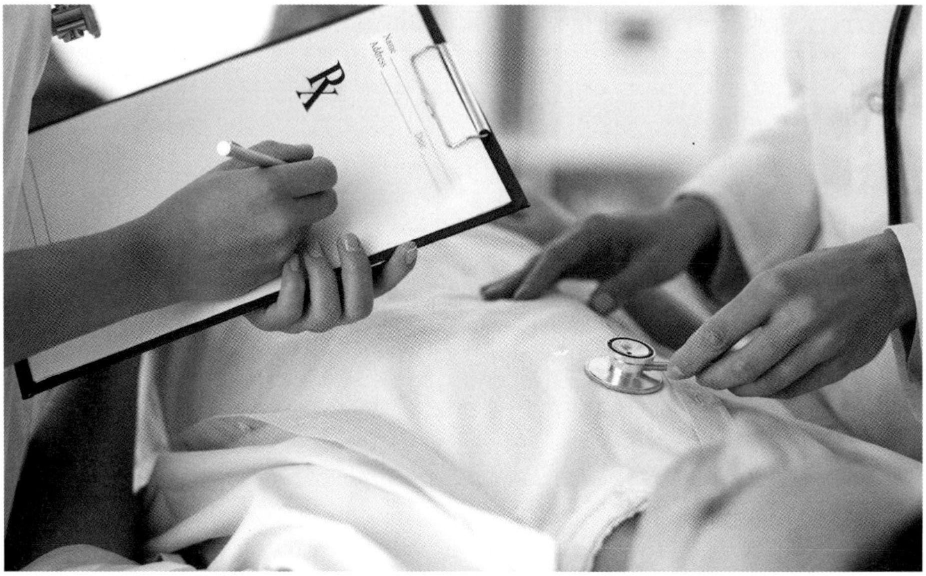

그림 5.52 | 출산 후 산모 안정 유지

- 라텍스 장갑, 탯줄 집게, 따뜻한 물(35~40℃), 깨끗한 리넨, 담요 등

| 출산 진행

- 승무원은 산모 가까이 대기하며, 분만 과정 전반에 걸쳐 진행 상황을 모니터링하고, 산모의 안정을 돕는다.
- 태아의 출산 과정이 원활하게 진행되는지 확인하고, 필요시 돕는다.
- 태아가 나오기 시작하면 손과 팔로 받쳐준다. 자연스럽게 나오도록 유도하고, 잡아당기지 않는다.
- 태아의 머리가 양수 주머니 안에 든 채로 나오게 되면 주머니가 터질 때까지 부드럽게 태아의 머리 뒤쪽을 긁어준다.
- 탯줄이 태아의 목에 감겨 있다면 머리 위로 천천히 벗겨주어야 한다.
- 태아의 머리가 몸보다 낮게 되도록 옆으로 눕히면 혈액과 양수 점액 등이 코와 입에서 빠져나온다.
- 태아의 코와 입 주위를 닦아준다.
- 태아가 첫 숨을 쉬도록 유도한다. 태아의 등을 문지르거나 집게손가락으로 아기의 발바닥을 두드려준다.
- 탯줄은 의료인의 판단 하에 비상 의료용구 내에 비치된 가위를 사용하여 자를 수 있으나, 태아가 탯줄에 의해 태반에 연결되어 있어도 산모와 아기에게는 위

험하지 않기 때문에 급하게 자르지 않도록 한다.

| 후산기

- 태아를 깨끗한 리넨이나 담요에 싸서 산모의 허벅지 상단부에 머리를 아래쪽으로 하여 옆으로 눕힌다.
- 태아 출산 후 몇 분 내에 진행되는 태반 분만을 돕기 위해 산모의 배 부분을 부드럽게 마사지해주도록 한다.
- 배출된 태반은 플라스틱 백에 넣어 의료진이 올 때까지 보관한다.
- 산후 지혈을 돕는다.
  - 태반 분만은 출혈을 수반하므로 생리대를 착용하게 한다.
  - 자궁 윗부분을 부드럽게 마사지하여 자궁수축을 도와 출혈을 줄이게 한다.
- 승무원은 산모 옆에서 안정을 돕는다.
  - 따뜻하고 편안함을 느낄 수 있도록 돕고, 따뜻한 음료를 제공한다.
  - 기내 출산으로 인한 정서적 불안을 최소화하도록 정서적인 지지를 한다.
  - 태아를 곁에 두어 정상적인 분만을 했음을 확인시키고, 격려한다.
- 태아의 정확한 출생 날짜와 시간을 기록하여 전달해주도록 한다.

3. 경미한 증상자 상황별 처치

1) 소화기계 증상

(1) 멀미

멀미(air sickness)는 항공기를 포함하여 자동차, 배 등 진동에 의한 가속도 자극이 내이(inner ear)의 전정기관(전정과 세반고리반: 머리의 수평, 수직, 가속도, 회전 등을 감지하여 중추평형기관에 전달하여 신체의 균형을 유지하게 하는 기관)에 작용하여 일어나는 자율신경계를 중심으로 하는 일과성의 병적 반응을 말한다. 항공기 탑승 시 되도록 진동이나 자극이 적은 자리를 잡고, 담소 등으로 기분전환을 도모하거나 먼 곳의 경치를 바라보는 것이 도움이 된다. 출발 2시간 전에 식사

그림 5.53 | 항공기 내 멀미 환자

를 마치는 것이 좋으며, 부드러운 식사를 하는 것이 도움이 된다.

증상 및 징후

- 오심(속이 메스꺼움)이나 구토, 복부의 불편감이 있다.
- 식은땀이 나고 얼굴이 창백해진다.
- 어지럽거나 무력감이 나타난다.

응급처치

- 찬 공기를 들이마시게 한다.
- 시원한 물수건으로 이마와 목 뒷부분을 적신다.
- 허리벨트나 몸을 죄는 옷을 느슨하게 한다.
- 가능한 경우이면, 진동이나 소음이 적은 좌석으로 이동을 고려한다.
- 필요시 보나링에이정(Bonaling-A Tab. 구역, 구토, 어지러움에 효과적인 멀미약)을 제공한다.

(2) 식중독

식중독(food poisoning)이란 식품의 섭취에 연관된 인체에 유해한 미생물 또는 유독물질에 의해 발생했거나 발생한 것으로 판단되는 감염성 또는 독소형 질환이다.

그림 5.54 | 항공기내 식중독 환자와 식중독을 일으키는 음식

항공기 내에서는 장거리 비행으로 인해 여러 차례의 식사나 음료가 제공되므로 기내식의 준비와 조리과정에 승무원들은 특별히 주의해야 한다.

세균성 식중독의 경우에 대부분의 식중독 균은 온도 4~60°C에서 증식한다. 따라서 뜨거운 음식은 60°C 이상으로, 찬 음식은 4°C 이하로 보관하면 세균의 증식을 방지할 수 있다.

최근 위생 관념이 발달하고 생활이 윤택해지면서 부패한 음식에 의한 세균성 식중독에 비해 바이러스성 식중독이 증가하고 있는데, 겨울철에 주로 발생하는 **노로 바이러스**(norovirus)는 물을 통해 전염되고 이차 감염이 흔하기 때문에 집단적인 발병 양상을 보인다.

노로바이러스 (norovirus)
칼리시 바이러스과에 속하며 입자 크기가 27~40 nm이고 정이십면체 모양인 바이러스이다. 60도에서 30분 동안 가열하여도 감염성이 유지되고, 일반 수돗물의 염소 농도에서도 불활성화되지 않는 특성을 가지며, 매우 전염성 높다.

증상 및 징후

섭취한 음식물은 소화관 내에서 각 영양소로 잘게 분해되고 흡수된다. 음식물에 독소나 세균이 섞여 들어오면 우리 몸에서는 이를 신속히 제거하기 위해 독소가 소화관의 상부에 있는 경우에는 구토를, 하부에 있는 경우는 설사를 통해 체외로 배출시키게 된다. 일부 세균이 만들어내는 독소는 신경 마비, 근육 경련, 의식장애 등의 전신 증상을 일으키기도 한다.

- 오염된 음식을 섭취한 경우 속이 불편하거나 구토를 한다.
- 복통과 두통이 있고, 설사를 동반하기도 한다.

- 열이 나고, 피부에 두드러기가 생길 수 있다.
- 일부 독소는 신경마비, 근육 경련, 의식장애를 일으킬 수도 있다.

응급처치

식중독의 일차적인 치료는 구토나 설사로 인한 체내 수분 손실을 보충하고 전해질 불균형을 교정하는 것이다.

포도당이나 전해질이 포함된 물은 순수한 물에 비해 흡수가 더 빠르기 때문에 끓인 물에 설탕이나 소금을 타서 마시거나 시중의 이온음료를 마시는 것이 도움이 된다. 설사가 심한 상태에도 장에서 수분을 흡수할 수 있기 때문에 되도록 수분 섭취로 탈수를 예방해야 한다.

- 물이나 이온음료 등을 제공하여 수분을 충분히 공급한다.
- 두드러기 증상이 나타나면 환부에 차가운 찜질을 해준다.
- 신경마비, 근육경련, 의식장애가 나타나면 즉시 전문 의료인의 도움을 받아야 한다.
- 다른 탑승객들도 같은 증상이 나타나는지를 확인하고, 상급자 및 기장에게 보고하여 병원에 호송될 수 있도록 조치한다.

2) 안과 및 이비인후과 증상

(1) 눈의 이물질

©Getty Images Bank

그림 5.55 | 점안액 사용

눈에 이물질(foreign body in the eye)이 들어가면 불편감과 통증, 충혈 등이 발생할 수 있다. 단순한 이물질이 들어갈 수도 있지만, 화학물질의 경우에는 각막조직의 변화나 염증 등을 초래할 수 있어 즉시 조치가 필요하다. 항공기 내는 압력이나 건조한 공기 등으로 안구가 건조해질 수 있으므로, 눈에 먼지나 이물질이 들어간 경우에 즉시 적절한 조치를 해야 한다.

증상 및 징후

눈의 이물감, 통증, 충혈이 발생한다.

응급처치

- 단순 이물질인 경우 흐르는 물이나 식염수로 씻어낸다.
- 이물질이 명확해 보이지만, 나오지 않고 불편감과 눈 주위에 통증이 있을 때는 환자를 눕히고, 이물질을 억지로 꺼내지 않는다.
- 눈을 감은 상태로 머리를 많이 흔들지 않도록 하는데, 이는 이물질이 움직여서 안구 뒤쪽으로 넘어가는 것을 막기 위함이다.
- 안대 대신 눈과 이물질 위에 컵을 대어 이물질이 움직이지 않도록 하고 붕대를 감아 고정해준다.
- 화학물질이 눈에 튀거나 들어간 경우에는 눈을 만지거나 문지르지 않도록 하고, 즉시 흐르는 물이나 식염수로 씻어내야 한다. 15~20분 정도 충분히 씻는 것이 좋다.

(2) 비출혈

비출혈(nose bleeding/epistaxis)은 흔히 코피라고 표현되는 코 질환의 하나로 일상생활에서 흔히 접할 수 있다. 외상이 비출혈의 가장 흔한 원인이지만, 비중격(좌우 코 안의 경계를 이루는 벽) 및 비강질환, 염증이나 종양, 기압의 변화 등에 의해 발생하거나, 혈액응고 장애, 동맥경화증 등의 신체질환에 의해 발생하기도 한다. 출혈이 발생하는 위치에 따라 전방 비출혈과 후방 비출혈로 나눈다. 전방 비출혈

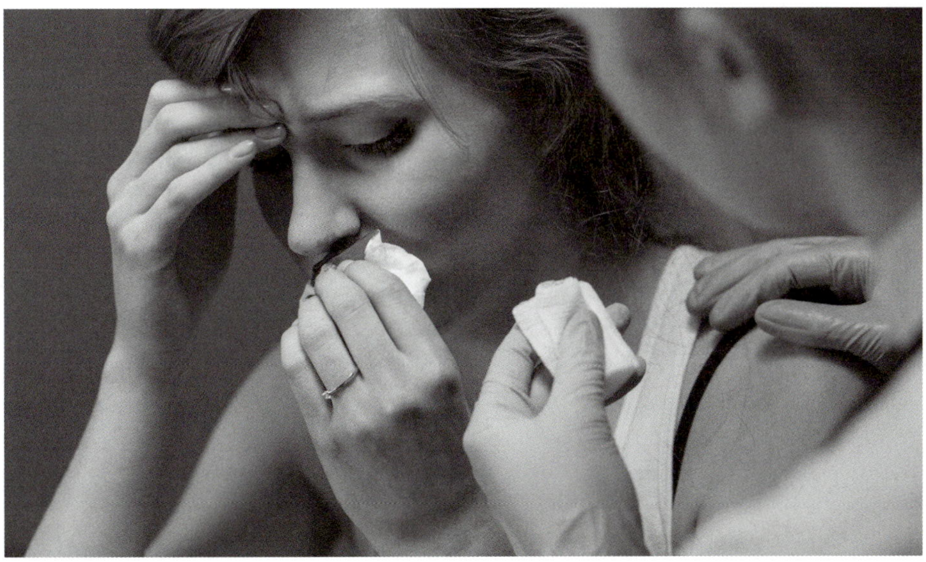

그림 5.56 | 비출혈 환자

은 출혈이 되어도 양이 많지 않아 자연적으로 지혈되는 경우가 흔하지만, 후방 비출혈이 있는 고혈압 환자나 고령자의 경우는 지속적으로 많은 출혈이 가능해 위험할 수 있다. 항공기 내 기압의 변화나 건조한 공기로 인해 비강점막이 건조해져서 비출혈 환자가 발생할 수 있으므로 적절한 조치가 필요하다.

증상 및 징후

- 전방 비출혈인 경우 일반적으로 피가 코의 앞쪽으로 흘러내린다.
- 후방 비출혈이 있는 경우에는 피가 코의 뒤쪽으로 넘어가 목구멍으로 넘어갈 수도 있다.

응급처치

- 비출혈이 생기면 바른 자세로 앉게 하고, 고개를 앞으로 숙이게 한다.
- 고개를 뒤로 젖히게 되면 목구멍으로 넘어가 기도로 흡인될 위험이 있다.
- 탈지면으로 코를 막고, 콧등 아래 연골 부위를 지그시 눌러서 지혈을 한다.
- 목 뒤에 얼음주머니를 대거나 코 주변에 냉찜질을 하는 것도 도움이 된다.
- 비출혈이 심한 경우, 환자가 당황할 수 있으므로 정서적 안정을 돕는다.

3) 피부계 증상

(1) 두드러기

두드러기(urticaria)는 피부나 점막에 존재하는 혈관의 투과성(물질분자의 통과나

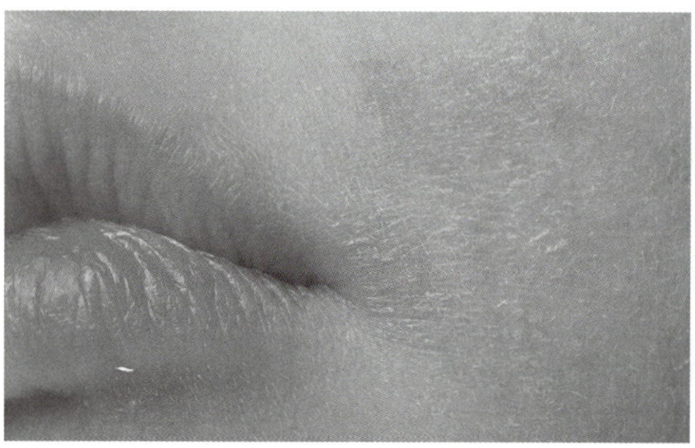

▲ 얼굴의 두드러기

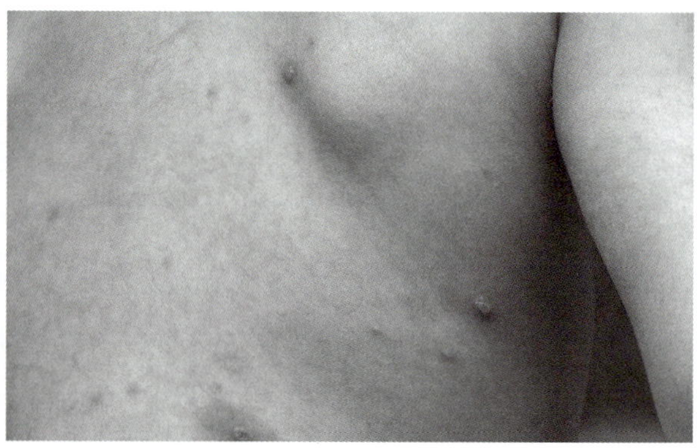

▲ 등 부위의 두드러기

그림 5.57 | 부위별 두드러기 증상

그림 5.58 | 알레르기의 여러 가지 증상

침입을 허용하는 성질)이 증가되면서 일시적으로 혈장 성분이 조직 내에 축적되어 피부가 붉거나 흰색으로 부풀어 오르고 심한 가려움증이 동반되는 피부 질환이다. 두드러기는 기간에 따라 급성과 만성 두드러기 및 혈관 부종으로 나누는데, 급성 두드러기는 대개 음식물이나 약물에 의해 발생되며 수일에서 최대 6주 이내에 호전되는 것이 대부분이고, 6주 이상 지속되는 경우를 만성 두드러기로 정의한다.

두드러기와 혈관 부종은 대개 치료하지 않아도 24시간 이내에 흔적도 없이 사라지며 치명적인 경우는 없다. 그러나 어지러움, 숨을 쉴 때 쌕쌕거리는 소리, 호흡곤란이 함께 발생하는 경우나 가슴이 답답하거나 혹은 혀, 입술, 얼굴에 부종이 있는 경우에는 생명에 위협을 줄 수 있다.

증상 및 징후

- 열이 나고, 피부 가려움증이 나타난다.
- 환부가 붓거나 피부가 울긋불긋하게 변한다.
- 심한 경우에는 어지러움, 호흡곤란이 나타날 수도 있다.

응급처치

- 두드러기의 원인과 환자의 알레르기 병력을 확인해본다.
- 환자가 소지한 약물이 있는지 확인하고, 복용하도록 한다.
- 두드러기가 난 부위를 긁지 않도록 한다.
- 미지근한 물이나 찬물로 환부를 씻거나 냉찜질을 하는 것이 도움이 된다.
- 심각한 알레르기 반응으로 호흡곤란이 오면 인공호흡과 심폐소생술을 시행할 수도 있다.

요약

- 기내 의료인에 의해서 응급처치하는 경우 객실승무원은 기내 탑재된 의료 장비와 약품을 제공하고 응급처치에 협조하며 항공기 도착 후 공항 의료진에게 환자가 인도되기 전까지 담당 객실승무원은 환자 옆에서 적절한 도움을 제공한다.
- 기내 의료인이 없는 경우 응급처치의 기본 원칙에 따라 승무원이 직접 응급처치를 실시한다. 필요시 응급의료 콜 시스템(EMCS)을 활용하여 항공의료센터 의사로부터 자문을 받는다.
- 심장 및 순환기의 이상 증상은 매우 위급한 것으로, 항공기 내에서 발생하면 환자의 생명유지를 위해 발견 즉시 응급처치가 필요한 증상들이다.
- 항공기 내에서 발생할 수 있는 호흡기 관련 응급 증상으로는 저산소증, 과호흡, 기도폐쇄와 천식이 있을 수 있다.
- 항공기 내에서 발생하는 주요 근골격계 응급 상황으로는 골절, 염좌와 타박상이 있다. 가장 심한 근골격계 외상인 뼈가 부러지는 골절은 염좌와 타박상을 당연히 동반하며, 인대가 파열되는 정도의 외상인 염좌에서도 타박상은 동반되므로 우선 골절의 여부를 판단한 후에 염좌와 타박상을 구분하게 된다.
- 항공기 내에서 발생하는 신경계 및 정신 증상으로 뇌졸중과 경련 및 발작, 불안 및 공황이 있다.
- 노년기 인구의 항공기를 이용한 여행 증가 추세로 인해 예기치 못한 응급 상황이 발생할 확률이 높아지고 있어 노인 승객을 비롯한 약자나 임산부에 대한 특별한 관심과 응급 상황에서의 대처에 대해 준비되어있어야 한다.

CHAPTER

06 응급 환자 초기 대응하기 Ⅱ

학습목표	1. 응급 상황 발생 시, 객실승무원은 즉각적으로 상황을 판단하여 인명을 구조할 수 있는 기본적인 의무 지식을 갖추고 기본술기를 수행할 수 있어야 한다. 2. 응급구조를 위한 기도폐쇄 응급처치와 심폐소생술, 자동심실제세동기 사용에 대해 알아보기로 한다. 3. 외상처치를 위한 기본술기를 수행할 수 있으며 활력 징후를 측정할 수 있다.

1. 인명구조를 위한 기본술기

1) 기도폐쇄 응급처치

기도폐쇄(choking)는 일반적인 상황에서는 발생하지 않지만, 소아나 고령자가 이물질(사탕, 고기, 땅콩 등)을 삼키거나, 의식이 없는 환자의 혀가 뒤로 말리거나 구토물이 있거나, 부러진 치아나 출혈 등의 외상이 있을 때 기도폐쇄가 올 수 있다.

기도폐쇄 환자의 응급처치는 의식의 유무에 따라 대응이 서로 다른데, 이를 도식화하면 다음과 같다.

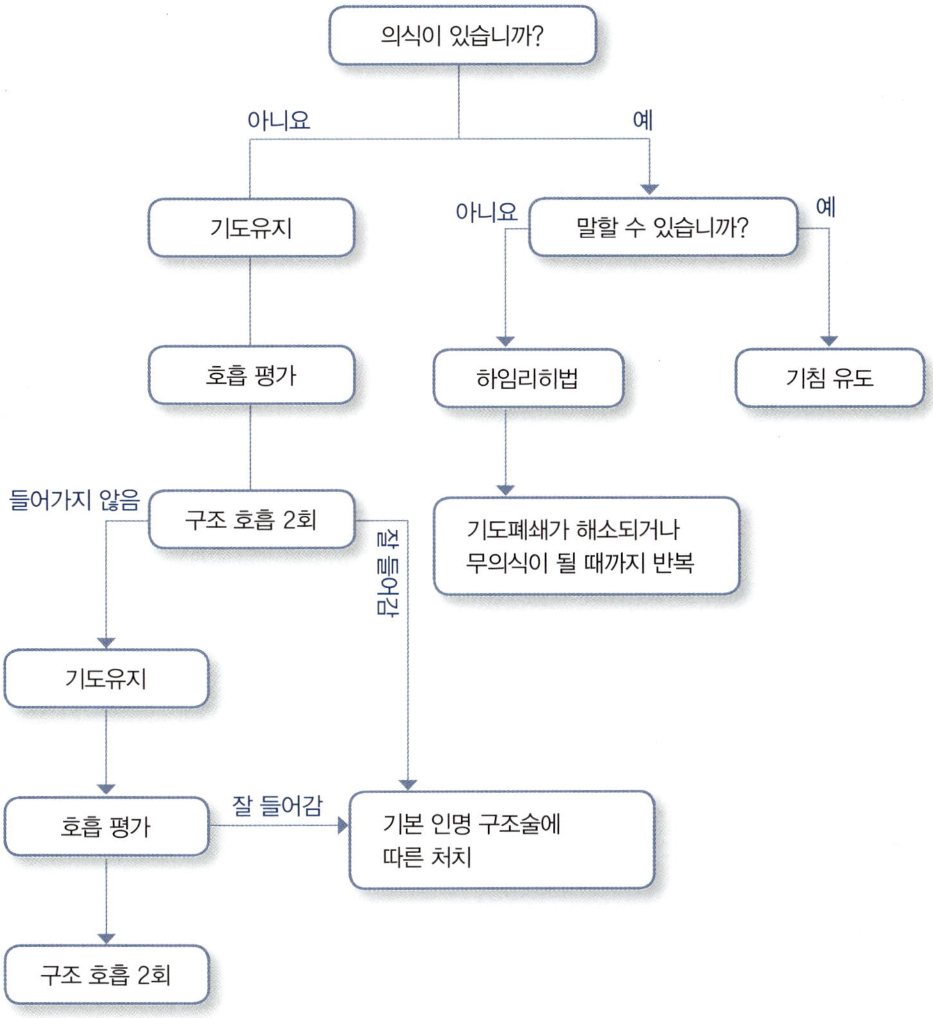

※ 단, 하임리히법에서 소아, 비만자, 임산부는 흉부 압박을 적용한다.

표 6.1 | 기도폐쇄 응급처치

(1) 의식이 있는 성인의 기도폐쇄 응급처치

의식이 있지만 기침을 효율적으로 잘 하지 못하는 경우에는 하임리히법(복부 밀어내기)을 시행한다.

	1. 환자의 뒤에 어깨 높이를 같게 하여 서거나 구조자가 환자보다 키가 훨씬 클 때는 무릎을 꿇고 앉는다.
	2. 환자의 허리를 팔로 감싸고 한쪽 다리를 환자의 다리 사이에 지지한다.
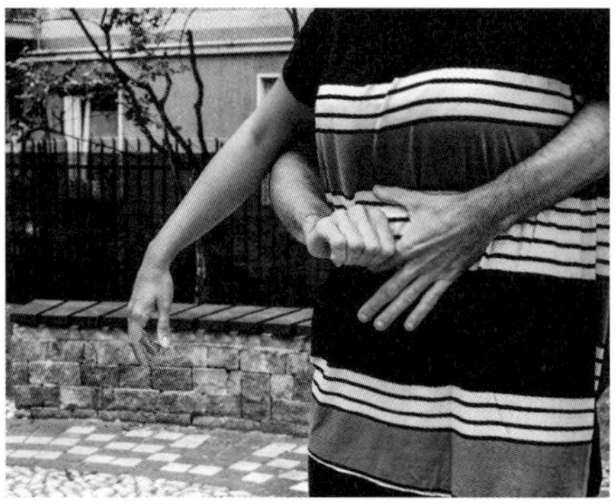	3. 구조자는 한 손을 주먹 쥔다. 주먹 쥔 손의 엄지를 배꼽과 명치(검상돌기) 중간에 위치한다.
	4. 다른 한 손으로 주먹 쥔 손을 감싸고 복부 안쪽으로 힘껏 잡아당기면서 위로 빠르게 밀쳐 올린다.

그림 6.1 | 의식 있는 성인의 기도폐쇄 응급처치(계속)

5. 시행할 때마다 이물질이 밖으로 나왔는지 확인한다. 여러 번 실시하는 것보다 한 번에 강하게 시행하는 것이 더 효과적이다.

6. 이물질이 제거되거나 환자가 의식을 잃을 때까지 계속한다.

©Getty Images Bank

그림 6.1 | 의식 있는 성인의 기도폐쇄 응급처치

이물질에 의한 기도폐쇄(의식이 있는 환자)
1. '숨이 막힙니까?'라고 물어본다. 2. 복부 밀어내기(abdominal thrust)를 실시한다. 3. 복부 밀어내기는 기도 내의 이물질이 제거되거나 환자가 의식을 잃을 때까지 계속 실시한다. 4. 만약 부상자가 의식을 잃게 되면, 주위의 조력자와 전문 의료인의 도움을 요청한다. 5. 엄지로 턱과 혀를 거상한 후 손가락으로 이물질을 제거한다. 6. 기도유지 후 인공호흡을 실시한다. 만약 아직도 막혀있다면 기도유지를 다시 한 번 실시한 후 인공호흡을 재시도한다. 7. 복부 밀어내기를 5회 실시한다. 8. 효과적으로 이물질이 제거될 때까지 몇 차례 반복한다.

표 6.2 | 이물질에 의한 기도폐쇄 대응(의식이 있는 환자)

(2) 의식이 있는 임산부나 복부 비만 환자의 기도폐쇄 응급처치

- 환자를 세워 환자 뒤에서 양팔을 환자의 겨드랑이에 넣는다.
- 한 손은 주먹을 쥐고 다른 손으로 주먹을 감싸 흉골(복장뼈) 중앙에 둔다.

- 두 손으로 환자의 가슴을 빠르게 수평으로 압박한다.
- 이물질이 제거될 때까지 계속 확인하며, 반복 시행한다.

(3) 의식이 있는 영아의 기도폐쇄 응급처치

- 영아의 얼굴을 위로 향하게 하여 턱을 잡고 다른 손으로 영아의 머리, 목과 등을 받친다.
- 구조자의 다리로 영아의 머리, 목 등을 함께 받친다.
- 영아의 등이 위로 가도록 영아를 뒤집어 얼굴을 아래로 가도록 한다.
- 영아의 머리를 가슴보다 아래로 향하게 한 채 손바닥 끝부분으로 5회 두드려준다.
- 영아의 얼굴이 위로 오도록 뒤집어서 이물질 제거를 확인한다.
- 이물질이 제거되지 않았다면 두드리기와 흉부 압박을 5회씩 반복적으로 실시한다.

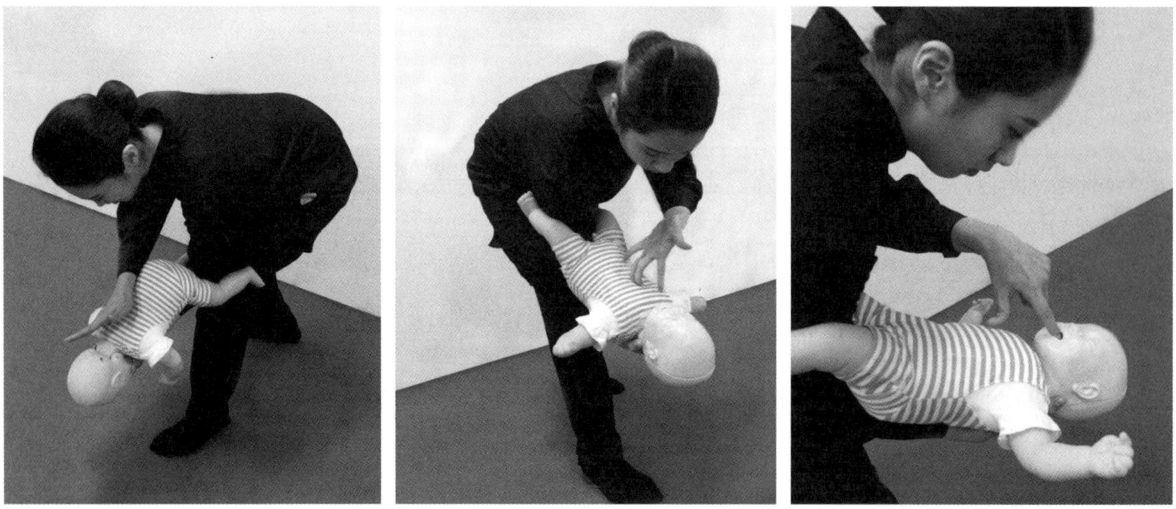

그림 6.2 | 영아의 기도폐쇄 응급처치

(4) 의식이 없는 성인의 기도폐쇄 응급처치

의식을 잃었거나 의식이 없는 경우에는 엄지로 턱과 혀를 거상한 후, 손가락으로 이물질을 제거하고, 기도유지 후 인공호흡을 실시하고, 복부 밀어내기를 4~5회 실시한다.

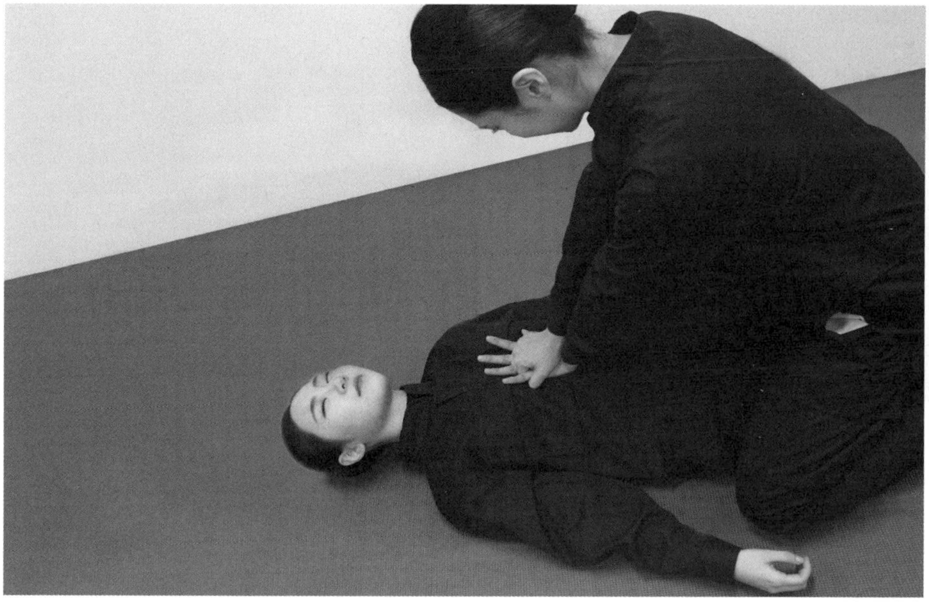

그림 6.3 | 무의식 기도폐쇄 환자의 하임리히법

기도유지 방법

| 두부후굴–하악거상법

가장 보편적으로 활용되며 효과적인 기도확보법이다. 두부후굴법만 이용하여도 기도를 확보할 수 있지만 하악거상법을 병용하면 더욱 더 효과적이다.

- 환자를 평평하게 눕힌다.
- 이마에 한 손을 위치시키고 손바닥으로 힘껏 뒤로 민다.
- 다른 손의 식지와 중지를 이용하여 하악의 골격부를 들어올리면 기도 확보가 보다 용이해진다.
- 기도유지가 이루어지면 환자 스스로가 호흡을 할 수 있는 경우도 있으므로 반드시 응급처치 요원이 보고, 듣고, 느끼면서 호흡을 확인해야 한다.

| 하악 견인법–양수 턱 거상법

이 방법은 외상환자 중 경추 손상이 의심되는 환자에게 시행한다. 주된 목적은 경추 손상이 있는 것으로 의심되는 두부 손상이나 견갑골 상부의 손상을 받은 환자에게 기도 확보를 시행하다가 발생할 수 있는 추가적인 경추 손상을 방지하는 데 있다.

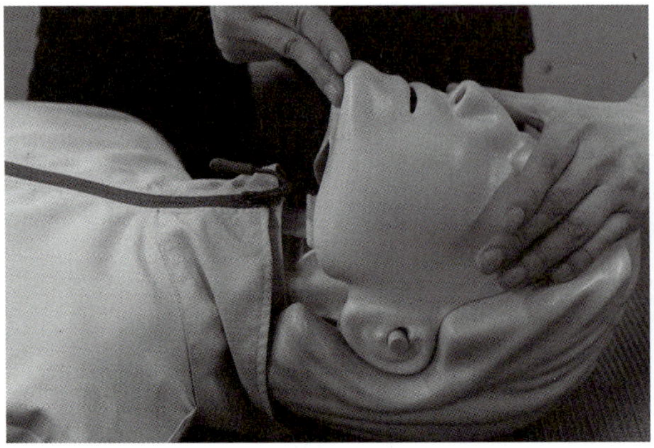

▲ 두부후굴-하악거상법

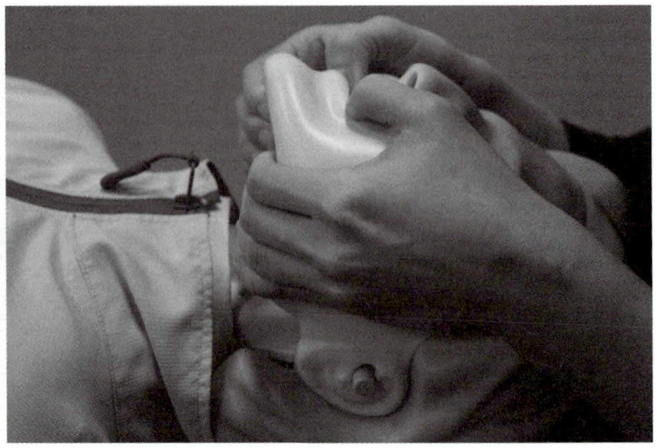

▲ 하악견인법-양수 턱 거상법

그림 6.4 | 기도유지 방법

- 응급처치 요원이 환자의 머리 쪽에 상체 정도의 거리를 두고, 무릎을 꿇은 채 앉아서 위치한다.
- 응급처치 요원의 두 팔을 지면에 고정한 채 환자의 하악골 양측의 상부와 하부면을 양쪽 엄지손가락과 나머지 네 손가락을 이용하여 잡는다.
- 엄지손가락을 이용하여 하악을 전방으로 밀어 입을 열도록 해준다.
- 나머지 네 손가락들을 이용해서는 하악부를 위로 들어 올려준다.
- 환자의 두부가 움직이지 않도록 해주면서 기도유지를 지속한다.
- 기도를 유지한 후에는 손가락으로 이물질을 제거한다.

이물질에 의한 기도폐쇄(무의식 환자)
1. 의식 유무를 확인한다. 주위의 조력자와 전문 의료인의 도움을 요청한다. 2. 기도유지를 한 후 인공호흡을 시도한다. 만약 막혀있다면, 기도유지를 다시 실시하고 인공호흡을 재실시한다. 3. 복부 밀어내기를 4~5회 실시한다. 4. 턱과 혀를 거상한 후 손가락으로 이물질을 제거한다. 5. 효과적으로 이물질이 제거될 때까지 2~4회 반복 실시한다.

표 6.3 | 이물질에 의한 기도폐쇄 대응(무의식 환자)

2) 심폐소생술 수행

현재 법률적으로 사망이라고 함은 심장 기능이 멎었을 때를 의미한다. 이러한 심장 정지 환자들에게 자발적인 심장 활동과 호흡을 회복시키고자 하는 일련의 과정이 심폐소생술(cardiopulmonary resuscitation: CPR)이다. 심장은 규칙적인 박동을 통해 우리 몸의 중요한 각 조직에 혈액을 통해 산소를 공급하는 중요한 장기로 흉골 중심부에서 약간 왼쪽으로 치우쳐 위치하며 두 개의 심방과 두 개의 심실에 관 모양(crown)의 혈관(관상동맥)으로 둘러싸여 있다. 4분 이내에 적절한 소생술을 받지 못하면 뇌세포 손상이 일어나고, 뇌사상태로 발전될 수 있으므로 적시에 시행하는 것이 중요하다. 심폐소생술은 우선, 환자의 의식유무에 대한 확인과 함께 주위에 도움을 줄 협조자를 요청하고 흉부 압박을 30회 실시 후 머리를 젖히고 턱을 들어 기도를 유지하고, 인공호흡을 2회 실시한다.

(1) 성인 심폐소생술 수행 순서

의식 확인과 도움 요청

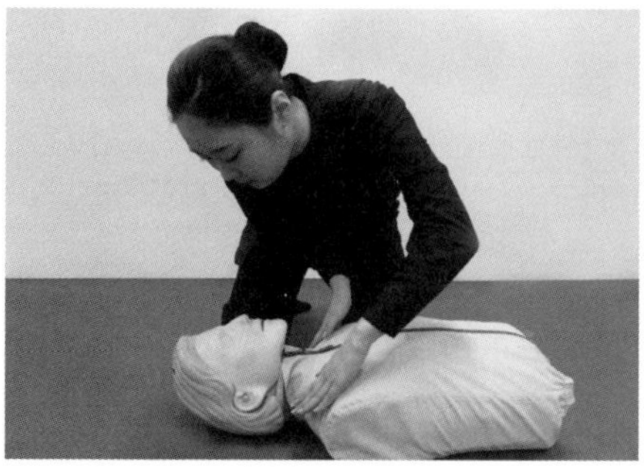	1. 환자를 바로 눕힌 후 양쪽 어깨를 가볍게 치면서 의식이 있는지 확인한다.
	2. 주변 사람들에게 도움과 자동심실제세동기(AED)를 요청한다. 이때 흉부 압박을 위해 상체를 노출시킨다.

그림 6.5 | 의식 확인 및 도움 요청

흉부 압박(30회)

<table>
<tr><td>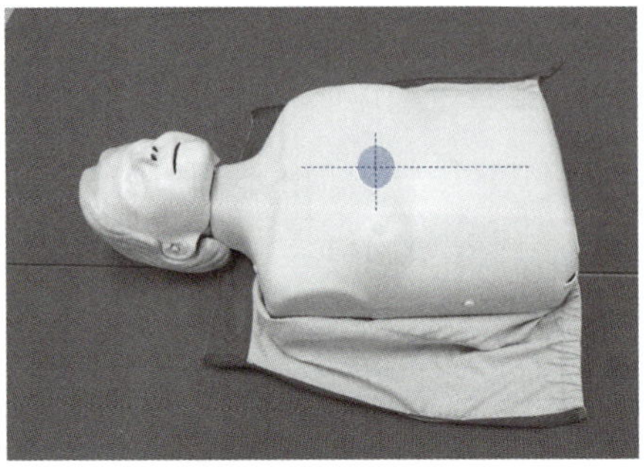</td><td>1. 가슴의 중앙인 흉골의 아래쪽 절반 부위에 손바닥을 위치시킨다.</td></tr>
<tr><td>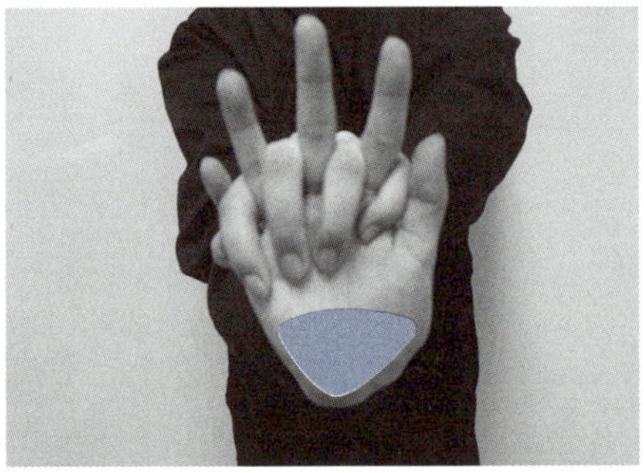</td><td>2. 양손을 깍지 낀 상태로 손바닥의 아래 부위만을 환자의 흉골 부위에 접촉시킨다.</td></tr>
<tr><td>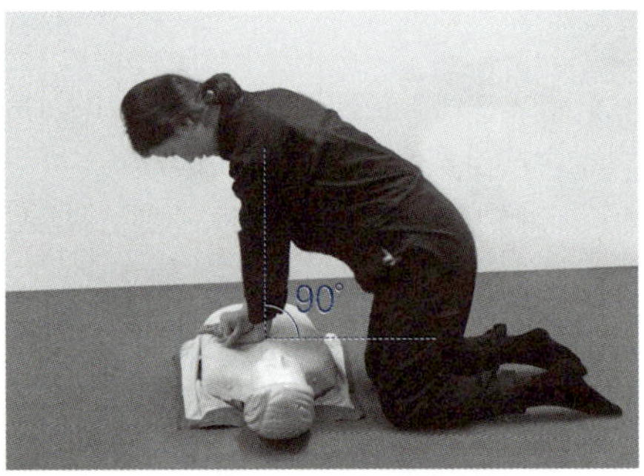</td><td>3. 시술자의 어깨는 환자의 흉골이 맞닿는 부위와 수직이 되게 위치한다.</td></tr>
<tr><td>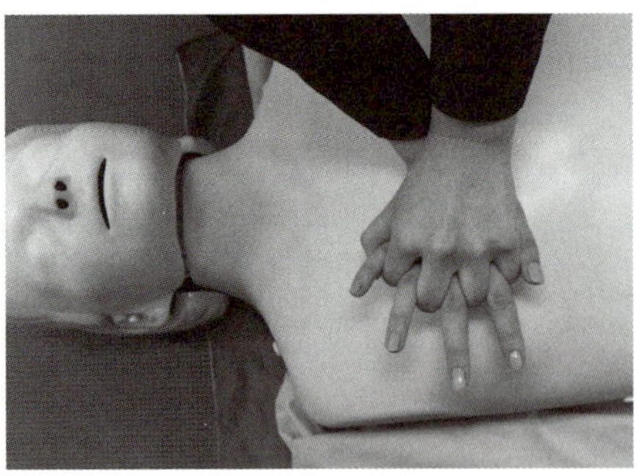</td><td>4. 양쪽 어깨 힘을 이용하여 분당 100회 이상의 속도로 5cm 이상 깊이로 강하고 빠르게 30회 눌러준다.</td></tr>
</table>

그림 6.6 | 흉부 압박

인공호흡(2회)

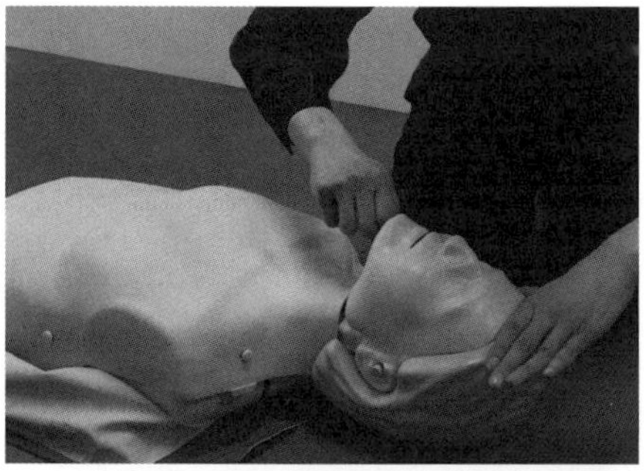	1. 한 손으로 턱을 들어올리고, 다른 손으로 머리를 뒤로 젖혀 기도를 개방시킨다.
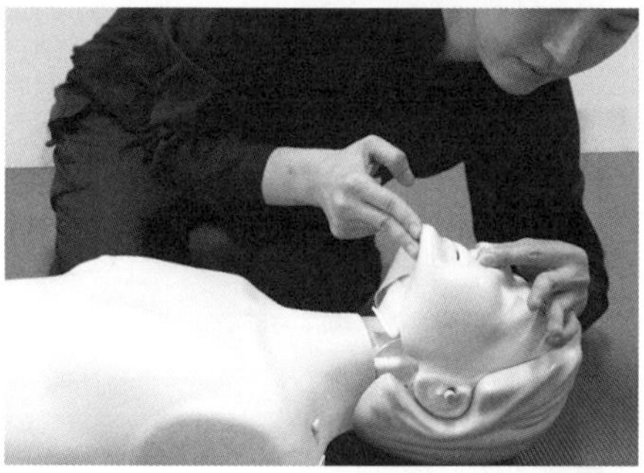	2. 머리를 젖힌 손의 검지와 엄지로 코를 막은 뒤 환자의 입에 숨을 2회 불어넣는다. 1회 불어넣고 난 후, 코를 막은 손을 잠시 떼고, 다시 검지와 엄지로 코를 막고 추가 1회를 불어넣는다.
	3. 숨을 불어넣을 때 곁눈질로 환자의 가슴이 상승하는지 관찰하도록 한다.

그림 6.7 | 인공호흡

절차 반복

- 전문 의료인과 자동심실제세동기 도착 및 패드 부착 시까지 가슴 압박과 인공호흡을 30:2 비율로 절차를 반복한다.
- 심폐소생술을 지속하는 동안 환자가 스스로 숨을 쉬거나 움직임이 명확할 때 심폐소생술을 중단할 수 있다.
- 호흡과 의식이 돌아오면 회복자세를 유지해준다

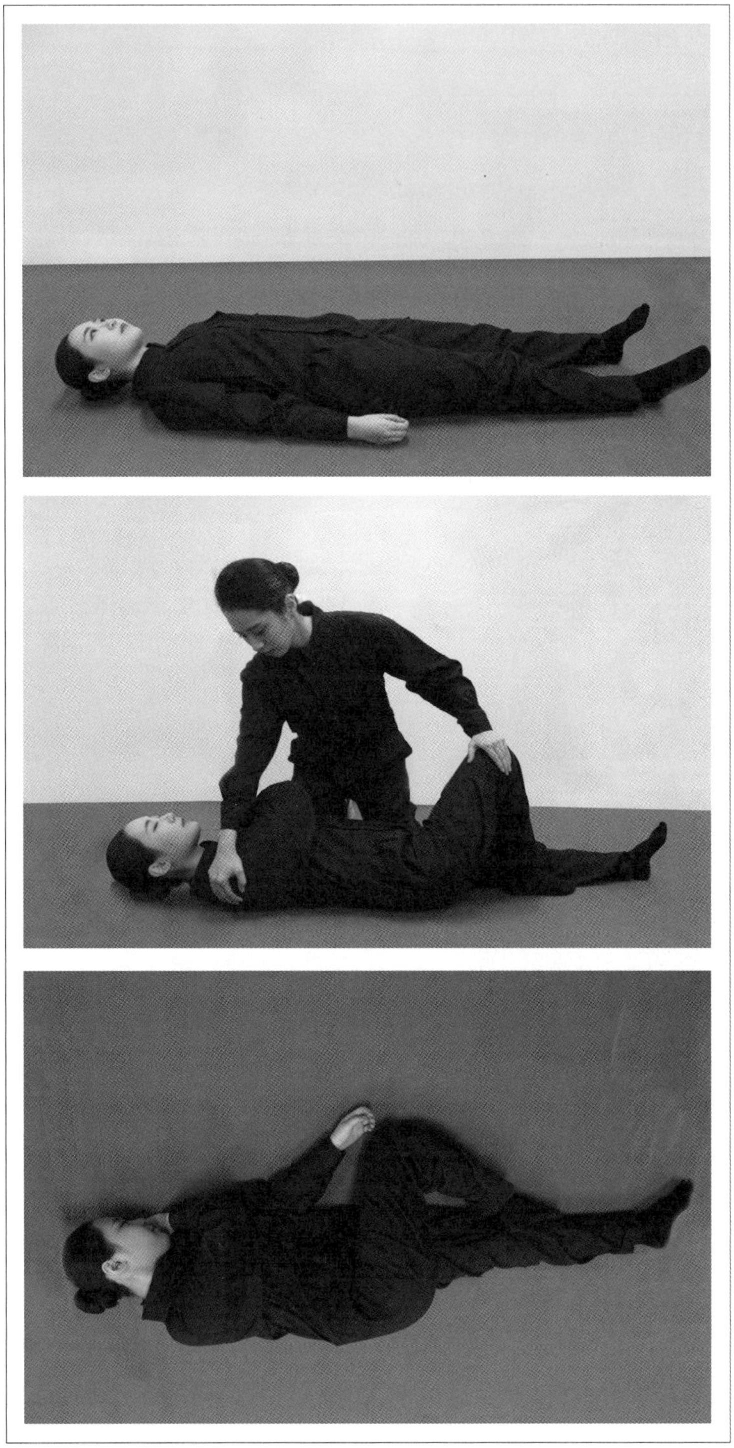

그림 6.8 | 회복자세

(2) 영아 심폐소생술 수행 순서

의식 확인과 도움 요청

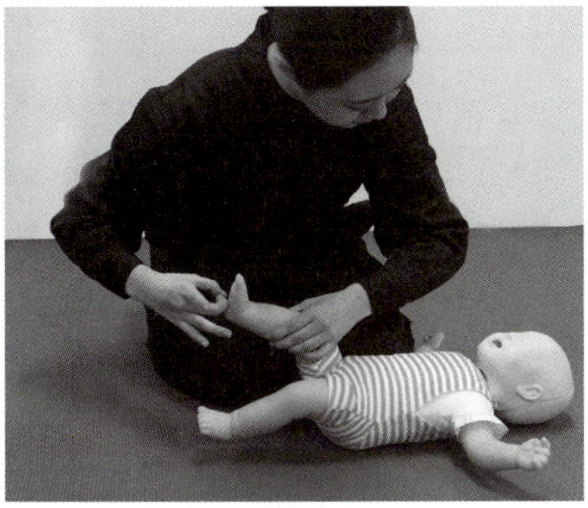	1. 영아를 바로 눕힌 후 발바닥을 가볍게 치면서 의식이 있는지 확인한다.
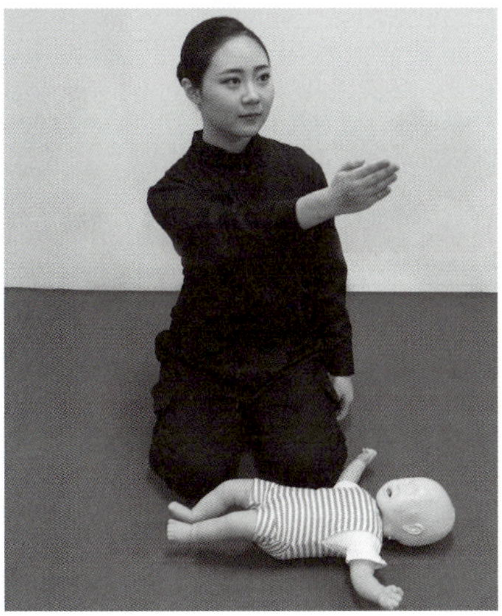	2. 주변 사람들에게 도움 요청과 자동심실제세동기(AED)를 요청한다.

그림 6.9 | 영아 심폐소생술 수행 시 의식 확인과 도움 요청

흉부 압박(30회)

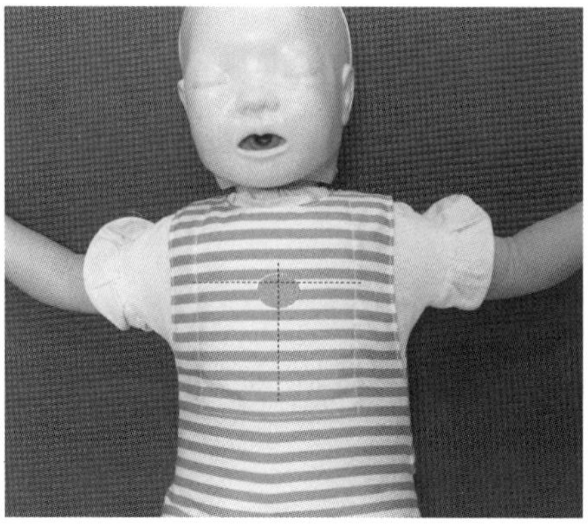

1. 압박할 위치는 양쪽 젖꼭지 부위를 잇는 선 정 중앙의 바로 아래 부분이다.

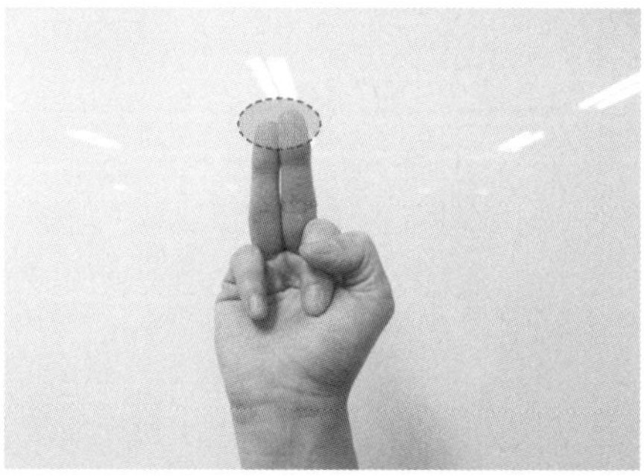

2. 검지와 중지 또는 중지와 약지 손가락을 모은 후 첫마디 부위를 영아의 흉골 부위에 접촉시킨다.

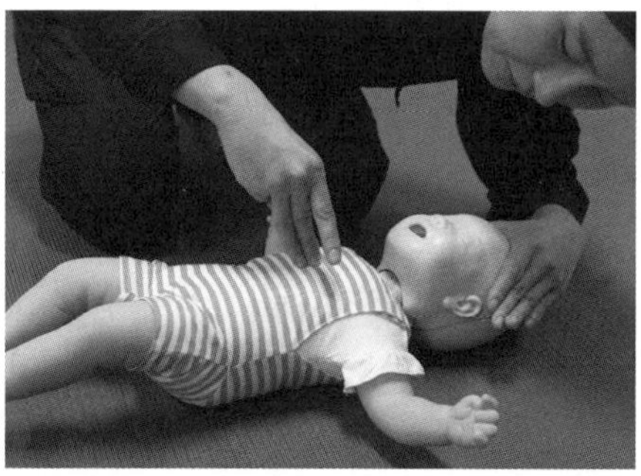

3. 시술자의 손가락은 영아의 흉골이 맞닿는 부위와 수직이 되게 위치한다.

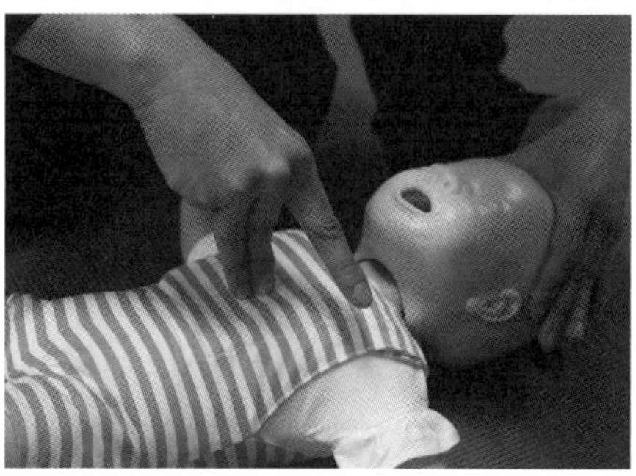

4. 1분당 100회 이상의 속도와 4cm 정도의 깊이로 강하고 빠르게 30회 눌러준다.

그림 6.10 | 영아 흉부 압박

인공호흡(2회)

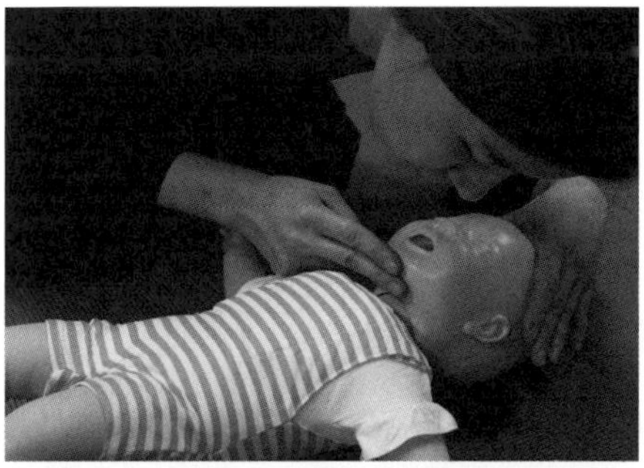	1. 한 손으로 귀와 바닥이 평행할 정도로 턱을 들어올리고, 다른 손으로 머리를 뒤로 젖힌다.
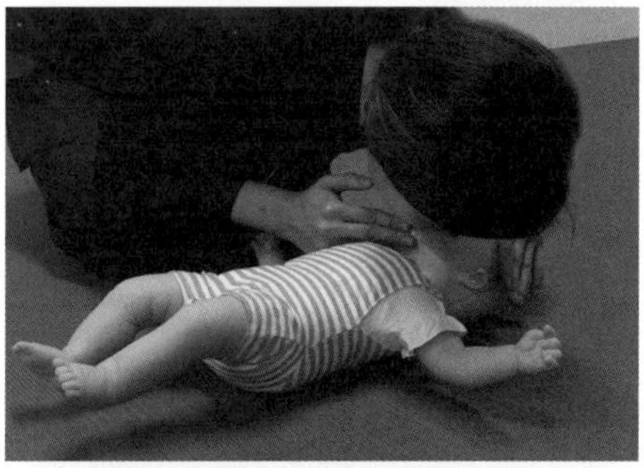	2. 영아의 입과 코에 동시에 숨을 2회 불어넣는다.
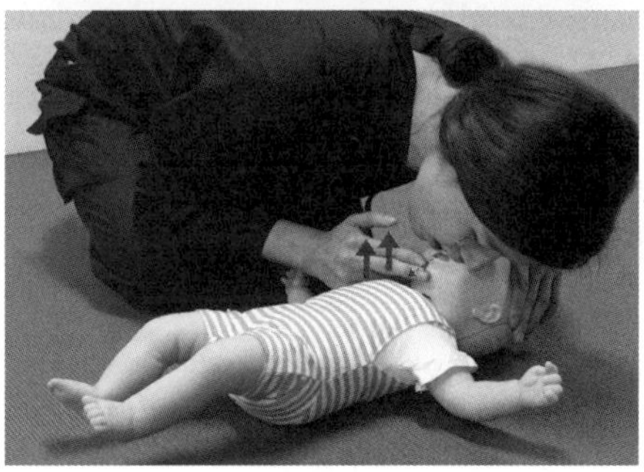	3. 숨을 불어넣을 때 곁눈질로 영아의 가슴이 상승하는지 관찰하도록 한다.

그림 6.11 | 영아 인공호흡

절차 반복

- 전문 의료인과 자동심실제세동기 도착 및 패드 부착 시까지 흉부 압박과 인공호흡을 30:2 비율로 절차를 반복한다.
- 심폐소생술을 지속하는 동안 영아가 스스로 숨을 쉬거나 움직임이 명확할 때 심폐소생술을 중단할 수 있다

1인 심폐소생술
1. 의식 유무를 확인한다. 주위의 조력자와 전문 의료인의 도움을 요청한다.
2. 기도유지를 확실히 시행 후 호흡 유무를 확인한다. (보고, 듣고, 느낌)
3. 인공호흡을 약 2회 실시한다. (1회당 1초 동안 숨을 불어넣음) 호흡과 호흡 사이에 가슴의 상승과 공기의 흐름을 잘 관찰한다. (5초에 한 번씩 인공호흡을 실시한다면 분당 약 12회 속도의 인공호흡)
4. 경동맥에서 5~10초간 맥박을 측정한다. 만약 호흡은 없으나 맥박이 있는 경우에는 인공호흡만 실시한다.
5. 만약 맥박이 없으면 흉부 압박을 30회(100회/m의 속도) 실시하고, 인공호흡을 2회 실시한다.
6. 흉부 압박과 인공호흡을 30:2로 5회 반복 시행 후 경동맥에서 맥박을 측정한다. 만약 맥박이 느껴지지 않으면 동일한 방법으로 반복 시행한 후 다시 맥박을 반복해서 확인한다.

표 6.4 | 1인 심폐소생술(시술자가 1인일 경우)

2인 심폐소생술
1. 의식 유무를 확인한다. 주위의 조력자와 전문 의료인의 도움을 요청한다.
첫 번째 시술자
2. 기도유지를 확실히 시행한 후 호흡유무를 확인한다. (보고, 듣고, 느낌)
3. 인공호흡을 약 2회 실시한다. (1회당 1초 동안 숨을 불어넣음) 호흡과 호흡 사이에 가슴의 상승과 공기의 흐름을 잘 관찰한다.
4. 경동맥에서 맥박유무를 5초 내지 10초간 확인한다.
두 번째 시술자
5. 만약 맥박이 없으면 흉부 압박을 30회(100회/m의 속도) 실시하고, 첫 번째 시술자가 인공호흡을 2회 실시한다.
6. 이 과정을 5회 반복 시행 후 경동맥에서 맥박을 다시 확인한다. 맥박이 없다면 30:2의 비율로 다시 5회 반복 실시하고 재확인하는 것을 반복한다.

표 6.5 | 2인 심폐소생술(시술자가 2인인 경우)

3) 자동심실제세동기 사용

자동심실제세동기(AED)는 환자의 심장에 강한 전류를 일시적으로 통과시켜 심장 박동을 정상화하기 위해서 사용한다. 자동심실제세동기의 빠르고 올바른 사용은 환자의 생존율에 큰 영향을 미친다.

(1) 자동심실제세동기 사용 흐름도

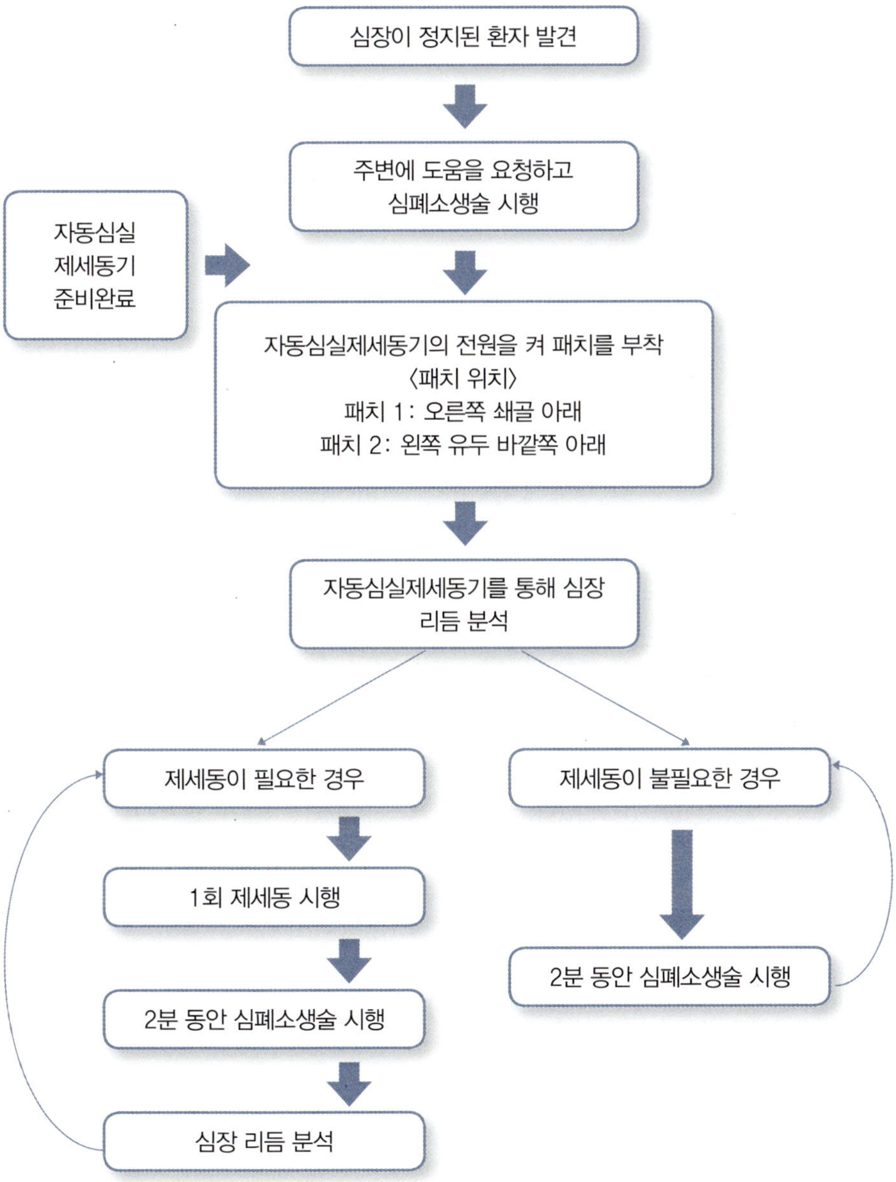

표 6.6 | 자동심실제세동기 사용 흐름도

(2) 자동심실제세동기 사용 순서

전원 켜기 → 패드 부착 → 심장 리듬 분석 → 전기 충격

전원 켜기

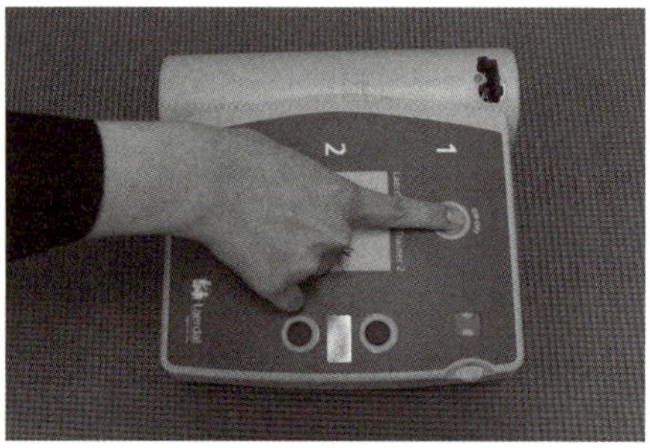	자동심실제세동기 전원을 켠다. 전원이 들어오면 음성이 나오면서 절차를 안내해준다.

그림 6.12 | 자동심실제세동기 전원 켜기

패드 부착하기

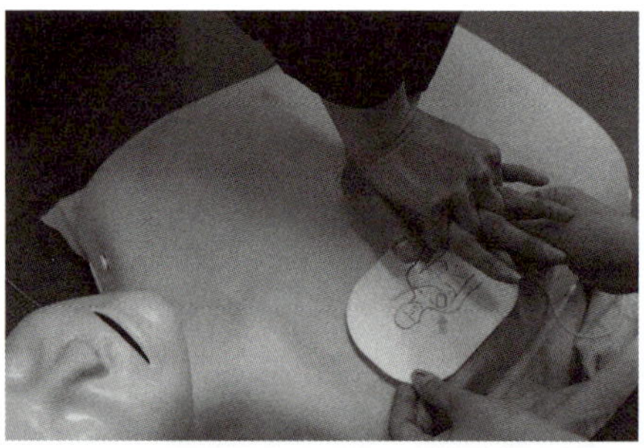	1. 상체를 노출시킨 후 오른쪽 빗장뼈 아래쪽에 패드를 부착한다.
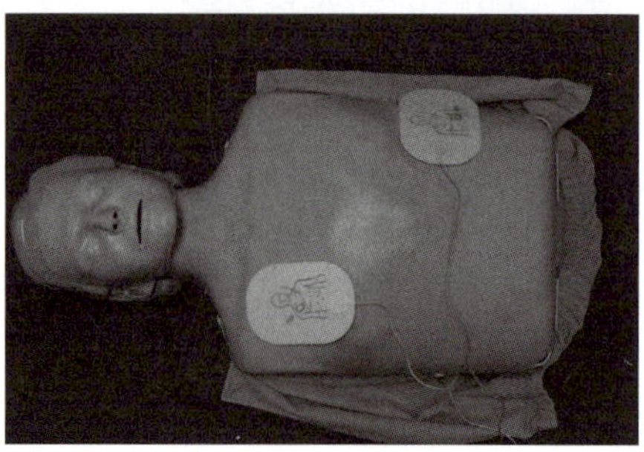	2. 왼쪽 유두 바깥쪽 아래의 겨드랑이 중앙선에 나머지 패드를 부착한다.

그림 6.13 | 자동심실제세동기 패드 부착하기(계속)

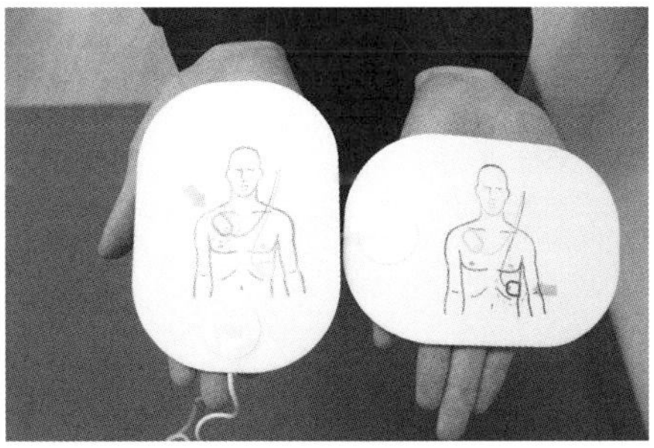

3. 각 패드 표면에는 부착할 위치가 어디인지 그림으로 표시되어있다.

그림 6.13 | 자동심실제세동기 패드 부착하기

심장 리듬 분석

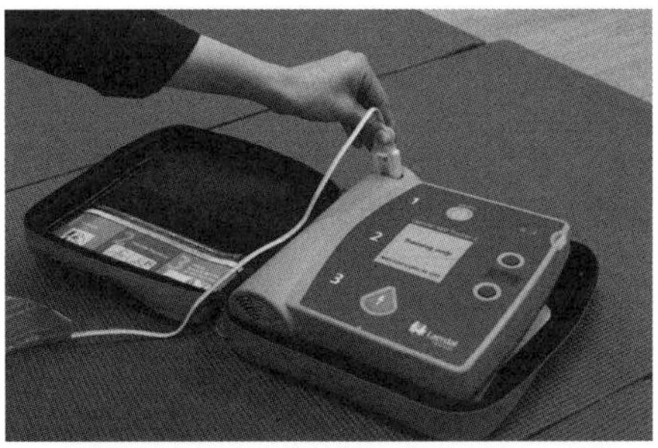

1. 패드에 연결된 코드를 기계에 꽂는다.

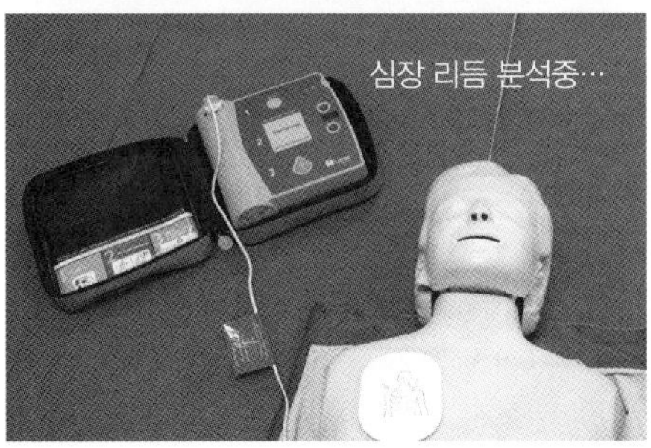

2. 기계에서 자동으로 심장 리듬 분석중이라는 음성 메시지가 나온다.

그림 6.14 | 자동심실제세동기 심장 리듬 분석(계속)

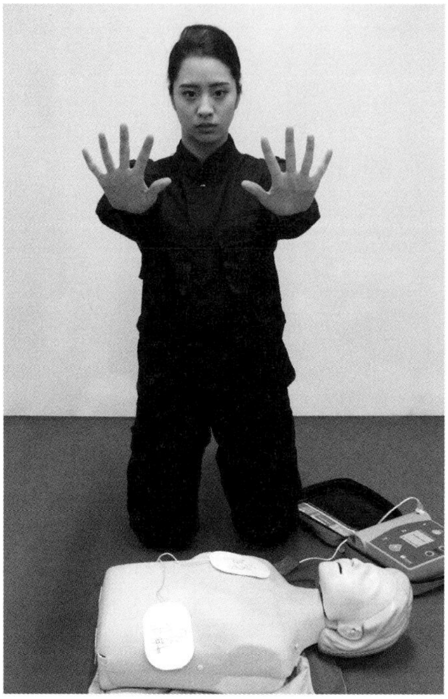	3. 심장 분석에 오류가 나지 않도록 환자에게서 떨어진다.

그림 6.14 | 자동심실제세동기 심장 리듬 분석

전기 충격

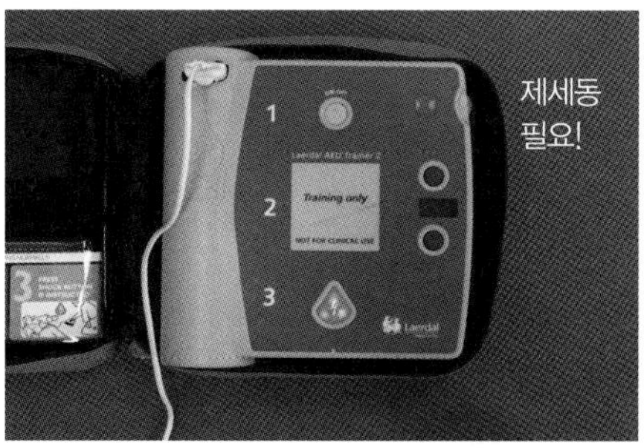	1. 제세동이 필요하면 기계가 자동으로 충전하며, 충전 후 제세동 버튼을 누르라는 음성 메시지가 나온다.

그림 6.15 | 자동심실제세동기 전기 충격(계속)

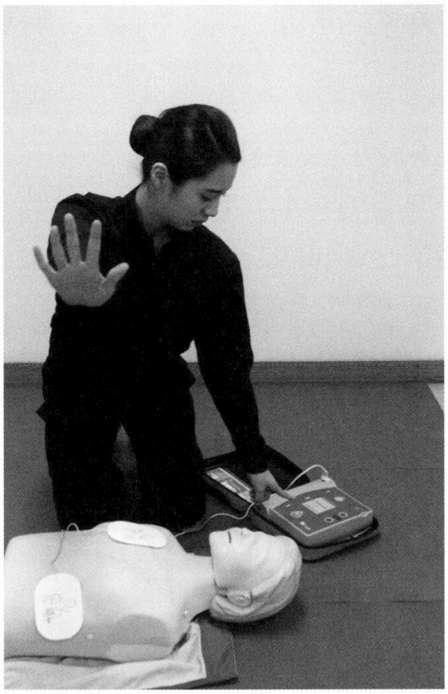	2. 버튼을 누르기 전에 주변 사람들에게 환자와 떨어지도록 다시 주의를 준다.
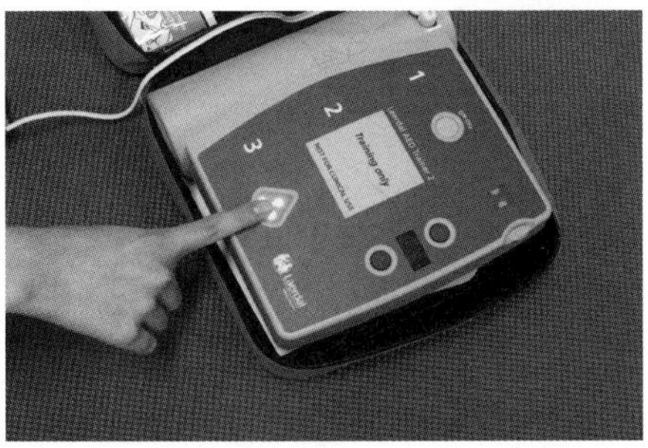	3. 제세동 버튼을 누르면 환자에게 제세동을 위한 전기충격이 가해지게 된다.

그림 6.15 | 자동심실제세동기 전기 충격

절차 반복

- 전기충격이 필요 없거나 전기충격이 주어지고 난 즉시 심폐소생술을 시행한다.
- 기계는 2분(일반적인 30:2 CPR 5회 반복 소요시간)마다 심장 리듬을 분석한다. 심폐소생술 도중에 기계에서 음성 메시지가 나오면 기계의 지시에 따라서 위의 절차를 반복한다.
- 제세동이 필요하지 않다는 음성 메시지가 나오면 지체 없이 가슴 압박을 시작으로 심폐소생술을 시작한다.

(3) 소아의 자동심실제세동기 사용 시 주의 사항

- 소아는 심실세동으로 심장 정지가 발생되는 경우가 성인보다 드물지만 선천성 심장병이 있는 소아의 경우 심장 정지가 유발되는 경우가 있다.
- 소아는 성인에 비해 작은 에너지로 제세동을 실시하기 때문에 소아용 자동심실제세동기를 사용해야 하며, 기기에 따라 선택 버튼으로 에너지 용량을 변경시키는 경우도 있다.
- 심장이 정지된 영아(1세 미만)에 대한 성공적 임상 연구에 의해 영아에게도 소아 제세동 용량으로 에너지를 줄여서 적용할 수 있다.

2. 외상 처치를 위한 기본 술기

환자의 외상 처치를 위해 기본적으로 거즈패드, 붕대, 삼각건이 사용된다. 각각의 사용 목적과 용도에 맞게 정확한 방법을 익혀야 한다.

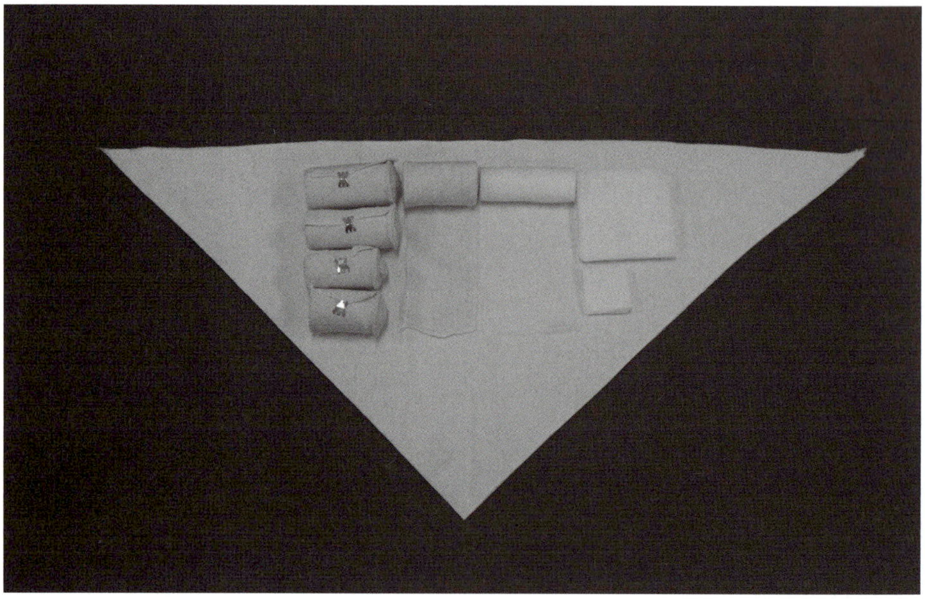

그림 6.16 | 삼각건과 붕대

1) 붕대 사용

붕대(bandage)의 사용 목적은 개방성 상처를 덮은 드레싱을 고정하거나, 드레싱 위로 직접 압박하여 지혈하는 것이다. 또한, 사지나 관절을 고정하거나 지지하는 역할도 한다. 상처 부위는 소독된 드레싱을 한 후 붕대를 감는다. 붕대를 너무 조여 혈액순환에 장애가 되지 않게 한다. 항상 사지의 맥박을 확인한다. 만약 맥박이 느껴지지 않으면 붕대를 느슨하게 맨다. 붕대를 감을 때에는 상처 부위의 아래쪽에서 위쪽으로 감아 올라간다. 손톱이나 피부가 푸르고 창백해지거나 차가워진다면 혈액순환 상태가 좋지 않거나 신경, 근육 등이 같이 손상될 수 있으므로 혈액순환 상태를 확인해야 한다.

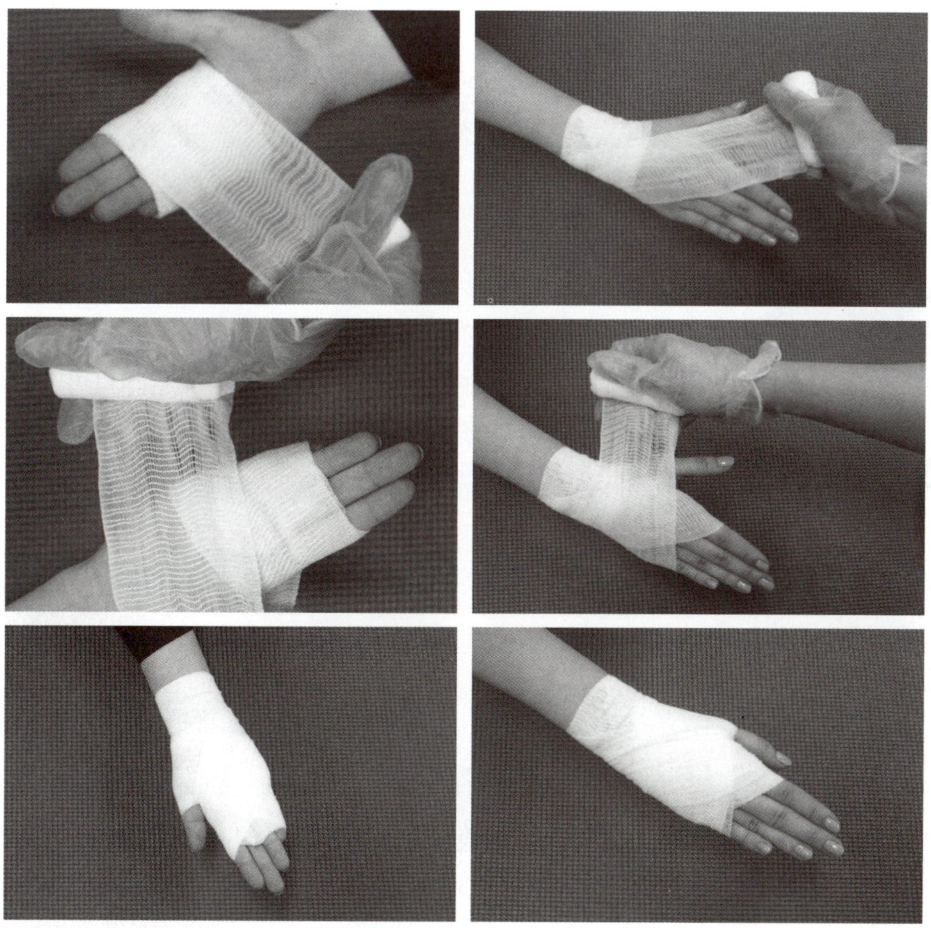

그림 6.17 | 손에 붕대 감는 방법

- 환자에게 무엇을 하려는지 설명한다.
- 가능하면 앉거나 눕는 자세로 부상자를 편하게 한다.
- 항상 환자 앞에서, 가능하면 부상 입은 쪽을 향하도록 한다.
- 드레싱을 고정시킬 수 있도록 단단히 감아야 하지만 혈액순환에 지장이 없도록 한다.
- 다친 부위를 받쳐준다.
- 가능하면 손가락이나 발가락이 붕대 끝으로 나오게 하며 혈액순환 상태를 점검할 수 있게 한다.

2) 삼각건 사용

그림 6.18 | 삼각건 접는 법

삼각건(triangular bandage)은 신체 외상 부위의 드레싱을 고정하거나 골절 부위에 부목을 대는 경우에 지지를 위해 같이 사용하게 된다. 접어서 사용하려면 그 꼭짓점을 밑변의 중심에 가져다 놓고 쓰기에 알맞은 너비가 되기까지 왼쪽 그림과 같이 접으면 된다. 삼각건을 접을 때 바닥이 청결하지 않은 경우는 손으로 접어 쓰는 법을 택한다. 사용할 때는 접혀진 부분의 위치에 유의하며 용도에 맞게 사용 후 매듭처리를 할 때 사각 매듭법을 주로 하는데 이는 응급처치 시 사용된 삼각건을 제거할 때 빠르게 풀어낼 수 있는 장점이 있다.

(1) 머리에 삼각건 사용하기

그림 6.19 | 머리에 삼각건 사용하기

- 머리에 있는 드레싱을 고정하기 위해 삼각건을 사용할 수 있다.
- 먼저 삼각건의 밑변 부위를 폭이 약 5cm 되게 접는다.
- 접힌 부분이 밖으로 나오게 하여 삼각건의 양옆을 쥐고 밑변의 중앙부가 이마의 가운데에 닿도록 눈썹 가까이에 대고 이것을 기점으로 하여 삼각건 양끝을 머리 뒤로 돌려 감는다.
- 붕대의 양끝을 양쪽 귀 위로 가게 하여 뒷머리의 밑에서 엇갈려 다시 앞으로 오게 하여 앞이마 중앙에서 묶는다.
- 그다음에 한 손으로 머리를 꼭 잡고, 다른 손으로는 삼각건의 꼭짓점 쪽을 밑으로 잡아당겨 뒷머리에서 핀으로 고정하든지 밀어 넣는다.

(2) 어깨에 삼각건 사용하기

- 어깨나 상박부의 넓은 드레싱을 고정하기 위해서는 2개의 삼각건을 사용한다.
- 접은 삼각건의 양끝을 부상당하지 않은 쪽의 겨드랑이 바로 앞에서 묶는다.
- 상처 부위 드레싱을 다른 삼각건으로 넓게 펴서 덮고, 양끝을 겨드랑이 밑으로 돌렸다가 다시 상박부에 돌려서 단단히 맨다.

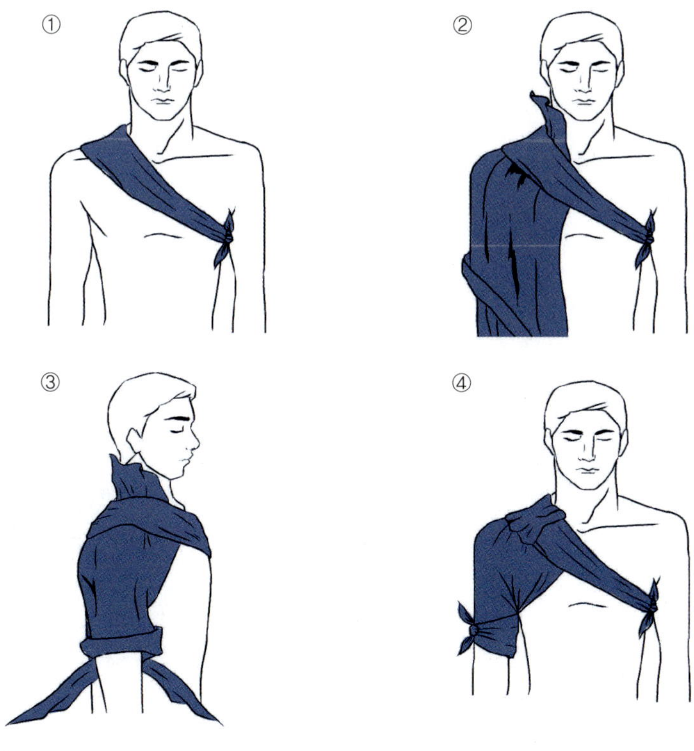

그림 6.20 | 어깨에 삼각건 사용하기

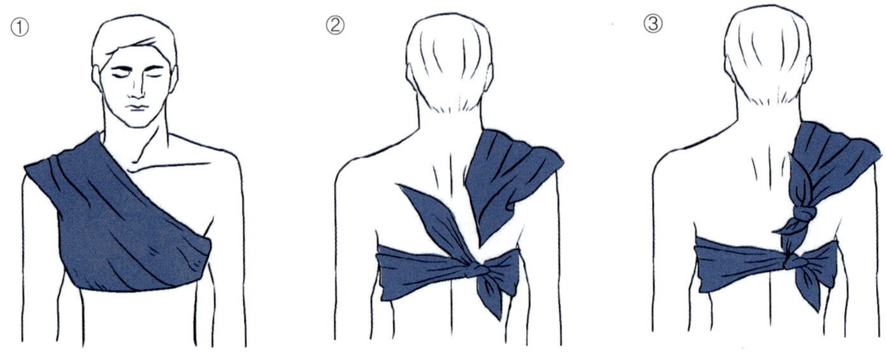

그림 6.21 | 가슴에 삼각건 사용하기

(3) 가슴에 삼각건 사용하기

- 가슴에 있는 넓은 드레싱을 고정시키는 데 삼각건을 사용할 수 있다.
- 부상당한 쪽의 어깨 너머로 편 삼각건의 꼭짓점을 넘겨놓고 삼각건으로 가슴에 있는 상처를 덮는다.
- 삼각건의 양끝을 등에 돌려 부상당한 어깨의 바로 밑에서 묶되 삼각건의 한끝은 길게 그리고 다른 한끝은 짧게 남기면서 맨다.
- 길게 남아있는 삼각건의 끝을 등 위로 올려서 어깨 위에 넘겨진 삼각건의 끝과 함께 묶는다.

3) 상처 드레싱

드레싱(dressing)은 개방성 상처를 덮고, 보호하기 위한 것으로 지혈, 감염과 오염 방지, 혈액과 상처 부위의 분비물 흡수 등의 역할을 한다.

드레싱은 개방성 상처 위에 직접 닿게 되므로 반드시 소독 제품을 사용하며, 상처보다 큰 사이즈로 두껍고 부드러우며, 흡착성이 있는 것을 사용한다.

(1) 드레싱의 종류

- 거즈패드는 작은 상처용에 사용되며 크기별로 나눠서 멸균 포장되어 있다. (크기는 5×5cm, 10×10cm 등이 있다.)

  일부 거즈패드는 특수 코딩이 되어있어서 상처에 달라붙지 않으므로 특히 화상이나 분비물이 있는 상처에 유용하다.

- 접착밴드, 즉 일회용 밴드와 같은 것은 작게 베었거나 찰과상용으로 소독 드레싱과 붕대를 혼합한 형태이다.
- 외상용 드레싱은 크고 두껍고 흡습성이 있는 소재로 소독되어있다.
- 멸균 드레싱은 붕대가 달린 드레싱 패드이며, 다양한 크기가 있고 낱개로 잘 포장되어있다.

(2) 멸균 드레싱 사용 방법

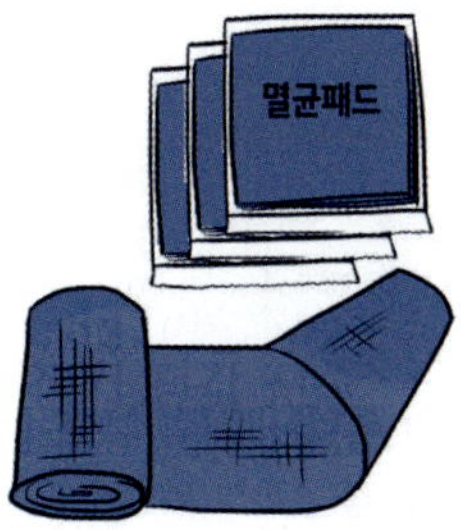	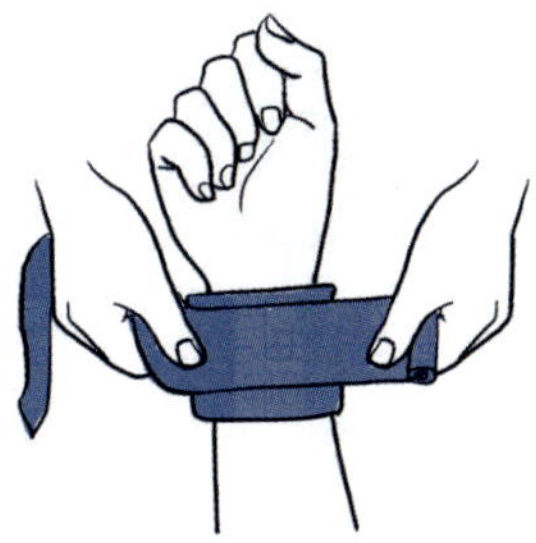	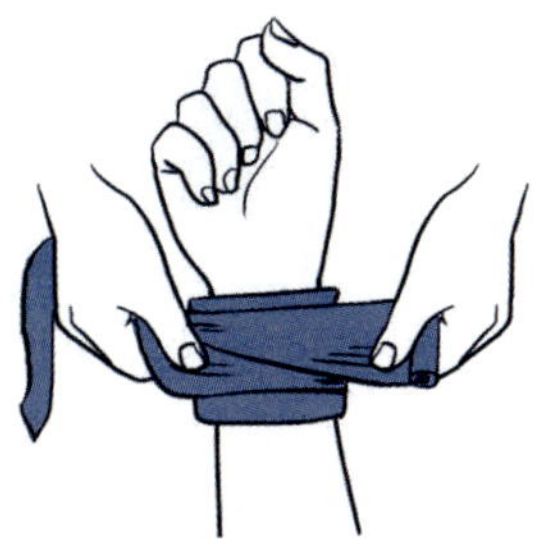
1. 포장을 벗기고 붕대 끝을 찾아 들어놓는다. 멸균된 패드를 펴놓되 사용 중 닿아서 오염되지 않게 조심한다.	2. 패드 양쪽의 붕대를 잡고 상처 위에 바로 패드를 놓는다.	3. 붕대의 짧은 쪽을 한 번 돌려 잘 고정한다.
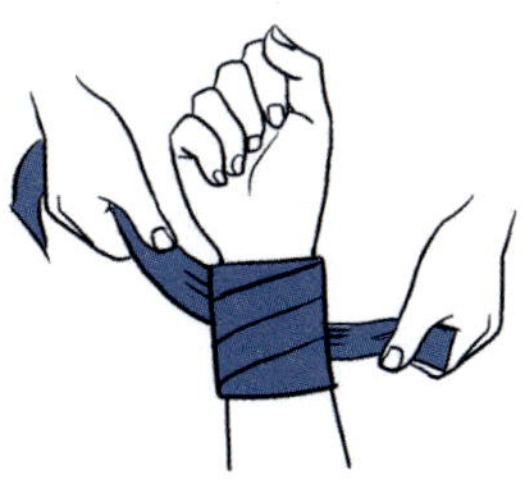	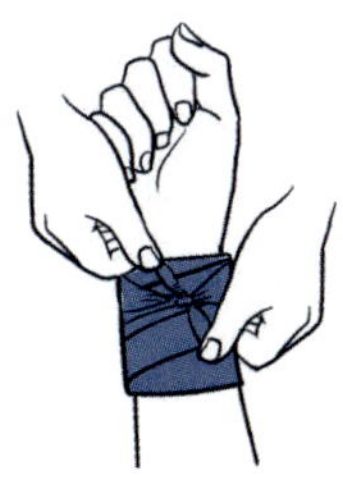	
4. 붕대의 긴 쪽으로 상처 부위를 감싸고 있는 거즈의 전체를 고정하며 감는다.	5. 붕대 끝을 매듭으로 묶고 고정한다. 매듭은 상처 부위 위에 묶어 압력을 가할 수 있게 하고 만일 출혈이 새어 나오면 그 위에 다른 드레싱을 덧댄다.	6. 피가 잘 통하는지 점검한다.

그림 6.22 | 멸균 드레싱 사용 방법

출처: 광주광역시 소방본부 홈페이지 내용을 참고하여 재구성하였다. https://fire119.gwangju.go.kr

- 먼저 처치자는 손을 씻거나 손세정제로 닦는다.
- 상처 부위를 모두 덮을 수 있을 만큼 큰 드레싱을 사용한다.
- 드레싱의 한쪽 끝을 잡고 직접 상처에 대며 미끄러지지 않도록 조심한다.
- 드레싱 위에 붕대를 맨다.

(3) 거즈 드레싱 사용 방법

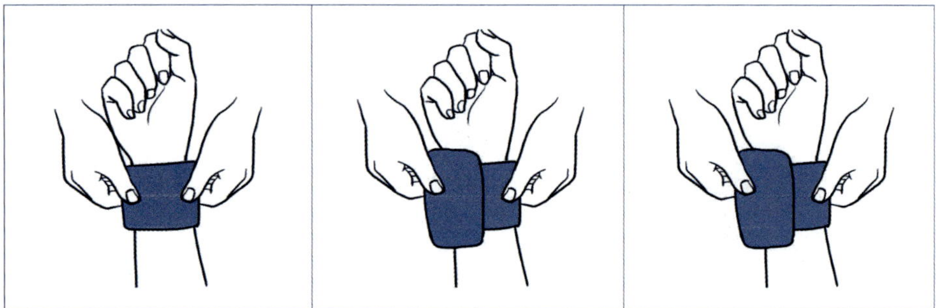

1. 거즈패드의 가장자리를 잡고 상처 위에 곧바로 놓는다. **Tip** 가장자리를 잡는다.	2. 거즈 위에 몇 겹을 덧댄다. **Tip** 거즈를 덧댄다.	3. 반창고로 고정하거나 붕대로 감는다. **Tip** 완전히 휘감지 않는다.

그림 6.23 | 거즈 드레싱 방법

출처: 광주광역시 소방본부 홈페이지 내용을 참고하여 재구성하였다. https://fire119.gwangju.go.kr

- 멸균 드레싱이 없는 경우 거즈패드를 사용할 수 있다.
- 거즈패드의 가장자리를 잡고 상처 부위를 덮는다.
- 거즈를 몇 겹으로 덧대어 상처보다 넓고 유연하게 감싼다.
- 반창고나 붕대를 감아서 부드럽게 고정한다.

3. 활력 징후 측정

활력 징후 또는 바이털사인(vital signs)은 신체기능의 변화를 감지할 수 있는 체온, 맥박, 호흡, 혈압을 말한다. 활력 징후의 측정은 신체적·심리적 스트레스에 대한 반응은 물론 평소 건강 상태를 나타내는 기초 자료를 제공하기도 한다. 활력 징후는

©Getty Images Bank

그림 6.24 | 전자체온계 사용

대상자의 상태를 관찰하거나 문제를 확인하고, 처치에 대한 반응을 평가하는 빠르고 효과적인 방법으로 다른 생리적 측정과 함께 임상적 문제해결의 기초가 된다.

1) 체온

항공기 내에는 일반적으로 사용이 간편한 전자 체온계나 적외선(고막) 체온계를 비치하고 있다.

- 체온(body temperature) 측정 부위는 혈액순환이 왕성하며 외기와의 접촉이 적은 부위, 즉 구강, 직장, 액와(겨드랑이)를 선택한다.
- 구강 체온을 측정할 때는 혀 아래쪽 후면으로 전자 체온계를 넣고 기다리면 알람이 들리는데, 이때 꺼내어 표시된 숫자를 읽는다.
- 액와 체온은 가장 측정이 용이하나 부정확하다는 단점이 있다. 겨드랑이에 전자 체온계를 넣고 알람이 울릴 때까지 기다린 후, 꺼내어 표시된 숫자를 읽는다.
- 고막 체온은 체온조절 중추가 있는 시상하부와 동일한 동맥으로부터 혈액공급을 받고 있는 고막 및 이도에 적외선을 이용한 고막 체온계를 삽입하여 측정한다.

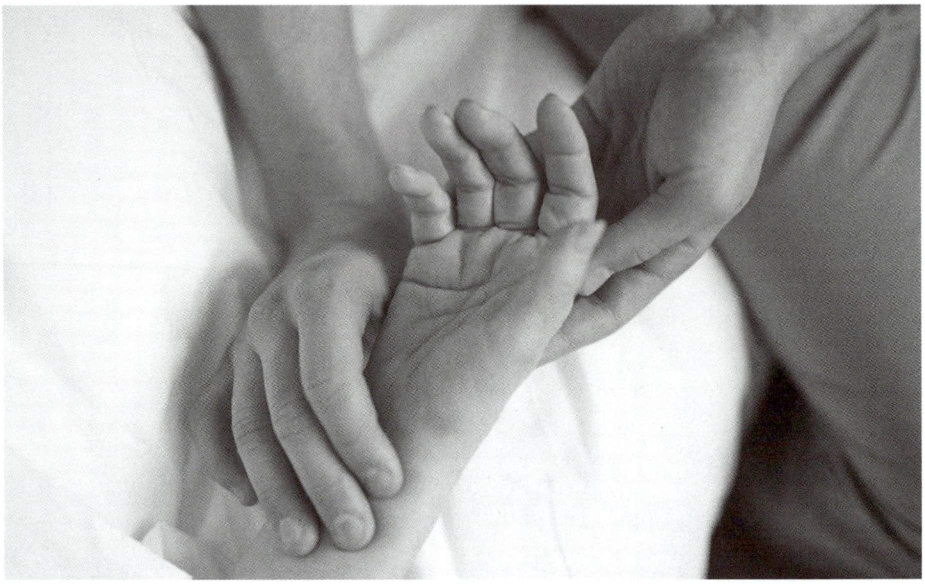

그림 6.25 | 요골동맥 맥박 측정

- 고막 체온계 탐침(prove)의 끝부분에 1회용 커버를 씌운 후 탐침의 방향이 고막으로 잘 향하도록 외이도 안으로 조심스럽게 삽입한다. 그리고 버튼을 1초간 누르면 화면에 숫자가 나타난다.
- 정상 체온의 범위는 36.5~37.2℃이다.

2) 맥박

맥박(pulse) 측정은 환자를 편안한 자세로 놓고 측정할 팔의 반대쪽 손의 두세 번째 손가락을 나란히 해 환자의 요골동맥(엄지손가락이 있는 팔목 안쪽에 위치하고 있어 가장 쉽게 측정할 수 있는 부위) 위로 평평하게 놓아 약간 누르는 듯하면서 1분 동안의 박동 수를 측정한다.

정상적인 맥박 수는 성인이 60~100회/분이고, 리듬이 규칙적이다.

3) 호흡

산소 공급은 신체 요구 중 가장 기본적인 것으로 호흡(respiration)은 뇌의 연수

(medulla oblongata)에 있는 호흡 중추와 폐의 정상적 기능에 의해 조절된다.

호흡은 연령, 운동, 기온, 심리적 변화, 질병 상태, 대기의 산소 함량, 약물 투여 등에 따라 차이가 난다. 호흡이 곤란하거나 8회/분 이하일 경우에는 의료진에게 알려야 한다.

- 호흡 측정은 대상자가 쉬고 있을 때 하는 것이 중요하다.
- 정확한 측정을 위해 환자가 측정 사실을 의식하지 못하도록 해야 한다.
- 대상자의 맥박을 측정한 바로 직후에 계속해서 팔목에 손을 댄 채로 대상자의 가슴 움직임을 관찰하면서 호흡을 측정한다.
- 성인의 정상 호흡 수는 12~20회/분이며, 흉벽의 움직임이 정상적이고, 호흡 리듬이 규칙적이다.

4) 혈압

혈압(blood pressure)이란 심장에서 우리 체내의 말초 조직이나 기관으로 신선한 혈액을 보낼 때 발생하는 압력을 말한다. 즉, 심장 왼심실의 압력과 말초 혈관의 저항의 상관관계를 나타내는 것인데 이것을 보통 팔에서 측정하는 것이다.

(1) 수축기와 이완기 혈압

수축기 혈압은 심장이 수축하여 혈액을 내보낼 때 혈관이 받는 압력이고, 이완기 혈압은 혈액이 심장으로 돌아올 때 혈관에 미치는 압력을 의미한다.

자동 전자혈압계로 혈압 측정

- 혈압 측정 전 적어도 5분 이상의 안정이 필요하다.
- 등받이가 있는 의자에 등을 기대고 편안히 앉아서 혈압을 측정한다.
- 혈압을 측정할 팔을 책상 위에 올려놓아서 심장 높이에서 혈압을 측정한다.
- 커프의 하단이 팔꿈치 접히는 선의 위쪽으로 약 2.5cm 위치 높이에 오도록 하고, 상완부에 착용시킨다.
- 커프가 너무 느슨하면 안 되며, 커프 안으로 손가락 1개 정도가 들어갈 정도의 여유가 있어야 한다.

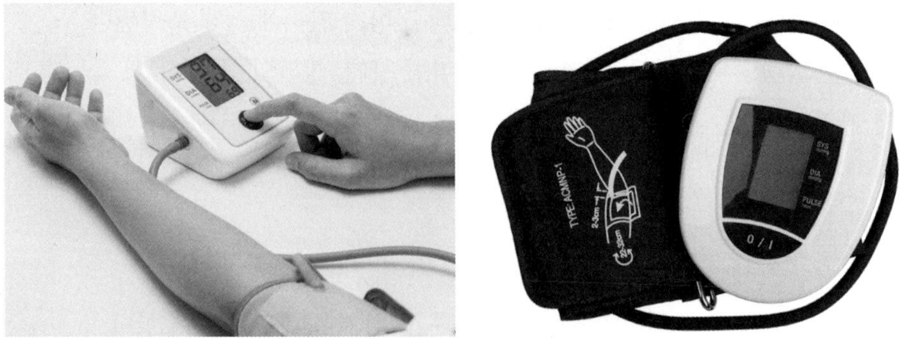

그림 6.26 | 자동 전자혈압계

- 커프에 자동적으로 공기가 들어간 후, 다시 자동으로 빼준다.
- 표시 창에 나오는 최고혈압이 수축기 혈압, 최저 혈압이 이완기 혈압이다.

정상 혈압과 고혈압의 범위

- 정상 혈압의 범위는 수축기압 90~140mmHg/ 이완기압 60~90mmHg이다.
- 고혈압은 수축기압 140mmHg 이상/ 이완기압 90mmHg 이상이다.

(2) 맥압

맥압(pulse pressure)은 수축기 혈압(최대)과 이완기 혈압(최소)의 차를 의미한다. 성인은 40mmHg 전후이다. 운동 시에는 최대 혈압의 상승이 최소 혈압의 상승보다 크므로, 안정 시보다 맥압이 상승한다. 혈관의 탄력이 떨어지는 경우에도 맥압이 상승한다.

요약

- 기도폐쇄(choking)는 일반적인 상황에서는 발생하지 않지만, 소아나 고령자가 이물질(사탕, 고기, 땅콩 등)을 삼키거나, 의식이 없는 환자의 혀가 뒤로 말리거나 구토물이 있거나, 부러진 치아나 출혈 등의 외상이 있을 때 기도폐쇄가 올 수 있다.
- 의식이 있지만 기침을 효율적으로 잘 하지 못하는 경우에는 하임리히법(복부 밀어내기)을 시행한다.
- 의식을 잃었거나 의식이 없는 경우에는 엄지로 턱과 혀를 거상한 후, 손가락으로 이물질을 제거하고, 기도유지 후 인공호흡을 실시하고, 복부 밀어내기를 4~5회 실시한다.
- 심폐소생술은 우선, 환자의 의식유무에 대한 확인과 함께 주위에 도움을 줄 협조자를 요청하고 흉부 압박을 30회 실시 후 머리를 젖히고 턱을 들어 기도를 유지하고, 인공호흡을 2회 실시한다.
- 자동심실제세동기(AED)는 환자의 심장에 강한 전류를 일시적으로 통과시켜 심장 박동을 정상화하기 위해서 사용한다. 자동심실제세동기의 빠르고 올바른 사용은 환자의 생존율에 큰 영향을 미친다.
- 활력 징후 또는 바이털사인(vital signs)은 신체기능의 변화를 감지할 수 있는 체온, 맥박, 호흡, 혈압을 말한다. 활력 징후의 측정은 신체적·심리적 스트레스에 대한 반응은 물론 평소 건강 상태를 나타내는 기초 자료를 제공하기도 한다.

CHAPTER

07 응급 환자 후속 관리하기

학습목표

1. 응급 환자 대응 매뉴얼에 따라 응급 환자 상태가 악화되지 않도록 관리할 수 있다.
2. 응급 환자 발생에 따라 일반 탑승자의 쾌적한 여행이 방해되지 않도록 조치할 수 있다.
3. 착륙 후 응급 환자 대응 매뉴얼에 따라 공항과의 협조 체제가 순조롭게 진행될 수 있게 조치할 수 있다.

출처: NCS 국가직무능력표준 홈페이지, 항공객실서비스 능력 단위 중 '응급 환자 대처'

1. 응급 환자 후속 관리와 감염예방

일반적으로 후속 관리는 발병 당시 응급 환자의 상태가 위급하지는 않지만 적절한 의학적 조치 없이 방치될 경우 심각한 상황으로 진행될 수 있는 질병이나 부상에 있어서 그 악화 가능성을 미연에 방지하기 위한 절차를 의미한다. 비행 중 객실승무원은 승객들의 편안하고 건강한 여행을 위해 수시로 객실을 순회하며 일반 승객들의 상태를 주의 깊게 관찰하며 응급 환자가 발생하여 초기 응급처치를 이미 실시한 경우라면 감염예방에 유의하며 지속적인 관리를 한다.

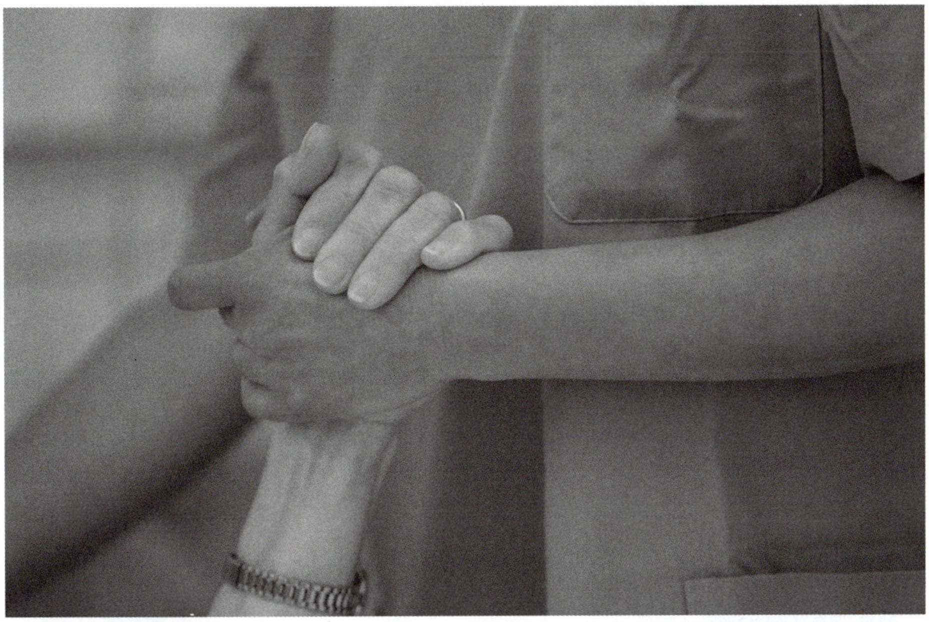

©Getty Images Bank

1) 응급 환자 후속 관리 기본원칙

- 응급 환자와 주변 승객들과 면담하며 후속 관리 내용을 기록한다.
- 객실승무원은 승객에게 각종 주사 처치를 할 수 없으며 약품은 승객 요청이 있을 때 해당 약품에 대한 부작용과 과거 병력, 기저 질환을 확인한 후 제공하며 일체의 진단과 처방은 불가하다.
- 객실 사무장이 필요하다고 판단되면 가능한 경우 상황을 목격한 주변 승객의 진술서를 확보하며, 목격자의 성명, 좌석번호 및 진술 내용이 포함되도록 한다.
- 응급처치를 하는 동안 환자의 혈압, 맥박, 호흡, 체온의 활력 징후(vital sign) 및 증상, 관찰되는 상황에 대하여 기록하며 기장에게 지속적으로 보고한다.
- 연결 편에 승무원이 교대할 경우는 환자의 상태에 관한 정보를 교대 팀에게 알리도록 한다. 기내 응급 상황 발생 시 승무원은 회사의 책임, 사고의 책임 및 보상 문제에 관해서 언급하지 않도록 주의한다.

2) 감염예방

객실승무원이 기내에서 응급처치를 실시할 경우, 응급 환자 중에 후천성면역결

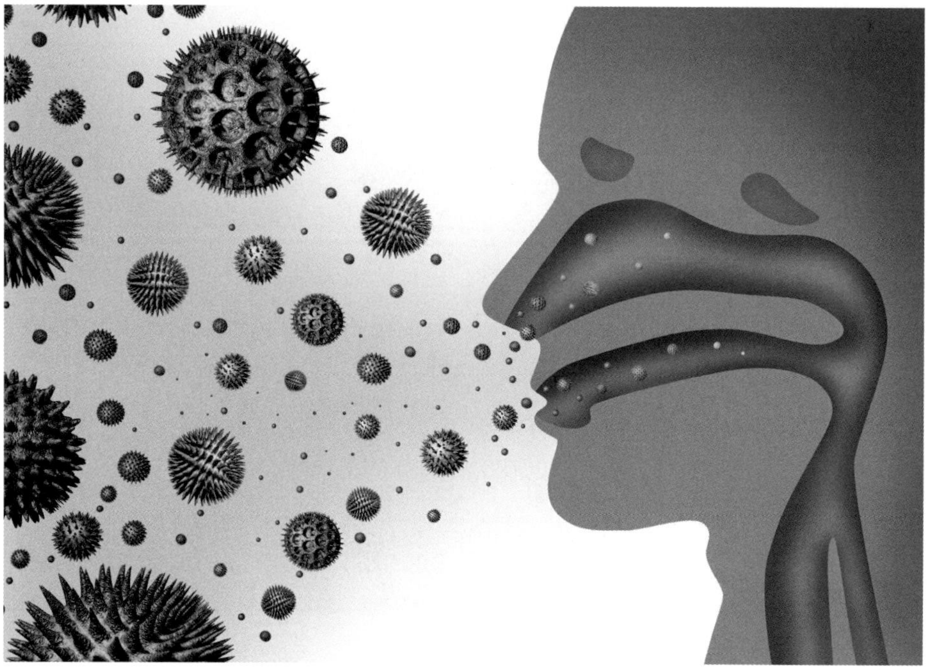

©Getty Images Bank

핍증, B형이나 C형 간염과 같은 감염성 질환을 가지고 있는 경우가 있으므로 이에 대한 사전지식과 예방 대책에 대해 알고 있어야 한다.

세균이나 바이러스 등에 의해 발생하는 감염성 질환은 사람과 사람 사이에 전파되거나, 먹는 물 등을 통해서 주변 사람들에게 빠르게 전파될 수 있다. 이렇게 사회적 파급력이 큰 감염성 질환을 법으로 정하여 환자 발생 시에 의무적으로 신고하도록 하고 있는데, 이것이 법정 전염병이다.

우리나라의 법정 전염병은 주로 수인성으로 전염 속도가 빠른 1군 전염병(세균성 이질, 콜레라, 장티푸스, A형 간염 등), 전염 속도가 빠르나 예방접종을 통해 예방이 가능한 2군 전염병(디프테리아, 파상풍, 백일해, 홍역, 유행성 이하선염, 풍진, 폴리오, B형 간염, 수두 등), 상대적으로 파급효과는 적지만, 유행의 가능성으로 지속적인 감시와 방역이 필요한 3군 전염병(말라리아, 결핵, 후천성면역결핍증, 인플루엔자 등)이 있다.

4군 전염병은 국내에서 새롭게 발생하거나 국내로 유입될 것이 우려되는 해외의 감염성 질환을 말하는데, 황열, 뎅기열, 신종 인플루엔자, 중증 급성호흡기증후군(SARS) 등이 있다.

5군 전염병은 기생충 감염에 의해 발생하는 전염병이며, 이외에도 유행 여부의 조사를 위해 감시가 필요하다고 생각되어 지정한 지정 전염병(C형 간염, 수족구병 등)이 있다.

이러한 감염성 질환들은 대부분 혈액, 체액이나 분비물, 기침이나 가래, 상처 부위, 호흡 등을 통해 전파되며, 빠른 전파력으로 인해 커다란 위험과 사회적 혼란을 야기할 수 있으므로 밀폐된 공간에서 여러 명의 승객이 장시간 이동하는 항공기의 경우에는 이러한 감염성 질환에 매우 취약하다고 볼 수 있다.

만약, 전염병 의심 증상(표 7.1)을 보이는 승객이 있을 경우에는 반드시 격리 및 보호용구(마스크 등)를 착용하도록 하고, 전염병 환자 후속 조치 매뉴얼에 입각하여 적절한 조치를 해야 한다. 또한, 다른 승객들의 손 씻기와 개인 위생에 보다 주의를 기울여야 한다.

응급 환자 발생으로 인한 응급처치 시에도 승무원과 주위 승객들의 감염 위험성을 줄이기 위해 반드시 다음과 같은 예방책을 실시해야 한다.

- 환자의 혈액이나 체액, 상처 부위와 직접적인 접촉을 피한다. 이를 위해 감염예방 의료용구(UPK) 내의 일회용 의료 장갑, 안면 보호 마스크, 보호 가운 및 기타 위생용품을 사용할 수 있다.
- 환자의 혈액이나 체액을 포함한 처치에 사용한 모든 오염된 물품은 감염예방 의료용구 내에 포함된 오염물을 처리할 수 있는 오염물 수거 가방(biohazard bag)에 수거한 후 신속히 비누로 손을 씻는다.
- 환자의 체액에 접촉되었다고 판단되었을 경우에는 목적지 도착 즉시 항공 의료센터에 연락하고 조치를 받도록 한다.
- 해당 항공편 객실 사무장은 모든 관련 내용을 객실 보고서에 기록하여 보고한다.

3) 전염병 환자 후속 조치

비행 중 승객이나 승무원이 표 7.1과 같은 증상을 보이면 전염병을 의심해보고 기장에게 보고하며, 의사 호출(doctor paging)을 요청하거나 지상 연계 의료 지원 시스템을 통해 도움을 요청한다. 전문 의료인으로부터 전염병 환자로 확인된 경우에는 다음과 같이 조치한다.

그림 7.1 | 고열과 기침 환자

전염병 의심 증상
• 고열 • 기침 • 지속적인 설사 • 구토 증세 • 호흡곤란 • 피부 발진 • 비정상적 출혈

표 7.1 | 전염병 의심 증상

- 환자를 승객들로부터 격리된 자리로 재배정하고 환자의 원래 좌석 번호와 재배정된 자리를 운송 직원에게 알려준다.
- 객실 사무장은 환자를 지속적으로 돌볼 담당 승무원을 지정하고 환자 전용 화장실을 지정하여 감염 범위를 최소화할 수 있도록 한다.
- 전염병 환자를 응급처치할 때에는 다음 사항에 유의하며 아래의 후속 조치를 실시한다.
  - 환자가 기침할 때는 마스크 착용을 권하고 환자가 사용한 화장지나 오염물들은 오염물 수거 가방에 따로 담아 모아두도록 요청한다.
  - 환자가 사용한 용품들(담요, 베개, 시트커버, 산소마스크, 튜브 등)도 따로 오염물 수거 가방에 넣어 밀봉해놓는다.
  - 전염의 위험이 있거나 가능성이 있는 환자들은 환자의 주변 4열 정도에 있는 승객의 연락처를 받고 환자 동반 승객에게는 환자와 같은 증상이 없는지 확인하고 관찰한다.
- 해외 여행객은 귀국 시에 발열, 호흡기 증상, 설사, 구토 등의 증상이 있을 경우 건강 상태 질문서에 성실히 기재하고 검역관에게 반드시 신고해야 함을 안내한다.

4) 기내 사망자 후속 조치

환자 승객이 의식과 호흡이 전혀 없이 생명이 위독한 상태일 경우 의료진이 나타날 때까지 지체 없이 심폐소생술(CPR)을 실시하고 자동심실제세동기(AED)를 사용하며 응급의료 콜 시스템(EMCS)을 통해 지상에 통보하여 가능한 모든 처치를

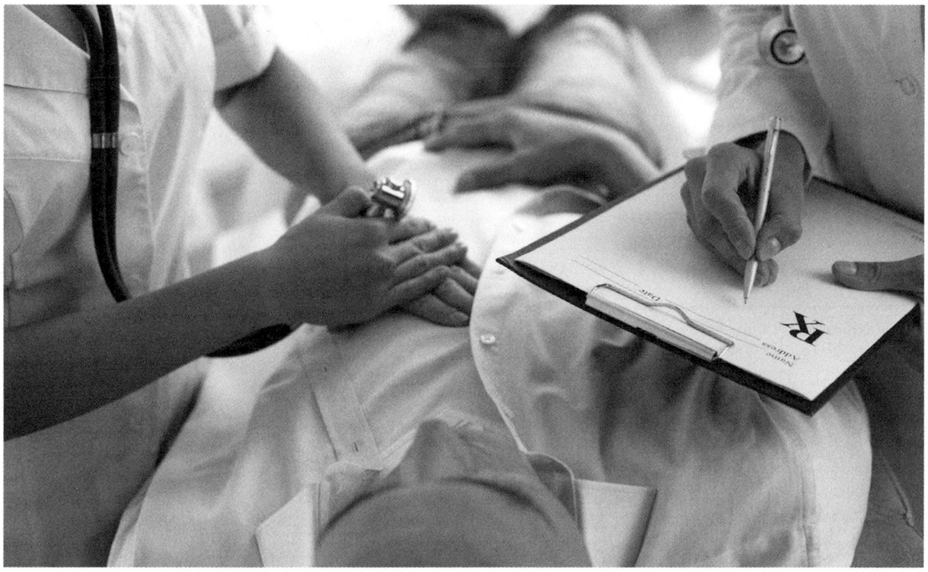

Pressmaster/Shutterstock.com

그림 7.2 | 탑승 의사 프로그램으로 기내 응급 상황 시 진료하도록 하는 외국 항공사

실시한다. 그러함에도 불구하고 승객이 기내에서 사망하는 경우가 발생할 수 있다. 세계보건기구(WHO)의 국제보건규정(International Health Regulation: IHR)에 의해서 각국의 공중 보건기구는 항공기에서 발생한 질병 및 사망에 대해서 입국 전 통보를 요구하고 있다.

항공기 운항 중 기내에서 사망자가 발생할 경우, 담당 구역의 승무원과 객실 사무장은 의료 인가권자가 공식적인 사망 선고를 할 수 있도록 적절히 지원하며 다음과 같이 조치한다.

- 객실 사무장은 기장에게 해당 사항을 보고한다.
- 사망자는 좌석에 앉은 채로 담요를 덮어 좌석 벨트로 묶어서 사망자가 발생한 사실을 가능한 한 다른 승객들이 알지 못하도록 주의하고 사망자 주변의 승객들은 다른 좌석이 있을 경우 이동시킨다.
- 현지 의료 인가권자의 허가 없이는 사망자를 옮겨서는 안 되며 항공기 도착 시 앰뷸런스 승객을 조치하는 방식을 따른다.
- 객실 사무장은 사망자의 개인 소지품을 챙겨 보관하여 공항 도착 후 지점장에게 인계한다.
- 기장은 비행기가 목적지에 도착한 후 여객 운송 담당자를 통해 의사에 의하여 사망 진단서를 발행할 수 있도록 협조한다.

항공기 입출항 신고서 (General Declaration: G/D)

항공기 입출항 신고서는 항공기 출항 허가를 받기 위해 관계 기관에 제출하는 서류로서 항공편의 일반적 사항, 승무원 명단, 비행 시 특이사항이 기록된다.

- 객실 사무장은 사망 관련 사항을 기록한 객실 보고서를 작성하여 회사에 보고한다.
- 객실 사무장은 **항공기 입출항 신고서**(General Declaration: G/D)와 환자의 상세 정보, 사망 관련 사항을 기록하고 도착지 공중 보건 기구에서 요구할 경우 제출한다.

C & M Airlines

GENERAL DECLARATION
(Outward / Inward)

Operator : C & M AIRLINES

Mark of Nationality and Registration : HS CMA　Flight No : CM 122　Date : 20-Mar -2012

Departure from : BANGKOK (THAILAND) (Place)　Arrival at : SYDNEY (AUSTRALIA) (Place)

FLIGHT
("Place" column always to list origin, every en-route stop and destination)

PLACE		NAMES OF CREW	GENDER	PASSPORT	DOB	NATIONALITY	NUMBER OF PASSENGERS ON THIS STAGE **
BKK TO SYD	CPT	(SFI) MS JANE PILOT	F	415564515	22/Dec/67	U.S.A	Departure Place:
	FO	MR PETER FISHER	M	407883245	12/Jan/78	CANADA	Embarking BANGKOK
	SFA	MISS CHIMCHIT SUDAROT	F	Y955456	01/Feb/85	THAILAND	Through On Same Flight
	F/A	MISS LILY MANALO	F	DP4568788	23/Jul/80	PHILIPPINE	Arrival Place :
	F/A	MISS CHUANPIT CHAWOYEN	F	R145565	02/Aug/81	THAILAND	Disembarking SYDNEY
	F/A	MR TREVOR SMYTH	M	M7745655	23/Aug/79	AUSTRALIA	Through On Same Flight
	F/A	MR AKRAT PREECHAKORM	M	X985561	08/Jun/82	THAILAND	
	F/A	MISS ELIZABETH O'DONOHUE	F	R1544753	16/Mar/80	AUSTRALIA	
	F/A	MISS ANNE JONES	F	R1123677	24/Sep/78	AUSTRALIA	

Declaration of Health
Name and seat number or function of persons on board with illnesses other than airsickness o the effects of accidents, who may be suffering from a communicable disease (a fever - temperature 38C/ 100 F or greater - associated with one or more of the following signs or symptoms. e.g appearing obviously unwell; persistent coughing ; impaired breathing; persisten diarrhoea; persistent vomiting; skin rash; bruising or bleeding without previous injury; or confus of recent onset, increases the likelihood that the person is suffering a communicable disease) well as such cases of illness disembarked during a previous stop

Details of each disinsecting or sanitary treatment (place, date, time,method) during the flight. If disinsecting has been carried out during the flight, give details of most recent disinsecting

Signed, if required, with time and date
Crew member concerned

For official use only

I declare that all statements and particulars contained in this General Declaration, and in any supplementary forms to be presented with this General Declaration are complete, exact and true to the best of my knowledge and that all through passengers will continue/have continued the flight.

Signature:
Authorized Agent or Pilot In Command

* To be completed when required by the State
** Not to be completed when passenger manifests are presented and to be completed only when required by the state

GSF 015T　REV00/01MAR05

그림 7.3 | 항공기 입출항 신고서(G/D) 양식

2. 착륙 후 공항 협조 체제와 절차

비행 중 응급 환자 발생 후 신속한 응급조치와 함께 의사 호출을 통해 전문 의료진의 도움과 지상 연계 원격 진료를 진행했음에도 불구하고 환자의 증상이 더욱 악화되어 생명에 지장이 있다고 판단되면 기장의 최종 판단에 따라 최종 목적지가 아니더라도 착륙 허가가 가능한 가까운 공항에 임시 착륙할 수 있다.

1) 공항 협조 체제

이러한 항공 이례가 발생한 경우는 착륙 공항 지점과의 긴밀한 협조 체제가 요구된다. 착륙 시 환자 상태에 따라 사전에 필요한 응급 장비와 함께 전문 의료진의 대기 요청이 가능하며 응급 환자 지원이 신속하고 순조롭게 진행될 수 있도록 조치할 수 있다.

최종 목적지에서는 임시 허가 공항에 비해 더욱 구체적인 의료 지원 요청이 가능하므로 기장은 방향 전환이나 회황 결정 시 목적지 도착까지의 잔여 비행시간과 환자의 상태를 고려해 신중하게 판단해야 한다.

기장은 착륙 후 지상 의료 지원이 필요하다고 판단되면 다음과 같은 사항을 요청하여 착륙 후 즉각적인 진료 서비스 지원이 가능하도록 할 수 있다.

(1) 앰뷸런스 대기

응급 환자가 생명이 위중한 상태인 경우, 해당 공항에 앰뷸런스 대기를 요청할 수 있다. 이때 신속한 환자 후송을 위해 앰뷸런스 대기하는 위치와 명확한 하기 도어 그리고 기내 응급처치 시 추가로 요구되었던 사항을 전달한다.

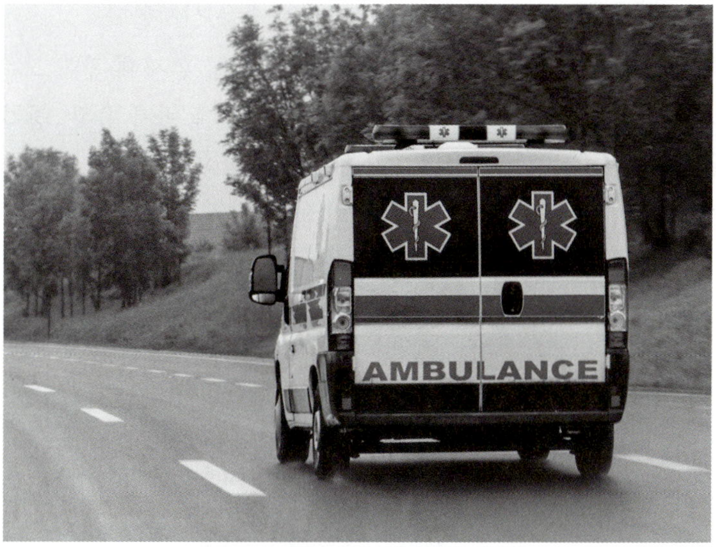

©Getty Images Bank

그림 7.4 | 응급 후송을 위한 앰뷸런스

(2) 전문 의료인 대기

객실 사무장은 기내 응급처치 시 환자의 상태가 착륙 후 전문 의료진의 연장 진료가 필요하다고 판단될 때에는 기장에게 보고하며, 기장이 해당 목적지 공항에 지원을 요청한다. 이때 객실승무원은 게이트에 도착 시 전문 의료진이 응급 환자에게 최대한 신속하게 접근할 수 있도록 나머지 승객들에게 착석해줄 것을 요구하는 기내 방송(PA)을 실시한다.

2) 공항 협조 절차

국제보건규정(IHR)에 의해 항공기에서 발생한 모든 질병 및 사망에 대해서 입국 전 조종실 라디오(radio)를 통해 해당 국가에 보고하며 항공기 입출항 신고서(G/D)에 해당 사항을 기록해야 한다. 응급 환자의 상태가 착륙 후 전문 의료진의 연장 진료가 필요하다고 판단될 때에는 착륙 전 해당 목적지 공항에 지원 요청을 한다. 지상의 의료진에게 환자가 인계될 때까지 아래의 절차에 따라 응대한다.

- 착륙 후 기내 탑승객들에게 기내 응급 환자의 하기에 관한 사항을 방송하고 미리 탑승객들의 협조를 구한다.
- 긴급한 응급 환자가 먼저 하기해야 하므로 기내 좌석에 안내 시까지 기다릴 수 있도록 안내 방송을 실시한다.
- 착륙 후 인계할 응급 환자에 관한 모든 참고 사항(환자의 성별, 나이와 생년월일, 주소 및 연락처, 동반자 유무, 병력, 약품 소지 여부, 응급처치 내용과 활력 징후, 기타 사항)을 지상에 대기하고 있는 의료진에게 전달한다.
- 도착 후 공항 의료진에게 환자가 인도될 때까지 승무원은 반드시 환자 옆에서 지속적인 도움을 주어야 한다.
- 승무원이 교대될 때에는 응급 환자 상태에 관한 기본 상황을 교대 팀에게 알릴 수 있도록 보고서를 전달한다.

3) 기내 사망자 발생 시 협조 절차

항공사에서는 기내 사망이 예상되는 정도의 심각한 질병을 가진 승객에게는 항공기 탑승 전 의사 진료 확인서와 면책확인서(declaration indemnity)를 요구하여 사망의 경우를 발생하는 소송에 사전에 대비하고 있다. 환자 승객이 의식과 호흡이 전혀 없이 생명이 위독한 상태일 경우 의료진이 나타날 때까지 지체 없이 심폐소생술을 실시하고 자동심실제세동기를 사용하며 응급의료 콜 시스템을 통해 지상에 통보하여 가능한 모든 처치를 실시한다. 그러함에도 불구하도 승객이 기내에서 사망하는 경우가 발생할 수 있다.

- 의료진에 의해 사망이 선고되면 해당 의료인과 항공사의 합의에 의해 목적지까지 비행할 수 있으며 사망 승객이 발생한 상황에서 다른 나라로 입국 시에는 가능한 한 빨리 현지 국가의 보건기관에 통보해야 한다.
- 객실 사무장은 국제보건규정에 의해 항공기에서 발생한 사망에 대해서 입국 전 조종실 라디오를 통해 보고하며 항공기 입출항 신고서에 기록해야 한다.
- 도착 후 현지 의료인에 의해 허락받을 때까지 사망 승객을 이동시켜서는 안 되며 사망자의 개인 유품은 도착지 직원에게 인계하도록 한다.

요약

- 일반적으로 후속 관리는 발병 당시 응급 환자의 상태가 위급하지는 않지만 적절한 의학적 조치 없이 방치될 경우 심각한 상황으로 진행될 수 있는 질병이나 부상에 있어서 그 악화 가능성을 미연에 방지하기 위한 절차를 의미한다.
- 항공기 운항 중 기내에서 사망자가 발생할 경우, 담당 구역의 승무원과 객실 사무장은 의료 인가권자가 공식적 사망 선고를 할 수 있도록 적절히 지원한다.
- 항공 이례가 발생한 경우는 착륙 공항 지점과의 긴밀한 협조 체제가 요구된다. 착륙 시 환자 상태에 따라 사전에 필요한 응급 장비와 함께 전문 의료진의 대기 요청이 가능하며 응급 환자 지원이 신속하고 순조롭게 진행될 수 있도록 조치할 수 있다.

CHAPTER

08 환자 대처 상황 기록하기

학습목표

1. 응급 환자 대응 매뉴얼에 따라 응급 환자 상태가 악화되지 않도록 관리할 수 있다.
2. 응급 환자 발생에 따라 일반 탑승자의 쾌적한 여행이 방해되지 않도록 조치할 수 있다.
3. 착륙 후 응급 환자 대응 매뉴얼에 따라 공항과의 협조 체제가 순조롭게 진행될 수 있게 조치할 수 있다.

출처: NCS 국가직무능력표준 홈페이지, 항공객실서비스 능력 단위 중 '응급 환자 대처'

1. 응급 환자 발생과 대처 상황 기록

항공기에 응급 환자 발생 시 승무원이 일차적인 응급처치를 했다면, 그 증상의 위중 정도에 상관없이 초기 응대 및 후속 조치 과정의 처치, 의료 기록 등에 관한 모든 사항을 시간대별로 의료 기록부(medical record)에 기록하고 보관한다. 이 자료는 응급 환자 발생으로 인한 항공편의 회항이나 항로 변경 등 기장의 결정이나 응급의료 콜 시스템(EMCS)을 통한 의료 자문 시 원활한 커뮤니케이션, 착륙 국가의 입국을 위한 서류 작성 시에 주요한 정보로 활용된다. 지상에서의 일반적인 의료기록부 기록 사항인 환자의 신상과 증상, 처치 내용에 더하여 상황 발생 시 비행여건, 기내 의료장비 사용 여부, 도움을 준 의료인에 대한 기록이 추가로 요구된다. 작성 시에는 육하원칙에 따라 작성하며 환자의 응급 상태 또는 응급 장비 사용 여부에 따라 보고 서류나 보고 체계를 달리한다.

진단명	의학 용어	진단명	의학 용어
심장(질환)	cardiac, heart (disease)	당뇨	diabetes/diabetes mellitus/ DM
심부전	cardiac, heart failure	심혈관	cardiovascular
심장발작	heart attack	공황장애	panic attack
협심증	angina pectoris	골절	fracture
천식	asthma	염좌	sprain
폐렴	pneumonia	외상	external injury
천식발작	asthma attack	염증	infection
고혈압	hypertension	타박상	contusion
저혈압	hypotension, shock	찰과상	abrasion, scratch
치매	dementia, alzheimer's disease	열상	laceration
뇌전증, 경련	epilepsy, seizure/ convulsion	자상	stab wound
수술	operation, surgery	소화불량	Indigestion
맹장수술	appendectomy	위경련	stomach cramp
폐암	lung cancer	몸살	general ache
간암	liver cancer/hepatoma	장염	enteritis, colitis
대장암	colon cancer	금단증상	withdrawal symptoms
위암	stomach cancer	빈혈	anemia
자궁암	uterine cancer	고소공포증	acrophobia
백혈병	leukemia	뇌경색	cerebral Infarction
골수	bone marrow	골수 이식	bone marrow transplantation
뇌출혈	brain(cerebral) hemorrhage	뇌졸중	stroke

표 8.1 | 의료 기록부 작성 시 사용되는 기초 의학 용어(진단명)

진단명	의학 용어	진단명	의학 용어
땀	sweat	불안정하다	unstable
호흡곤란	dyspnea, SOB(Shortness Of Breathing)	경직	stiffness
기침	cough	깊은 호흡	deep breathing
가래	sputum	창백하다	look pale, white
재채기	sneeze	심전도	EKG(Electrocardiogram)
흉통	chest Pain	뇌전도	EEG (Electroencephalogram)
어지럼증	dizziness	동맥	artery
오한	chill	정맥	vein
저체온증	hypothermia	정맥주사	intravenous injection
구토	vomiting	근육주사	intramuscular injection
토혈	hematemesis, blood vomit	속이 더부룩하다	feel heavy in the stomach
각혈, 객혈	hemoptysis, blood sputum	설사	diarrhea
동공	pupil	변비	constipation
동공확대	pupil dilatation/mydriasis	마비	paralysis
심박수, 맥박수	HR(Heart Rate), PR(Pulse Rate)	과호흡	hyperventilation
코피	epistaxis, nose bleed, nasal bleeding	저산소증	hypoxia
맥박	pulse	우울증	depression
구강호흡	mouth to mouth breathing	불면증	insomnia
인공호흡	artificial respiration	만성적이다	chronic
일시적이다	temporary	소변	urine
폐쇄공포증	claustrophobia	대변	stool

표 8.2 | 의료 기록부 작성 시 사용되는 기초 의학 용어(증상 관련 용어)

의료기기/처방	의학 용어	의료기기/처방	의학 용어
체온계	thermometer	식염수	saline solution
수은체온계	mercury thermometer	연고	ointment
청진기	stethoscope	소독약	antiseptic
혈당계	glucometer	해열제	antipyretics, fever reducer
혈압계	sphygmomanometer, blood pressure meter	설사약	diarrhea medicine, antidiarrheal
투약	administration	진통제	pain killer
주사	injection	소염제	antiinflammatory
부작용	side effect	면봉	cotton swab
후유증	after effect	소화제	digestive medicine
전염	contagion, Infection	지혈	hemostasis, stop the bleeding

표 8.3 | 의료 기록부 작성 시 사용되는 기초 의학 용어(의료기기와 처방)

전문의	의학 용어	전문의	의학 용어
소아과/의사	pediatrics/pediatrician	피부과/의사	dermatology/dermatologist
내과/의사	internal medicine/internist	치과/의사	dental clinic/dentist
이비인후과/의사	ENT(Ear-Nose-and-Throat) clinic, otolaryngology/otolaryngologist	한의학/의사	oriental Medicine/oriental doctor
산부인과/의사	OBGY(Obstertrics-gynecology)/Obstetrician	비뇨기과/의사	urology/urologist
안과/의사	ophthalmology/ophthalmologist	마취과/의사	anesthesiology/anesthesiologist
외과/의사	surgery/surgeon	방사선과/의사	radiology/radiologist
신경과/의사	neurology/neurologist	○○과 의사	○○ physician
정형외과/의사	OS(Orthopedic Surgery)/orthopedist	조산사	midwife
정신과/의사	psychiatry/psychiatrist		

표 8.4 | 의료 기록부 작성 시 사용되는 기초 의학 용어(전문의)

1) 응급 환자 발생 시 조치 내용과 상태 기록하기

국제항공운송협회(IATA)에서는 매년 메디컬 매뉴얼(medical manual)을 제작 및 배포하여 항공사들의 비행 중 의료사고 예방 및 발생 시 처치 및 후속 관리에 대한 기준을 제안하고 있는데 의학적인 사건 발생 후 작성하는 보고서의 양식을 그림 8.2와 같이 제시하고 있으며 대부분의 민간 항공사는 해당 국가의 법적인 범위 내에서 이를 수용하고 있다. 해당 양식과 기록과 함께 필요한 경우에는 주변 승객의 진술서를 확보하고 사용된 기내 의료장비 내역을 CDLM(Cabin Discrepancy List & Memo)에 기재하여 항공기 도착 시 소모된 의료장비의 신속한 재비치로 해당 항공기의 연이은 비행의 정시 운항에 차질이 없도록 한다.

CDLM
(Cabin Discrepancy List & Memo)
비행 중에 생긴 고장이나 작동 불량 사항, 의료장비 사용 및 소진에 대해 그 결함 상태를 기입하는 항공 일지

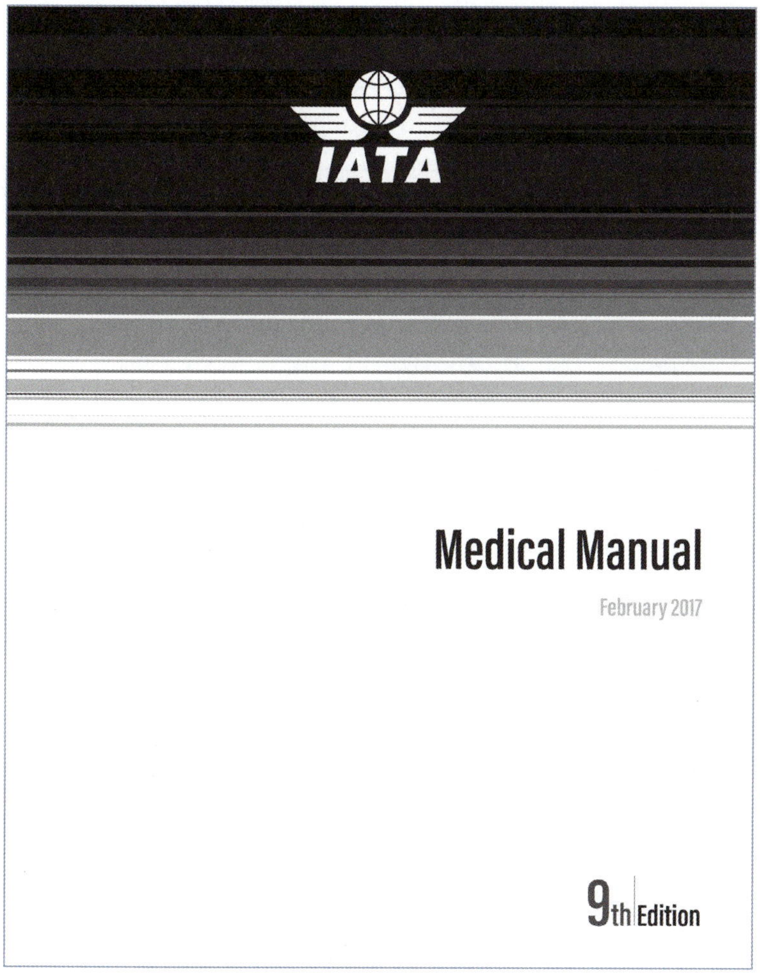

그림 8.1 | 국제항공운송협회에서 발간하는 메디컬 매뉴얼
출처: IATA Medical Manual 9th Edition (2017)

IATA Medical Manual

APPENDIX 'D'

Sample of Medical Incident Report Form

NAME OF AIRLINE
Completed form to be returned to: ……………………………………

Sample Medical Incident Report *(To be completed for all incidents)*			
1. Name of person completing form		2. Staff ID:	

SECTION 1:

3. Date	/ /	4. Flight No:		5. From:		6. To:	

PATIENT DETAILS *(Complete as applicable)*

7. Name							
8. Sex	M / F	9. Date of Birth:	/ /	10. Seat No:		11. Frequent flyer member:	
12. Home Address:						Tel.:	

DETAILS OF ILLNESS / ACCIDENT

13. Time/Date of Onset (GMT):	: hrs. / /	14. Location:	
15. Describe events leading up to incident:			

SYMPTOMS & SIGNS *(tick, circle or complete all appropriate boxes):*

Pain:	16. Site(s):		17. Severity:	Mild / Moderate / Severe
	18. Character:	Sharp / Cramping / Aching / Throbbing:	19. Pattern:	Constant / Variable
Bleeding	20. Site(s):		21. Severity:	Mild / Moderate / Severe

22. Nausea		23. Vomiting		24. Diarrhoea		25. Cough		26. Breathless or wheezy	
27. Faint		28. Pale		29. Blue		30. Flushed		31. Clammy / Sweating	
32. Hot / feverish		33. Cold		34. Dizzy		35. Weakness		36. Fit / Convulsion	
37. Anxious		38. Confused		39. Aggressive		40. Intoxicated			
41. Rash / spots	42. Where:								
45. Other (specify)									

INJURY *(tick appropriate box / boxes):*

46. Abrasion		47. Amputation		48. Fracture		49. Bruising		50. Burn	
51. Concussion		52. Cut		53. Dislocation		54. Sprain		55. Foreign Body	

Body Part

56. Head / neck		57. Eye		58. Ear		59. Torso		60. Back	
61. Arm		62. Hand		63. Finger		64. Leg		65. Foot / toe	

OBSERVATIONS:	65. Pulse: / minute	67. Blood Pressure: mm/Hg
	68. Temperature:	69. Respiration: / minute
	70. Other observations:	

PATIENT'S MEDICAL HISTORY

		DETAIL 5
70. Had this problem before?	YES / NO	
71. Taking any medication?	YES / NO	
72. Any allergies	YES / NO	
73. Any recent illnesses or operations?	YES / NO	
74. Currently pregnant?	YES / NO	If yes how many months?

70

그림 8.2 | 응급 환자 발생 시 승무원 작성 양식(계속)

출처: IATA Medical Manual 9th Edition (2017)

CABIN CREW ACTION *(circle or complete as indicated)*

75. Oxygen given?	YES / NO	75. If yes, did patient's condition improve?	YES / NO
76. Medication given? (specify)			
77. Was own medication or from other passenger used? (specify)			
78. Defibrillator used?	YES / NO	78. If yes, were any shocks administered?	YES / NO
79. Other onboard medical equipment used (specify)			

80. Was Cardiopulmonary Resuscitation (CPR) performed?	YES / NO	Pulse restored? YES / NO	Respiration restored? YES / NO	Consciousness regained? YES / NO
81. Use of ground medical control	YES / NO	Successful / unsuccessful	Comms used: SATCOM / HF / ACARS	
82. Assistance of on-board Dr. or Health Professional	YES / NO	Successful / unsuccessful		
83. Attempt to contact company doctor:	YES / NO	Successful / unsuccessful		
84. Port Health Authority advised:	YES / NO			

85. Further information / comments:

OUTCOME *(tick)*

Diversion		Patient recovered before landing		Patient walked off aided / unaided	
Patient left aircraft by wheelchair		Patient left aircraft by stretcher		Patient died on aircraft	

Treatment:	None		First Aid		Ground medical		GP / Appointed Dr		Hospital	

Crew:	Fit to operate		Fit to fly as passenger		Remained in hotel / hospital	

--- **Cut-off portion** ---

Transfer of Care to Ground Medical Services

Name of Casualty:		Date and time of onset:	
Brief Details of Incident:			
Oxygen given?	YES / NO	If yes, did patient's condition improve?	YES / NO
Was casualty unconscious at any time?	YES / NO		
Defibrillator applied?	YES / NO	If yes, were any shocks given?	YES / NO

Medication Administered: Drug:	Dose:	Time (GMT):
Any other treatment given:		
Crew Member name (CAPITALS):	Staff Number:	Signature:

71

그림 8.2 | 응급 환자 발생 시 승무원 작성 양식

출처: IATA Medical Manual 9th Edition (2017)

항공 응급 상황 시의 객실 사무장은 의료기록부 기록 담당자를 별도로 지정할 필요가 있으며 비행 구간, 승객 인적 사항, 승객에게 조치를 취한 기내 탑승 의료인의 성명, 연락처, 직업, 업무 분야, 상황 발생 장소 및 시점, 발생 내용 및 의료진의 조치 사항, 사용된 기내 의료장비에 대한 조치 사항을 시간대별로 작성한다. 작성 시 상황 전반에 대한 구체적이고 상세한 설명이 요구된다.

(1) 경미한 환자에 대한 응급처치 기록

경미한 증상으로 인해 기내에서 응급처치가 시행되었고 도착 후 별도의 공항 의료 지원이 필요하지 않을 경우는 항공편명(기장 및 사무장 기입), 승객 이름 및 인적 사항, 좌석 번호, 동반자 유무, 응급 환자 최초 발생 시간, 환자의 증상과 징후, 응급처치 내용 등을 기록한다. 해당 항공편 객실 사무장은 회사 복귀 후 소속 항공사가 정한 보고서 양식이나 온라인 보고서 양식을 작성한다.

기내 응급처치 기록 가상 사례: 가벼운 1도 화상 환자 승객
1. 개요 커피 서비스 중 갑작스런 난기류(turbulence)로 승객이 들고 있던 커피 잔의 커피가 흘러 옆 좌석 승객이 경미한 화상 입음. **2. 승객 인적 사항** 이름: 36C OO/OOOOO/여 국적: 중국 **3. 발생 경위** 커피 서비스를 하는 도중 갑작스런 난기류로 36B 승객이 들고 있던 커피 잔의 커피가 튀어서 옆 좌석 36C 승객의 손등과 승객 허벅지 쪽으로 흘러서 화상을 입음. 화상 부위에 수포는 없으며, 발갛게 붓고, 약간의 통증을 호소함. **4. 승무원 조치 사항** • 이를 발견한 중국인 현지 OOO/OOOO 승무원이 바로 타월, 얼음 팩, 화상연고를 제공함. • 36C 승객이 화장실로 들어가서 화상연고를 도포하였음. • 비행 중 계속해서 얼음 팩으로 화기를 진정시켰으며, 지속적으로 상태를 체크하였음. • 도착 후 의료진의 진료에 대해 안내하자, 진료를 희망하여 기장을 통해 운송 직원 준비시킴.

표 8.5 | 기내 응급처치 기록 가상 사례(1도 화상)(계속)

기내 응급처치 기록 가상 사례: 가벼운 1도 화상 환자 승객

- 도착 후 운송 직원과 통역을 위해 중국인 승무원 OOO/OOOOO이 상기 승객과 OO병원으로 동행하여 진료받도록 조치함.
- 병원 도착 후, 진료대기 시간이 길어지는 상황에서 의료진이 화상 부위를 살핀 후에 "현재는 화기가 많이 진정되어 호전된 상태이며, 더 이상의 진료를 받으려면 좀 더 기다려야 한다"고 말하자 승객은 진료를 받지 않아도 된다고 함. 재차 진료를 권유하였지만 계속 진료받기를 거절함.
- 승객에게 재차 정중하게 사과하였으며, 승객도 승무원에게 수고와 친절에 감사하다는 인사를 하고 귀가함.

표 8.5 | 기내 응급처치 기록 가상 사례(1도 화상)

기내 응급처치 기록 가상 사례: 가슴 통증과 호흡곤란 환자 승객

1. 개요

이륙 시 33C 승객(16세 여자) 왼쪽 아랫부분의 가슴에 통증이 심하고 호흡이 곤란하다고 하여 의사 호출(doctor paging) 실시 및 비상 의료용구(EMK) 내 진통제 투여 후 환자 승객 호전됨.

2. 환자 승객 인적 사항

이름: 여OO/OOOOO/(여: 16세 한국 국적)

좌석 번호: 33C

3. 의료진 인적 사항

MS OO/OOOO (S/N: 8D): OO병원 전문의, 최초 환자 승객 문진, 촉진 및 진통제 처방.

LICENSE NO: OOOO H/P 010-OOOO-OOOO

MS OO/OOOO (S/N : 8C): 진통제 주사 투여 및 환자 안정 도움.

LICENSE NO: OOO H/P 010-OOOO-OOOO

4. 발생 상황 및 승무원 조치 사항

- 상기 승객이 이륙 시 갑자기 왼쪽 아랫부분의 가슴 통증이 심해 호흡이 곤란하다고 YBG*에게 호소함. 이륙 즉시 혈압 및 맥박, 체온 측정하니 정상 범위였음.
- DP*는 승객에게 기왕력 및 비행 전 컨디션, 취식여부 등을 물어보았으나 특이사항은 없었음. 호흡이 힘들어 보여 산소(PO_2)를 제공한 후, 의사 호출(doctor paging) 실시함.

표 8.6 | 기내 응급처치 기록 가상 사례(가슴 통증, 호흡곤란)(계속)

*YBG: 일반석 중 B 구역의 주방 담당 객실승무원

*DP: 해당 비행 편의 담당 객실 사무장

*WCHR: 항공사에 제공하거나 본인이 소지한 휠체어

*T/S pax info sheet: 항공기 연결 편을 이용하는 승객에 대한 정보를 작성하는 양식

기내 응급처치 기록 가상 사례: 가슴 통증과 호흡곤란 환자 승객
• 처음으로 와준 A 의사에게 활력 징후 측정 결과 정상임을 알려드리자 환자 승객 문진 및 촉진 실시함. • 환자 승객은 문진 시 약 2일 전 경미한 교통사고를 당했다고 하였으며, 협심증이나 심장질환 등의 병력이나 특이 사항은 없었음. • A 의사는 진통제 투여를 처방하고, 자신의 일행인 B 의사도 불러줄 것을 요청함. • 기장에게 비상 의료용구 사용을 보고하고, B 의사가 와서 환자 승객을 함께 관찰하고, 진통제 주사를 투여함. • 이후 승객은 숙면을 취한 후 도착 5시간 전쯤 깨어났으며, 활력 징후 측정 결과 정상이었고, 가슴 통증은 약간 남아 있으나 호흡곤란 없이 컨디션이 많이 호전되었다고 함. • 당일 AB 1234 환승 승객이어서 공항 의료원 방문과 휠체어 사용 권유하고 WCHR* 및 도착 후 병원에 동행할 지상 직원을 요청함. • 응급처치에 도움을 준 의료인들에게 환자 호전 상태 알리고 감사의 인사를 전함. • 도착 후 지상 직원에게 T/S pax info sheet* 및 승객 상태를 구두로 전달함.

표 8.6 | 기내 응급처치 기록 가상 사례(가슴 통증, 호흡곤란)

(2) 중증 환자에 대한 응급처치 기록

중증 환자의 응급처치를 위해 의사를 호출하고 의사의 진료가 시작되었다면 승무원은 반드시 환자의 상태를 살피면서 의사 곁에서 도움을 주어야 한다. 기록을 담당하는 승무원은 의사 응급처치 상황을 별도로 시간대별로 정리하여 작성할 수 있도록 승객 인적 사항, 승객에게 조치를 취한 기내 탑승 의료인의 인적 사항, 상황 발생 장소 및 시점, 발생 내용 및 의료진의 조치사항, 환자의 상태, 사용된 기내 의료장비에 대한 내용을 메모하고 정리한다. 필요시 증인이 될 수 있는 주변 사람들의 좌석 번호, 신상, 진술서를 확보하며 특히 의사 호출 후 비상 의료용구(EMK)를 사용한 경우는 응급처치 내용과 세부 상태를 의료정보 기록지(MEDIF)에 반드시 기입하도록 안내한다.

지상의 항공 보건 팀 전문의의 자문을 구한 경우에도 그 내용과 징후에 관한 상세한 기록을 시간대별로 기록하여 착륙 후 의료 지원의 형태를 판단하는 데 신빙성 있는 증거가 될 수 있도록 준비해야 한다. 해당 항공편의 사무장은 객실 보고서(cabin report)에 위의 사항을 상세히 기록하여 소속 회사에 보고한다.

IATA **Medical Manual**

APPENDIX 'E'

MEDIF

ATTACHMENT A

Information Sheet for Passengers Requiring Special Assistance

1. Last name / First name / Title ....
2. Passenger name record (PNR) ....
3. Proposed itinerary ....
   Airline(s), flight number(s) ....
   Class(es), date(s), segment(s) ....
4. Nature of disability..
5. Stretcher needed onboard? ____ Yes ____ No
6. Intended escorts ____ Yes ____ No
   Name........................ Title........................ Age........................
   PNR if different..
   Medical qualification _____ Yes _____ No Language spoken ....
7. Wheelchair needed ____ Yes ____ No
   Wheelchair categories ____ WCHR ____ WCHS ____ WCHC Own wheelchair ____ Yes ____ No
   Collapsible WCOB ____ Yes ____ No Wheelchair type ___ WCBD ___ WCBW ___ WCMP
8. Ambulance needed (to be arranged by the passenger or his/her representative)........................__ Yes ....____ No
   If yes, specify name of ambulance company, name and telephone number of contact person ....
   ....
9. Meet and assist ____ Yes ____ No
   If designated person, specify contact ....
10. Other ground arrangements needed ____ Yes ____ No
    If yes, specify ....
    Departure airport ....
    Transit airport ....
    Arrival airport ....
11. Special inflight arrangements needed ____ Yes ____ No
    If yes, specify type of arrangements (special meal, extra seat, leg rest, special seating) ....
    Specify equipment (respirator, incubator, oxygen, etc) ....
    Specify arranging company and at whose expense ....
12. Frequent traveller medical clearance (FREMEC) ____ Yes ____ No
    If yes, specify FREMEC number, issued by, expiry date ....

72

그림 8.3 | 의료진 조치 시 의료정보 기록지(계속)

출처: IATA Medical Manual 9th Edition (2017)

IATA **Aircraft Operations**

ATTACHMENT B PART ONE

Information Sheet for Passengers Requiring Medical Clearance (to be completed or obtained from the attending physician)

1. Patient's name ....
   Date of Birth .... Gender .... Height .... Weight ....
2. Attending physician name ....
   E-mail ....
   Telephone (mobile preferred), indicate country and area code .... Fax ....
3. Diagnosis (including date of onset of current illness, episode or accident and treatment, specify if contagious) ....
   ....
   ....

Nature and date of any recent and/or relevant surgery ....

4. Current symptoms and severity ....
   ....
   ....
5. Will a 25% to 30% reduction in the ambient partial pressure of oxygen (relative hypoxia) affect the passenger's medical condition? (Cabin pressure to be the equivalent of a fast trip to a mountain elevation of 2400 metres (8000 feet) above sea level) ____ Yes ____ No ____ Not sure
6. Additional clinical information

a.	Anemia	____ Yes	____ No	If yes, give recent result in grams of hemoglobin ....
b.	Psychiatric and seizure disorder	____ Yes	____ No	If yes, see Part 2
c.	Cardiac condition	____ Yes	____ No	If yes, see Part 2
d.	Normal bladder control	____ Yes	____ No	If no, give mode of control ....
e.	Normal bowel control	____ Yes	____ No	
f.	Respiratory condition	____ Yes	____ No	If yes, see Part 2
g.	Does the patient use oxygen at home?	____ Yes	____ No	If yes, specify how much ....
h.	Oxygen needed in flight?	____ Yes	____ No	If yes, specify ____ 2 LPM ____ 4 LPM ____ Other

7. Escort

a.	Is the patient fit to travel unaccompanied?		____ Yes	____ No
b.	If no, would a meet-and-assist (provided by the airline to embark and disembark) be sufficient?		____ Yes	____ No
c.	If no, will the patient have a private escort to take care of his/her needs onboard?		____ Yes	____ No
d.	If yes, who should escort the passenger?	____ Doctor	____ Nurse	____ Other
e.	If other, is the escort fully capable to attend to all the above needs?		____ Yes	____ No

8. Mobility
   a. Able to walk without assistance ____ Yes ____ No b. Wheelchair required for boarding ____ to aircraft ____ to seat
9. Medication list ....
10. Other medical information ....

73

그림 8.3 | 의료진 조치 시 의료정보 기록지(계속)

출처: IATA Medical Manual 9th Edition (2017)

IATA **Medical Manual**

ATTACHMENT B PART TWO

Information Sheet for Passengers Requiring Medical Clearance (to be completed or obtained from the attending physician)

1. Cardiac condition
   a. Angina ____ Yes ____ No When was last episode?..........
      • Is the condition stable? ____ Yes ____ No
      • Functional class of the patient?
      ____ No symptoms ____ Angina with strenuous efforts ____ Angina with light efforts ____ Angina at rest
      • Can the patient walk 50 metres at a normal pace or climb 10 -12 stairs without symptoms? ____ Yes ____ No
   b. Myocardial infarction ____ Yes ____ No Date ....
      • Complications? ____ Yes ____ No If yes, give details ....
      • Stress EKG done? ____ Yes ____ No If yes, what was the result? .... Metz
      • If angioplasty or coronary bypass,
      Can the patient walk 50 metres at normal pace or climb 10–12 stairs without symptoms? ____ Yes ____ No
   c. Cardiac failure ____ Yes ____ No When was last episode? ....
      • Is the patient controlled with medication?____ Yes____ No
      • Functional class of the patient?
      __ No symptoms __ Shortness of breath with strenuous efforts __ Shortness of breath with light efforts __ Shortness of breath at rest
   d. Syncope ____ Yes ____ No Last episode ....
      Investigations? ____ Yes ____ No If yes, state results ....
2. Chronic pulmonary condition ____ Yes ____ No
   a. Has the patient had recent arterial gases? ____ Yes____ No
   b. Blood gases were taken on: ____ Room air ____ Oxygen ....LPM
      If yes, what were the results ....pCO_2 ....pO_2
      Saturation .... Date of exam..........
   c. Does the patient retain CO_2? ____ Yes ____ No
   d. Has his/her condition deteriorated recently? ____ Yes____ No
   e. Can the patient walk 50 metres at a normal pace or climb 10-12 stairs without symptoms? ____ Yes ____ No
   f. Has the patient ever taken a commercial aircraft in these same conditions? ____ Yes ____ No
      • If yes when? ....
      • Did the patient have any problems? ....
3. Psychiatric Conditions ____ Yes ____ No
   a. Is there a possibility that the patient will become agitated during flight ____ Yes ____ No
   b. Has he/she taken a commercial aircraft before ____ Yes ____ No
      • If yes, date of travel? .... Did the patient travel ____ alone ____ escorted?
4. Seizure ____ Yes ____ No
   a. What type of seizures?..........
   b. Frequency of the seizures ....
   c. When was the last seizure? ....
   d. Are the seizures controlled by medication? ____ Yes ____ No
5. Prognosis for the trip ____ Good ____ Poor

   Physician Signature .... Date ....

Note: Cabin crew are not authorized to give special assistance (e.g. lifting) to particular passengers, to the detriment of their service to other passengers. Additionally, they are trained only in **first aid** and are not permitted to administer any injection, or to give medication.
Important: Fees, if any, relevant to the provision of the above information and for carrier-provided special equipment are to be paid by the passenger concerned.

74

그림 8.3 | 의료진 조치 시 의료정보 기록지

출처: IATA Medical Manual 9th Edition (2017)

*STA+8: 스케줄에 공표된 항공기 도착 예정 시간에 8분을 더한 시각

기내 응급 환자 발생 후 후속 조치 상황 기록 가상 사례: 출혈로 실신한 환자 승객

1. 이륙 준비 시 기내 응급 환자 발생 보고건

2. 승객 인적 사항

KIM OO(MS) S/N 32C

3. 시점별 상황 및 조치 사항

9:39	이륙 준비 중 승무원이 안색이 창백하고 식은땀을 많이 흘리며 어지러움을 호소하는 해당 승객을 발견함.
9:40	보고받은 DP가 해당 승객의 상태를 확인하는 순간 힘이 빠지면서 의식을 잃음.
9:41	TAKE-OFF SIGNAL(이륙 신호)로 변경이 나왔으나 위 상황을 기장에게 즉시 보고 및 TAKE-OFF 중단함.
9:42	의사 호출 실시함. (동편 OO병원 의사 및 관계자 다수 탑승)
9:43	해당 승객의 의식이 조금 회복됨.
9:44	의료진에 의해 문진 및 혈압 1차 측정함. (심한 저혈압으로 혈압 측정 불가)
9:45	의료진의 문진 결과 하혈이 지속되고 저혈압으로 비행이 불가할 것 같다는 소견을 보임. (해당 승객은 전일 조직 검사로 인해 새벽까지 하혈이 있었다고 함)
9:46	응급 환자로 인한 출발 지연 방송 실시함.
9:48	기장에게 위 사항을 보고 및 하기 여부 관련하여 종합 통제 연락을 기다림.
9:49	좌석 재배치 실시 및 승무원이 상주하여 승객을 돌봄.
9:55	잠시 후 해당 승객의 상태가 안정되고 혈색이 돌아오는 것을 의사가 확인하고 해당 승객도 좋아지고 있다고 하며 하기를 원하지 않음.
9:56	의사의 소견과 해당 승객의 강한 의지를 기장에게 보고하고 종합 통제의 연락을 기다림.
9:58	기장으로부터 이륙 가능함을 통보받음.
10:00	TAKE-OFF함.
10:10	이륙 후 혈압 2차 측정함. (혈압 91/55)
10:15	승객과 대화를 통해 상태를 확인하자 하혈이 멈추고 어지러움이 완화되었으며, 안색도 많이 호전됨.
11:13	LANDING(착륙)함. (STA+8*)

4. 기타

- 의사의 최초 문진 결과 수액을 맞을 것을 권유하였으나, 이륙 후 해당 승객의 상태를 확인하고 필요하지 않다고 함.
- 해당 승객은 비행 중 계속 수면을 취하여 충분한 휴식으로 많이 회복되었음.
- 도착 후 지상 직원에게 인계 및 WCHR를 이용해 하기함.
- 기내 의료진의 협조에 감사 인사를 함.

표 8.7 | 기내 응급 환자 발생 후 후속 조치 상황 기록 가상 사례

2) 공항 인계인수 내용 기록하기

응급 환자나 처치 후 회복 중인 환자, 사망자가 항공기에 탑승한 경우, 사무장은 도착 공항의 입국에 필요한 해당 양식을 작성하게 되며 입국 후 환자 후송을 위한 앰뷸런스 대기, 처치 연계를 위한 의료진 대기를 해당 공항에 요청하여 지원받을 수 있다. 이에 대한 내용을 상세하게 기록한다.

공항 인계인수 내용 기록: 앰뷸런스 대기 요청 상황 가상 사례
개요 • 도착 30분 전 해당 승객은 착륙 후 앰뷸런스 대기를 요청함. • 비행 전, 비행 중, 해당 승객은 통증을 호소하지 않았으며 ICN 지상 직원으로부터의 환자 정보 없었음. • 앰뷸런스 대기 요청 시 왼쪽 눈이 불편하여 서울에서 병원에 다녀왔다고 언급함. • 기장에게 연락하여 도착 후 앰뷸런스 대기하여 해당 승객 인계함. • 보호자(OOO OOOO)10H와 동반하여 함께 하기함.

표 8.8 | 공항 인계인수 내용 기록

2. 응급 환자 대응 결과 보고

1) 응급 환자 대응 결과 회사에 보고하기

항공사는 해당 비행 편의 전반적인 상황 파악을 위해 승무원이 비행 종료 후 회사에 보고하는 것을 제도화하고 있다. 객실 서비스에 대한 보고는 객실 사무장이 실시하며 그 방식은 서면과 온라인 방식을 병행하여 적용한다. 일반적으로 보고자의 개인 정보, 담당 업무, 업무 경험을 기입하고 항공 정보(항공기 유형, 항공기 출발지 도착지 및 시각, 서비스 활동 사항)와 항공 환경, 기타 상황이나 사고를 작성하게 된다.

해당 편의 근무 중 응급 환자나 기내 사망자 발생 등의 특별 상황이나 사고가 발생한 경우 객실 보고서(cabin report)에 그 내용을 상세하게 작성한다. 일부 항공사는 항공 사고나 환자 발생과 같은 특별한 사안은 별도의 보고 라인으로 관리하는 항공사도 있다.

*AB086/23OCT16: 승객이 탑승한 해당 항공편 이름/ 탑승한 날짜(일, 월, 연)

*GLY: 식사와 음료를 보관하고 조리하는 기내 주방

응급 환자 발생 및 기내 사망자 발생 보고: 당뇨성 혼수로 인한 사망 환자 가상 사례

1. 개요

AB086/23OCT16* 이륙 6시간 30분 후 환자 발생하여 의료진 호출 및 사망 보고

2. 승객 인적 사항

• 사망 승객: 42G
  이름: OOO OOOO
  생년월일: 19OO.OO.OO (OO세)
  성별: F
  국적: US

• 보호자 인적 사항: 50H
  이름: OOO OOOO
  생년월일: 19OO.11.02/성별: F/관계: 딸

3. 의료진 인적 사항

• 1차 의사 호출 시
  14D MS. OOO/OOOOO(재활의학과/의사 면허 OOOOO/OOO@naver.com)
  39C MS. OOO/OOOOO(간호사/간호사 면허 OOOOO/OOO@naver.com)

• 2차 의사 호출 시
  41B MS. OO/OOOOO(가정의학과/의사 면허 OOOOO/OOO@love.co.kr)
  51G MS. OO/OOOOO(소아청소년과/의사 면허 OOOOO/OOO@gmail.com)

4. 세부 사항(출발지 시간으로 기재)

18:30 이륙 후 6시간 30분 정도 경과 시점
김친절 승무원은 42G (사망)승객을 50H 보호자가 부축하며 화장실에서 좌석으로 이동하는 것을 목격, 승객을 함께 부축하여 좌석에 착석시켰고, 보호자가 "엄마가 이상하다"라고 하며 당황해함.
김친절 승무원은 (사망)승객에게 괜찮은지 묻자 틀니를 빼고 싶다는 표현을 함.

18:35 빈 컵을 갖고 상기 승객 응대 및 사무장 호출함.
사무장은 즉시 상기 승객 상태 확인했으며 (사망)승객은 의식 저하 상태 보임.

18:39 의사 호출 및 의사 쇼업(show-up)(재활의학과 14D 승객) 및 기장 보고함.
동시에 산소마스크 준비, 혈압 측정 시도함.
간호사 쇼업(39C 승객)(사망 선고 시까지 지원함)

18:47 객실 후방 GLY*로 승객 이동함.
자동심실제세동기 부착 및 산소 공급, 혈압 측정함. (오류 메시지)

18:52 혈당측정기 측정함. (오류 메시지)

표 8.9 | 응급 환자 발생 및 기내 사망자 발생 보고(계속)

응급 환자 발생 및 기내 사망자 발생 보고: 당뇨성 혼수로 인한 사망 환자 가상 사례

	14D 의사에 의하면 혈당이 너무 높으면 혈당 측정 시 ERR 메시지가 뜰 수 있고, 맥박이 약한 경우 혈압 측정 시 ERR 메시지가 뜰 수 있다고 함. 의사는 맥박은 미약하게 잡히나 FLASH LIGHT로 동공 상태 확인 시 반응 없다고 언급함. 39C 간호사는 이동용 산소통(PO_2) 말고 앰부백을 요청하여 제공했으며, 동시에 자동심실제세동기를 이용하여 심장 리듬을 측정함.
18:55	이사랑 승무원 심폐소생술+자동심실제세동기 실시함. 혈압(ERR) 측정 불가함. 14D 의사는 응급의학과나 내과 관련 의사의 확인과 협조가 필요하다고 요청함.
19:05	2차 의사 호출 실시하여 41B, 51G 의사 쇼업.
19:20	51G 의사 비상 의료용구 11번 에피네프린(epinephrine) 주사함. (총 8개 사용) 응급의료 콜 시스템(EMCS)에서 수액과 인슐린 투여 지시하여 동 내용 전달했으나 환자 소지 약은 경구약이라고 하여 제공할 수 없었음. (환자는 20여 년간 당뇨병 치료를 해오고 있었음)
19:25	41B 의사 수액 투여함.
19:28	41B 의사 기도 삽관 시도함.
19:38	51G 의사 에피네프린 주사함.
19:40	사망 승객 입에서 출혈 발생함.
19:45	보호자에게 DIVERT* 의사 문의했으나 원하지 않음.
19:55	51G 의사 에피네프린 주사함.
20:05	51G 의사 에피네프린 주사함. 41B 의사는 사망 승객의 입안 이물질 석션(suction)을 할 수 있는지 문의했으나 해당 장비 없음을 안내함.
20:45	보호자는 심폐소생술 더 이상 원하지 않는다는 의사를 전달하여 서면 동의, 녹취함.
20:53	51G 의사에 의한 사망 선고(녹취): 자동심실제세동기 리듬 분석 그래프를 토대로 사망 선고함을 언급함. 41B 의사는 사망 승객을 착석시킬 시 몸이 굳을 수 있으므로 눕힐 것을 권장하여 GLY 내에서 착륙함.

5. 추가 내용

- 심폐소생술은 18:55~20:52 동안 지속 실시함.
- 사망 승객은 WCHR 승객으로 탑승 시 이사랑 승무원이 부축했으며 당시 상태 양호하였고 웃으며 가방 개수를 확인하는 모습을 보였음. (당일 WCHR PAX*는 4명)
- 첫 번째 식사는 쇠고기를 취식했고 다른 특이 사항은 없었음.
- 사망 승객 보호자는 기록하는 승무원에게 본인에게도 내용을 자세히 적어달라고 요청하여 회사 보고 후 보호자에게 연락할 수 있도록 보고하겠다고 안내함.
- 도착 후 경찰은 보고서를 팩스로 요청함.
- OO병원으로 보호자와 함께 사망 승객 후송함.

6. 첨부 내용

비상 의료용구 리스트 2매(41B, 51G 의료진), 사망 승객 보호자에 의한 회항 및 심폐소생술 지속을 원치 않는다는 동의서와 녹취록, 사망 선고 녹취록

표 8.9 | 응급 환자 발생 및 기내 사망자 발생 보고

*DIVERT: 목적지로 향하던 항공기의 운항 방향을 바꾸게 하는 것

*WCHR PAX: 항공사에 휠체어 사용을 요청한 승객

2) 결과 분석 및 환류

기내에서 응급 환자가 발생되면 해당 항공편은 그로 말미암아 다음과 같은 경우의 수를 갖게 된다. 첫째, 기내에서 응급처치 후 회복하여 목적지에 도착하거나, 둘째, 기내에서 환자가 사망하거나, 셋째, 가장 가까운 대체 공항에 비상착륙하거나, 마지막으로 최종 목적지가 아닌 중간 기착지에 승객이 하기하게 된다. 이 가운데 비상착륙을 하는 경우는 항공기의 안전운항에 부담을 주며 다른 승객들에게 심리적 불안감과 불편을 초래하고, 연료 포기나 승객들의 여정 변경으로 인한 추가 비용 발생 등으로 회사와 환자에게는 막대한 경제적 손실을 가져온다.

특히, 기내에서의 응급 환자 발생은 충분한 의료 약품과 의료 기구가 갖추어져 있지 않아 제한적으로 진료할 수밖에 없는 상황이므로 신속하고, 정확한 의학적 판단과 조치가 무엇보다 필요하다. 위의 사망 환자의 가상 사례에서 보면, 1차 의사 호출에 응한 의사는 전문 분야가 달라 환자 상태에 대한 보다 전문적인 접근을 위해서는 추가적인 다른 의사와의 협진과 도움이 필요했다. 좀 더 빠른 판단으로 2차 호출에 응한 의사 2명이 1차 호출에서부터 협진했다면 좀 더 긍정적인 결과를 낼 수 있었을지도 모른다. 기내 응급 환자라는 특수한 상황, 특히 심장마비나 의식 저하 등 사망의 위험이 큰 응급 환자는 호출된 의료인들의 치료 결과에 대한 심리적 부담을 보다 줄이고, 환자의 응급처치에 대한 효율과 신속성을 증진시키기 위해서 적어도 2~3명 이상의 의료인이 함께 참여하는 것이 바람직할 것으로 보인다.

항공 여행의 보편화로 고령층과 환자 승객이 꾸준히 증가하고 있고 기내 응급 환자의 발생도 이와 무관하지 않다. 이에 따라 항공사는 객실승무원의 응급처치 교육, 의약품과 의료기구의 개선, 지상 의료진과의 협조 체제 구축 등 다각도의 노력을 기울이고 있다. 또한 객실승무원의 응급 환자 대처 결과 보고와 항공 의료센터의 접수 전문으로 확보한 응급 환자 발생 사례에 대해 체계적인 분석을 실시한다. 분석한 결과는 전사적으로 공유하고 객실승무원 항공의무 교육 프로그램 및 항공 의료센터 연구 및 운영정책 수립에 활용하고 있다. 항공기 내 응급 환자 발생 규모에 대한 사례분석은 항공사별로 항공 의료센터의 의료 연구진들이 전담하고 있으며 1년간 발생된 총 환자 수, 기내 응급 사태의 의학적 사유, 비상착륙 유무, 기내 사망자 발생 유무, 기내 의료진의 처치 여부, 응급의료 콜 시스템의 활용, 기내 의료장비의 사용 등을 주로 한다.

요약

- 항공기에 응급 환자 발생 시 승무원이 일차적인 응급 처치를 했다면, 그 증상의 위중 정도에 상관없이 초기 응대 및 후속 조치 과정의 처치, 의료 기록 등에 관한 모든 사항을 시간대별로 의료 기록부(medical record)에 기록하고 보관한다.
- 국제항공운송협회(IATA)에서는 매년 메디컬 매뉴얼(medical manual)을 제작 및 배포하여 항공사들의 비행 중 의료사고 예방 및 발생 시 처치 및 후속 관리에 대한 기준을 제안하고 있다.
- 항공 응급 상황 시에는 비행 구간, 승객 인적 사항, 승객에게 조치를 취한 기내 탑승 의료인의 성명, 연락처, 직업, 업무 분야, 상황 발생 장소 및 시점, 발생 내용 및 의료진의 조치 사항, 사용된 기내 의료장비에 대한 조치 사항을 시간대별로 작성한다.
- 경미한 증상으로 인해 기내에서 응급처치가 시행될 경우는 항공편명, 승객 이름 및 인적 사항, 좌석 번호, 동반자 유무, 응급 환자 최초 발생 시간, 환자의 증상과 징후, 응급처치 내용 등을 기록한다.
- 중증 환자의 응급처치를 위해 의사를 호출하고 의사의 진료가 시작되었다면 승무원은 반드시 환자의 상태를 살피면서 의사 곁에서 도움을 주어야 한다.
- 해당 편의 근무 중 응급 환자나 기내 사망자 발생 등의 특별 상황이나 사고가 발생한 경우 객실 보고서(cabin report)에 그 내용을 상세하게 작성한다.
- 기내에서의 응급 환자 발생은 충분한 의료 약품과 의료 기구가 갖추어져 있지 않아 제한적으로 진료할 수밖에 없는 상황이므로 신속하고, 정확한 의학적 판단과 조치가 무엇보다 필요하다.

참고문헌

- 강경화 외 6인(2011),『항공간호』, 도서출판 소화
- 국군군의학교 교수부(2006),『응급구조학: 보충교재』, 국군군의학교
- 권영은 외 23인(2015),『응급간호학』, 포널스출판사
- 김광주 외 12인(2001),『응급간호 매뉴얼』, 현문사
- 김기운 외 2인(2011),『Practical Emergency Medicine』, 군자출판사
- 김태경 외 6인(2014),『핵심 기본간호술 프로토콜』, 수문사
- 김호중(2012),『Handbook of Practical Emergency Procedure』, 군자출판사
- 대한기초간호자연과학회(2002),『Mosby 의학간호학대사전』, 현문사
- 대한적십자사(2011),『응급처치법』, 대한적십자사 출판부
- 대한항공 객실승무원 업무규정집, 2016
- 대한항공 기내방송규정집, 2016
- 도복늠 외 35인(2016),『인간관계와 커뮤니케이션』 5판, 정담미디어
- 박천우(2002),『항공승무원자질계발』, 백산출판사
- 보건복지부 중앙응급의료센터(2005),『일반인을 위한 응급처치』, 도서출판 의학출판사
- 양선희 외 53인(2013),『기본간호학』, 현문사
- 이병선(2012),『항공기구조 및 비행안전』, 백산출판사
- 이영희 외 2인(2006),『항공기 식음료론』, 센게이지러닝
- 이영희(2016),『항공객실승무원 면접실무』, 한올
- 이용호 외 1인(1998),『한 민간 항공기에서 발생한 응급환자결과분석』, 한국항공우주의학회지, 8
- 이지민 외 1인(2015),『NCS기반 항공객실서비스실무』, 센게이지러닝

- 이지민 외 1인(2016),『NCS기반 항공객실서비스론』, 센게이지러닝
- 이지민 외 2인(2013),『항공승무원을 위한 기내방송스피치』, 센게이지러닝
- 이지영 외 4인(2016),『인명구조학』, 글로벌 출판사
- 임숙빈 외 6인(2014),『간호실무 의사소통』, 엘스비어 코리아
- 임숙빈 외 95인(2015),『정신간호총론』, 수문사
- 임항아(2013),『응급환자 대처』, NCS 학습모듈(1203010508_13v1)
- 정상천(2004),『기내구조 및 비행안전』, 기문사
- 최성수(2016),『응급환자대처』, 한올출판사
- 한복순(2008),『기내에서 발생된 응급환자진료의 최신지견』, 한국항공우주의학 학술대회지
- 한현미 외 2인(2000),『A항공사의 기내응급환자 발생분석』, 한국항공우주의학회지, 10(3)
- 항공법 및 항공법 시행규칙, 2016

- *Air Stage* (February, 2016), IKAROS
- DeHart, R. L., (2003), "Health issues of air travel", *Annual Review of Public Health*, 24, 133-51
- Pombal, R., Peixoto, H., Lima, A.& Jorge, A., (2005), "Permanent medical Disqualification in airline cabin crew: causes in 136 cases, 1993-2002", *Aviation, Space, and Environmental Medicine*, 76(Oct)
- IATA(International Air Transport Association), (November, 2016), "Medical Manual", 8th Edition Revision2, Montreal-Geneva
- Kevin J. Knoop 외 2인 (2002), *Atlas of Emergency Medicine*, McGraw Hill

기내지

- 대한항공 기내지: *Morning Calm*, May, 2017
- 델타항공 기내지: *SKY,* August, 2004
- 아시아나항공 기내지: *Asiana*, January, 2017
- 에어프랑스 기내지: *MERMOZ*, December, 2006
- 유나이티드항공 기내지: *HEMISPHERES*, September, 2006
- 콴타스항공 기내지: *The Australian Way*, January, 2016

인터넷 자료

- 국가건강정보포털 http://health.cdc.go.kr/health/Main.do
- 국가법령정보센터 http://www.law.go.kr
- 국가직무능력표준 http://www.ncs.go.kr
- 국토교통부 http://www.molit.go.kr
- 네이버 http://www.naver.com
- 네이버지식백과 신체기관정보, http://terms.naver.com
- 대한항공 https://kr.koreanair.com
- 루프트한자항공 http://www.lufthansa.com
- 서울대학교병원 의학정보, 서울대학교병원 http://www.snuh.org/health
- 아시아나항공 http://flyasiana.com
- 인천국제공항 http://www.airport.kr
- 한국공항공사 http://www.airport.co.kr
- 한국산업안전보건공단 안전보건자료실 보건교육자료 http://www.kosha.or.kr
- 항공정보포털시스템 http://www.airportal.go.kr

- International Air Transport Association(IATA) http://www.iata.org
- International Civil Aviation Organization(ICAO) http://www.icao.int
- Transport Security Administration(TSA) http://www.tsa.gov
- World Health Organization(WHO) http://www.who.int

찾아보기

한글

ㄱ

ㄴ

ㄷ

ㄹ

ㅁ

ㅂ

ㅈ

ㅊ

ㅋ

ㅌ

ㅍ

ㅎ

기타

영문

A

G

H

I

J

M

N

O

P

R

S

T

U

V

W